中国教育学会教育科研专项课题研究成果（课题编号：）

辅助性体育器材在小学体育教学应用中的实效性研究

魏敬◎主编

九州出版社

JIUZHOUPRESS

图书在版编目（CIP）数据

辅助性体育器材在小学体育教学应用中的实效性研究/
魏敬主编. —北京：九州出版社，2021.7

ISBN 978-7-5225-0271-7

Ⅰ.①辅… Ⅱ.①魏… Ⅲ.①体育课—教学研究—小
学 Ⅳ.①G623.82

中国版本图书馆CIP数据核字（2021）第136317号

辅助性体育器材在小学体育教学应用中的实效性研究

作　　者	魏　敬　主编
责任编辑	安　安
出版发行	九州出版社
地　　址	北京市西城区阜外大街甲35号（100037）
发行电话	（010）68992190/3/5/6
网　　址	www.jiuzhoupress.com
印　　刷	天津中印联印务有限公司
开　　本	710毫米×1000毫米　16开
印　　张	20
字　　数	296千字
版　　次	2021年7月第1版
印　　次	2021年7月第1次印刷
书　　号	ISBN 978-7-5225-0271-7
定　　价	68.00元

编委会名单

前　言

　　教学资源是指学校教育中，围绕教学活动的开展，为实现教学目标，优化教学活动，提升教学品质而参与其中，且能被优化的所有教学要素总和。教学资源的运行机制，实质上是各种教学资源在教学系统的整体架构下，各自发挥作用和价值，形成教学合力、实现教学目标并优化教学过程的结果。体育器材是一种非常重要的教学资源，一直被广大体育教师经常用到，而辅助性体育器材更是体育教师们在教学实践中不可或缺的。为了更好地开展体育教学，广大体育教师集思广益、精益求精地制作了很多辅助性体育器材服务于课堂。这些辅助性器材资源，可以更好地满足学生体育需求。

　　2015 年以来，我们作为一线的体育教师一直坚持研发适合小学体育教学的辅助性器材。每一件辅助性体育器材的研发都围绕着教学重点、难点及学生需求进行，并反复实践，最后定型投入体育教学之中。

　　我们相继研发出几百种辅助性体育器材，如弹力踏板、变形尺、活动投掷靶、折叠挂图架、活动人挂图等。这些辅助性体育器材无一不凝结着全体课题组成员的智慧，体现着他们所付出辛勤的劳动，彰显出课题组成员对小学体育教学研究的情怀。

　　这些器材投入小学体育课堂教学后，让学生们体验到了体育课堂的快乐，感受到运动的乐趣。课题组成员把开发的各种器材资源整理成稿，多次在《中国学校体育》《体育教学》上发表；多次承担奥鹏教育网、中国教师网、国培班体育教学器材开发与设计的专题讲座；多次在北京市乃至全国范围内承担市级、省级现场课、研究课、示范课等，得到全国各地专家、名师及体育教师们的认可。

　　路漫漫其修远兮，吾将上下而求索！为了创新体育教学器材，优化体育教学资源，我们会继续努力！

目　录

3

第一章　辅助性体育器材的认识与思考

第一节　辅助性体育器材的基本内容

一、辅助性体育器材的定义

辅助性体育器材是指在体育教学过程中，随着教学进程不断推进协助完成体育教学任务，承担一定辅助性、帮助性任务的教学器材。辅助性体育器材是体育教师常用的教学资源，主要包括纸片、木板、泡沫、点线、皮筋、彩条等。

二、辅助性体育器材的运用意义

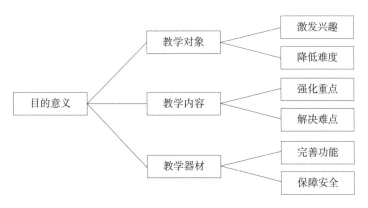

图 1.1　辅助性体育器材的运用意义

以前，体育教师们认为运用辅助性体育器材就是为了提高学生练习兴趣，其实这种认识是不全面的。辅助性体育器材的作用与价值有待深入挖掘。

辅助性体育器材主要应用于体育教学，使用者是学生。学生作为教学的主体，因身体素质、兴趣爱好等差异，必然存在各种各样的问题。辅助性器材能够提高学生学习兴趣、降低学习难度。学生有了兴趣就有了学习的动力，这是开展好教学的第一步。其次运用的范围是体育教学内容，是针对所教授的体育教学内容展开有针对性的运用。小学体育教学内容涵盖比较广泛，一般都是基础类体育运动技能，如：走、跑、跳、投、技巧、球类运动等。学生由于身体能力的差异，在学习技能时往往会存在这样或那样的困难。学生存在的问题即教学中重难点的体现，因此课堂教学中针对这些环节，可以应用辅助性体育器材强化重点、解决难点。此外，运用辅助性器材也是对现有器材功能的一种补充，现有体育器材竞技化较强，功能比较单一，不利于系统开展教学活动。例如单杠、跳箱等器材功能性单一，在教学中存在很多弊端。这些环节就需要辅助性器材及时登场，帮助学生完成教学任务。另外在学习一些技术难的教学内容时，缺少必要的保护设施，此时辅助性器材正好派上用场。可见在小学体育课堂中运用辅助性体育器材有重要意义，对完成教学任务推进教学进程具有重要的作用。

三、辅助性体育器材的特性

辅助性体育器材是学校体育器材中一个分支，具有多功能的优势，能够充分满足体育教学任务的需求。辅助性体育器材具有以下特征。

（一）功能性

大多数配发的体育器材都是功能性比较单一的，都是为特定体育项目开发制作的。而辅助性体育器材则不同，针对不同的教学内容进行设计制作，充分满足教学的需求、学生的需求。另外在教学的各个环节如准备、教学、放松等环节都可以应用辅助性器材，可见辅助性体育器材具有较强的功能性。

（二）可变形

配发的器材不能进行调整或变形，这是配发体育器材的通病，比如单杠高度无法顺利调节、跳箱由于自身重量比较大调节起来很费劲等。辅助性体育器材充分发挥自身优势，从设计初始就做到了可变形、可拆卸、便于携带组合安装，这都是配发体育器材不具备的优点。

（三）简便性

辅助性体育器材往往不同于其他器材，有时是一段线，有时是一段皮筋，材质相对简单，而且便于携带。生活中大多数资源都可以稍加改造便可利用，不需要特殊的加工制造，省时省力，还可以节省经费资源。

四、新时期辅助性体育器材的特殊地位

现在进入校园的各种器材种类繁多，数量也很多。尤其是经济发达地区学校各种体育器材资源配备都很充足，那既然这么多的器材为什么还要研究辅助性体育器材呢？这就涉及辅助性体育器材的特性，即功能多、样式多、制作简单。另外学校配备的各种器材资源相对来讲还是竞技化，没有充分考虑到小学各阶段学生身心发展特点，尤其是水平一的孩子们面对这些偏竞技化的器材，孩子们"望器兴叹"。

体育器材伴随着孩子们长期的活动，每一种器材都有其特定的作用与价值。目前配发的器材功能略显单一，不能充分满足日常教学的需求，尤其是技巧、跑的教学内容，开发设计得较少，在教学中运用就更少了。辅助性器材取材便捷、设计新颖、种类繁多，能极大地调动学生学习兴趣，提高参与热情，同时材料的多样性给学生在教学中提供了安全有效的学习环境。

综上所述，辅助性体育器材无论在日常体育活动中还是体育课堂教学中都有其用武之地。若有这些辅助性体育器材资源进行补充，可大大缓解学校财政的压力，促进孩子们健康成长。

第二节　辅助性体育器材在小学体育教学中运用的思考

一、辅助性体育器材在小学体育教学中运用的时机

时机，具有时间性的客观条件，特定时间的特殊机会。在体育课中运

用辅助性器材也需要掌握时机，时机掌握得不准则画蛇添足，时机掌握得好则迎刃而解。辅助性体育器材是一种辅助性教具，在教学中一直扮演辅助的角色。课堂教学是动态，因此在教学中要因势利导、因地制宜、有的放矢地运用辅助性器材。抓住有利的时机进行运用，切勿为使用而强行运用。辅助性体育器材实施的对象是学生，在教学中这个"时机"就是针对教学对象在学习的过程中所产生的，通过教学实践具体而言有以下几种：

（一）时机之一：易犯错误动作的纠正

易犯错误是学生在每个学习阶段经常出现的现象，往往在初次课中，学生动作技能尚未稳定阶段。教师应及时帮助指导学生改进错误动作形成正确的稳定的动作。教师在指导时可借助一些辅助性器材帮助学生理解动作、改进动作，如纠正脚内侧传球体会正确触球部位时，利用叠落的体操垫用脚内侧部位连续踢垫子体会正确的触球部位等。辅助性体育器材在易犯错误纠正时运用是十分必要的，对学生改进提高动作技能有重要的作用。

（二）时机之二：学生由于自身素质、能力的原因无法顺利完成的动作

学生由于自身素质的原因可能会存在一些困难，如单杠的一足蹬地翻身上教学内容时，由于上肢腰腹力量偏弱无法顺利完成摆、蹬、倒、贴的动作技能，这就会严重影响学生的学习兴趣和进程，此时可以借助保护带在多人合作的模式下体会完整动作，让学生建立完整动作技术概念，待力量素质增长后再逐步过渡到独立完成技能。

（三）时机之三：学生对枯燥的技能学习感到乏味

小学体育教学内容十分丰富，有些内容丰富多彩，孩子们特别地喜爱，如游戏。有些内容孩子们就会无精打采，如耐久跑。面对这些教学困境，老师们在多年的教学中一直在探索，课题组经过实践开发设计了多种辅助性体育器材应用于比较枯燥乏味的教材中，通过器材的创新唤起孩子们学习的动力，让孩子们不再感到枯燥乏味。

（四）时机之四：对动作技能重点环节的强化

有效解决体育教学内容的重难点是广大体育教师一直关注的问题，大家用了很多方法，在众多方法中运用辅助性器材还是受到大家青睐的。辅

助性体育器材借助自身功能多、适应性强的优势能在教学中帮助学生解决各种"疑难杂症",体育老师们精心设计的各种辅助性器材在教学中巧妙运用,使教学中各种问题"迎刃而解"。

(五)时机之五:完成课堂中的评价任务

评价是课堂的重要环节,评价的客观公正公平对激励学生、鼓励学生有很重要的作用,若评价的不全面对学生会有负面的影响,因此如何设计好评价方案是体育教学过程的重要一环。日常评价的方法种类很多,口头评价、师生评价等可借助辅助性体育器材进行量化的评价会更加的客观、公平,评价的结果一目了然,如:制作环形投掷靶,沙包可以粘贴在投掷靶上,学生完成投掷后看沙包粘贴的位置即可获得得分,以得分多少评价学生完成的投掷掷准情况。

二、辅助性体育器材在小学体育教学中运用的方法

为了更好地开展教学活动,体育教师们打开智慧的大门,设计制作了各种辅助性器材服务于课程、服务于课堂、服务于学生,使课堂教学焕然一新、生机盎然。有了辅助器材的帮助,同学们对体育课不再望而却步,体育教师组织教学也变得得心应手。而这一切都要得益于对辅助性器材的合理、有效运用。那么在日常体育教学中,辅助性体育器材的运用方法都有哪些呢?我们结合实践,总结归纳出以下方法。

(一)辅助性体育器材条件法

辅助体育器材条件法是指借助一些材料(宽皮筋、彩色纸板、胶带、线条、海绵块、呼啦圈等)设置特定的区域,在设定的条件下完成一定高度、远度、宽度,柔韧性、滚动滚翻等变化性练习的方法。

案例1: 正脚背触垫(左右脚练习)

把两块小体操垫折叠摞起来(4层),然后原地做上步支撑脚落地,脚背触垫练习,两脚交替进行。练习时一人对垫练习,也可两人面对垫子练习,还可四人面对垫子练习。

a   b

图 1.2　正脚背触垫练习

案例分析：

正脚背射门是最常用的一种射门技术。射门时，学生要做到支撑脚落在球的一侧，膝微屈；射门时大腿带动小腿快速前摆；击球瞬间脚背绷直、用脚背正面击球；击球后要有随摆动作。学生要熟练掌握正脚背射门技术的各个环节衔接熟练，只有这样才能在足球比赛中抓准时机，一击即中。通过脚背触垫练习，让学生重点体会大腿带动小腿快速前摆，以及脚背绷直、脚背正面击球的动作。

注意事项：

限制的条件要符合教学的需要，符合学生实际情况。

限制物的材料要安全牢固无隐患。

（二）辅助性体育器材评价法

辅助性体育器材评价法指借助辅助器材的特殊设计（量化标准）对学生在练习中的高度、远度完成情况进行评价。（此项评价标准依据国家学生体质健康测试标准）

案例 2　　　　　　　　标志贴动态评价

在立定跳远教学中，教师在瑜伽垫（此垫已用魔术贴牢固地粘贴在地面上）的上面设置了标志贴（图 1.3），右侧黑色魔术贴旁有数字，这是学生自己测试的标准。练习时，学生用标志贴准确地贴在黑色魔术贴上与后脚跟对齐的位置，并结合刻度准确评价自己的运动成绩。另外，在瑜伽垫上还有很多圆形，这些是学生再次运用一个薄的标准贴进行自选目标，依据自己的能力选择立跳目标进行挑战练习。

案例分析：

运用动态的标志贴评价法特别适合低年级小学生，活泼好胜的心理使学生在教学中总是朝气蓬勃地参与每一次"动态评价"。案例中运用了数字评价和自选目标评价两种标志贴，动态、直观地评价学生成绩，体现出学生的运动能力水平。

图 1.3　在瑜伽垫上设置标志贴

注意事项：

评价的标准要符合学生的实际运动能力，以量化标准为主。

评价的过程不宜复杂，易操作效果明显。

（三）辅助性体育器材纠正法

辅助性体育器材纠正法是指当学生在技能学习中出现错误动作时，利用辅助器材做限制物或做帮助的器材，辅助学生完成、掌握正确的技术动作。

案例 3　　　　　　　　手肘外展

篮球教学双手胸前传接球持球时需要两肘自然弯曲于体侧，对于"自然"一词的理解，我们认为应该是两肘下垂，不外展。很多初学者，由于手指触球位置的不正确而造成了两肘外展，针对这一问题，可将弹力带套在学生的两肘之间，体会持球及传球动作，用此方法帮助学生体会并记忆两肘自然下垂的位置。

a   b

图1.4　用弹力带纠正学生手肘外展情况

案例分析：

纠正易犯错误动作是体育课常见环节，案例中双手胸前传接球是小学篮球教学的重要内容之一，是最基本最常用的一种传接球方法，它具有准确性高、控制性强、易于变化等优点。由于小学生的年龄认知特点，还无法深刻领会传接球技术的精髓。因此，在实际的教学中通过辅助器材的巧妙运用帮助学生改进动作。

注意事项：

教学中运用辅助器材要切实做到改进动作，效果明显针对性强。

运用时还要简单易行，便于学生操作。

（四）辅助性体育器材引导法

辅助性体育器材引导法是指在教学中，教师在教授技术技能学习前，借助一些辅助性器材帮助学生体会所学技能的重点环节，让学生建立正确的技术概念。

案例4　　　　　　　　小纸片引导肩肘倒立

第一步，移重心：一步到位。利用小纸片辅助教学。在学生头后放置一个呼啦圈，当学生并腿坐时双脚夹住一个小纸片，然后体后倒压垫腿后伸把纸片放入头后圈内。若想加强学生身体柔韧性，可调节呼啦圈距离头的位置。

第二步，立重心：两步结合。在教学中再次利用小纸片进行辅助教学，当学生完成压垫翻臀后双脚夹住小纸片，然后双手撑腰夹肘紧接着屈腿（脚夹小纸片）调整好重心后，双脚夹住小纸片缓缓向上伸直到腿完全伸直为止，最后脚松开小纸片，同伴手顺势接住小纸片。

案例分析：

本案例教学中两次运用了纸片作为辅助性器材。第一次运用纸片，通过进行游戏竞赛的形式让学生体会到了学习的乐趣，同时也掌握了动作技术。游戏教学中重点强调：后倒伸腿臀离垫，双臂支撑身体稳。第二次运用纸片，通过上举小纸片的游戏教学再一次调动学生学习的兴趣，提高练习难度，完成学习任务。游戏教学重点强调：脚夹纸片腿伸直，挺腹展髋立重心。

注意事项：

辅助器材运用时要突出"引"的作用与效果。

在教学中"引"的要具体、有兴趣、有层次。

（五）辅助性体育器材变形法

辅助性体育器材变形法是指借助辅助器材的多次变形完成不同练习内容，利用器材的多次变形拓展练习形式不断增加练习的难度。

案例 5　　　　　　　　彩色变形尺

立定跳远课上，一位教师制作了彩色变形尺，通过各种变形设计了多项练习内容，从专项到主教材学习循序渐进，层层深入。学生在练习中不断挑战自己的能力，并且通过直观的评价一目了然知晓自己的运动成绩。不同的颜色表示不同的运动成绩（运动能手、运动健将等）。

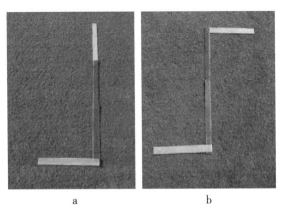

a　　　　　　　　　　　b

图 1.5　彩色变形尺

案例分析：

案例中采用了自制的彩色变形尺，以"变形"为契机推动教学的进程，使学生始终沉浸在"跃跃欲试"的心理状态中，抓住了学生的求知欲望，并且直观地评价了学生的运动能力，课堂教学效果显著，材料选择简单，学生操作简便易行。

注意事项：

器材变形以解决教学重难点为依据，切勿光顾变形而偏离重难点。

器材变形过程不易复杂，利于学生操作尤其是要适合不同学段学生的能力。

（六）辅助性体育器材保护与帮助法

辅助性体育器材保护与帮助法是指借助器材在练习中给予学生一定的保护与帮助，让学生感到安全、省力，降低学习的难度与风险。

案例6   士兵突击

跪跳起教学中，学生四人一组，将四块垫子如图摆放，这时候四块垫子组合形成了"三层台阶"的练习场地（图1.6），在这个场地练习时，学生在高处准备，连续跪跳下两个高度后在最低层"台阶"处完成跪跳起动作。（可以自低向高和自高向低组合练习）

图1.6　由四块垫子组成的练习场地

案例分析：

此项练习学生首先向前完成连续跪跳行进动作，而后通过小垫子的组合，学生完成跪跳自高向低的练习，让学生进一步体会摆臂制动要领，做到摆臂压垫动作协调配合，最后通过四块小垫子的组合场地，安排了跪跳起综合练习。这个环节涵盖了跪跳上高处和跪跳下低处及在高处跪跳起的组合动作，让学生体会由低向高再由高向低接跪跳起的练习，帮助学生体会摆、压、提、收的重点动作，激发学生浓厚的学习兴趣，培养学生顽强拼搏的精神。

注意事项：

在实际教学中辅助器材切实要做到保护或帮助，让学生感到有帮助的效果。

保护与帮助的材料要牢固、安全、结实。

（七）辅助性体育器材模拟法

辅助性体育器材模拟法是指借助一些器材模拟所要学习的动作技能，以此达到体验、感知的目的。模拟的器材比较接近所要用到的器材，便于学生理解与学习。

案例7　　　　　　　　模拟单杠

小学六年级单杠课上，一位教师在教授一足蹬地翻身上动作，为了便于学生体会腹部贴杠，教师让学生仰卧垫上，体前放置一个倒置的跨栏架，然后学生双手握杠（跨栏架底杆）体会摆腿、腹部贴杠动作。

案例分析：

学习一足蹬地翻身上动作时，学生仰卧垫上，此时把跨栏架倒置，可以体会摆腿、拉杠、腹贴杠动作，进一步帮助学生学习体会一足蹬地翻身上的动作。这样可以减轻学生心理压力，而且部分学生由于自身力量不足无法顺利完成动作，通过垫上模拟器材练习的前期先建立动作技术观念。

注意事项：

辅助器材运用时，对所教内容关键、重点环节进行模拟要"实"。

在模拟时还要注意器材的选择安全稳固，必要时给予保护与帮助。

三、辅助性器材在小学体育教学中运用的方式

辅助性体育器材在课堂中一直是体育教师的"得力助手"，学生们学习的"好帮手"。在长期的教学实践中发现，辅助器材的有效运用得益于更好地抓住了教学中的需求，能有效地解决各种教学中的"疑难杂症"；能通过自身的特性带给学生更多的挑战性、能有效地激发学生学习的兴趣。可见合理有效地运用辅助性体育器材是至关重要的。

（一）辅助性器材在体育教学中重点式运用

重点运用辅助性器材是指在体育教学中，教师为了有效解决学生在学习中出现的问题，运用辅助性器材有针对性地重点解决某一问题的练习方式。

案例1

如图1.7所示，在学习一足蹬地翻身上动作中，当练习者双手正握杠时，保护者站在杠前一侧，帮助的同学在其后侧用跆拳道的道带套在练习者支撑腿上，并经过单杠和练习者肩部返回至帮助者手中，当练习者做蹬地、摆腿、拉杠时，帮助者顺势拉紧道带帮助身体翻转。当练习者身体翻转至杠下时，帮助者顺势拉下道带。

a   b

图1.7　学生借助跆拳道道带完成练习

案例分析：

这个案例是针对腹部紧贴杠的重难点展开设计的，借助辅助性器材跆拳道道带，利用其安全性优势作为保护带，在同伴的帮助下给练习者一个动力，降低了练习者因力量不足而无法完成动作的概率。这样运用辅助器材实际是为练习者增加一个围绕单杠旋转的动力，加速练习者的双腿进行旋转动量，从而完成杠上支撑动作。

（二）辅助性器材在体育教学中综合式运用

案例2　　　　　　　　皮筋与跨越式跳高

跨越式跳高课上，一位老师用皮筋先让学生以小组的形式做各种跳跃练习，然后把皮筋挂在跳高架上一端高一端低，让学生体会过杆的动作。随着教学进程的深入，皮筋逐渐升高平行于地面，学生逐步体会跨越式跳高完整动作。

案例分析：

皮筋在跨越式跳高中是老师们常用的一种手段，降低了学习的难度提高学生学习的兴趣。案例中教师从专项练习到主教材学习一直都在围绕皮筋进行教学技能的学习，丰富了练习的方法。另外通过皮筋的各种"姿态"帮助了学生掌握两腿依次过杆的技能。

（三）辅助性器材在体育教学中递进式运用

案例3　　　　　　立定跳远变形尺

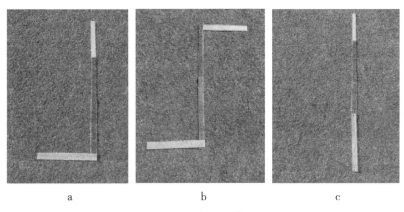

图 1.8　立定跳远变形尺

如上图所示，在立定跳远课中教师因教学需要设计了变形尺，从让学生跳跃两节、到三节再到四节彩色尺子，体验不同远度的练习，挑战学生的立定跳远能力。

案例分析：

教师针对立定跳远教材中快速蹬地及蹬摆协调配合的教学目标，设计了层层递进式的变形器材，让学生由被动地跳变为主动地跳，激发了学生的挑战心理，提升了学生的跳跃能力。

（四）辅助性器材在体育教学中情境式运用

案例4　　　　　　"红绿灯"标志与直线运球

一节篮球直线运球课上，教师出示了"红绿灯"的指示牌，当出现"红灯"时学生原地低运球，当出现"绿灯"时学生快速推进直线运球，当出现"黄灯"时学生换手。

案例分析：

教师把生活中的情境引入课堂，将体育课中的篮球运球技术与这些交通标志巧妙地结合在一起。此种教学法不是单纯地让学生学习交通标志或者运球技术，而是生动地将学生的运球状态比作"小型机动车"，让学生边巩固运球技术，边学习交通标志知识，了解交通规则。通过看标志练习，学生既养成了运球不看球的习惯、掌握了正确的运球节奏、巩固了运球技术，又牢记了交通标志，学会遵守交通规则。

四、辅助性器材在小学体育教学中解决的问题

课堂是动态发展的，伴随着各种问题、现象，需要教师更加睿智的思维观察解决各种情况。课堂中各种问题的呈现有的是必然的，有的是未知的，有的是动态生成的，所以体育教师更要全面地掌握教学进程。

辅助性体育器材是体育教师教学中的得力助手，辅助性体育器材在体育课堂上主要用于解决各种问题，有的帮助学生降低学习的难度；有的带给学生更多的安全性；有的更有利于学生完成技术动作，无论哪一种都是围绕技术技能的学习来解决问题的，但在实际教学中发现辅助性器材在解决教学中各种问题时不是一步到位一帆风顺的，有时甚至步履艰难一波三折。其实还要结合教学实际认真分析清楚这些问题的主次关系、个体与群体、学生能力与素质的问题等。

（一）主要与次要问题

运用辅助器材解决教学中的难题是比较常见的方法，广大教师经过多年的教学实践，积累了丰富的经验，教学是一个动态的过程时刻都在发生着变化，课堂上教师要因势利导全面分析问题的原因，首先要抓住问题的主次关系，分步逐层解决切勿一刀切以免次生新的问题。

案例1　　　　　　　　　后滚翻教学

一位教师在后滚翻教学中，让学生集体体会双腿夹沙包的后滚翻练习，然后又集体体会斜坡状态下后滚翻练习，接着又集体体会后滚翻滚直线的练习……

案例分析：

案例中看似教师的教法细致、花样繁多，实则不然。辅助器材的运用是针对教学进程的需要而运用的，后滚翻动作技能初次教学一般应先关注全体学生是否能顺利圆滑滚动，然后在大家都能圆滑滚动的基础上解决是否团身、分腿、不成直线等问题。案例中教师没有抓住后滚翻教学中的主次关系，不利于教学的开展。

（二）表面与深层问题

课堂教学中遇到的各种问题，需要体育教师深入浅出地分析，结合教学内容、教学实际、学情等综合因素全面考虑，否则会只知其表不知其里。表面的问题往往会误导大家，致使真正的问题得不到有效解决。

案例 2　　　　　仿生爬行

一节低年级仿生爬行课上，教师利用一组标志杆横拉皮筋，设置了几个高度，让学生爬来爬去。学生饶有兴趣地练习着。但是一段时间后，教师发现学生能轻松地爬过各种高度的皮筋，可是教师教授的爬行动作异侧协同配合却未有效落实。

案例分析：

这是一个典型案例。在爬行课上设置高度不同的皮筋，只能解决学生利用不同姿态进行爬行的问题，例如，跪姿、卧姿等，无法有效解决异侧手臂与下肢的协同配合。而且学生在练习中会关注爬行通过皮筋的速度，这也是影响爬行动作不正确的因素。因此，可以在学生背后放置一个沙包，让学生在确保沙包不掉的情况下爬过皮筋。

（三）关键与普遍问题

运用辅助体育器材开展教学活动时，教师更加熟悉教学动态进程，了解学生实际状况。但是，有时难免会出现一些具有普遍性的问题。如何才能抓住关键因素，快速解决这些问题呢？教师要去伪存真，认真"把脉诊断"。

案例 3　　　　　足球脚内侧传球

足球课上，教师让学生体会脚内侧传球动作，发现很多同学触球部位不准确，于是让学生体会脚内侧触轮胎的练习。练习时学生支撑脚不动，触球脚像钟摆一样来回摆动触轮胎……

案例分析：

足球脚内侧传球是一项教学重点内容，脚内侧传球技术应用广泛，传球时具有隐蔽性、快速性特点。案例中教师发现大多数学生都有触球部位不准确的问题，利用轮胎加以辅助，建立正确的概念。但却忽视了支撑脚与触球脚的协同配合，应让学生先原地跑步然后支撑脚上步落于轮胎一侧，然后触球脚触踢轮胎，反复体验直至动作准确熟练。

第三节　辅助性体育器材与教学组织、场地设计、运动负荷的关系

体育教学组织是一节课中很关键的一环，涉及方方面面，有时学生可能理解不清楚或教师组织不到位，会浪费很多宝贵的时间。在青年体育教师的课堂教学中，经常会看到一些因场地设计、器材运用存在不合理的情况，使教学过程出现一些"损失"，尤其是在运用辅助性器材时。下面从辅助性体育器材与教学组织、场地设计及运动负荷的角度进行全面分析。

一、教学组织要灵活

（一）个人或小组运用灵活

辅助性器材有时是个人使用的，有时是二人或多人合作使用的。因此在使用的过程中要简化操作的环节，避免过于繁琐的操作步骤。尤其是低年级小同学动手能力较弱，操作复杂的器材会极大影响教学效果和使用效果，甚至部分学生因操作失误而破坏辅助性器材，使其无法正常使用。另外，器材的大小要考虑周全。灵活多变的辅助器材在实际教学中更受全体师生的青睐，占用场地空间小的便于学生运用。

（二）教学环节衔接灵活

从准备热身开始，到专项活动再到基本部分学习，每一个环节在需要辅助性器材时都要设计好环节衔接。例如，专项活动运用辅助性器材做一

些活动后进入基本部分学习时，器材是否需要调整、是否需要重新摆放、如何设计等一系列问题，都要全面地构思并落实。

（三）器材转换角色灵活

有的时候结合全课的需要，可能会利用辅助性器材做热身活动，包括专项练习时还要再次运用做一些游戏，这时辅助性器材的角色就发生了变化。每次运用器材时，器材的摆放位置应重点考虑，结合教学需要合理安排。

二、场地设计要灵巧

（一）辅助性体育器材与主要器材搭配要合理

辅助性体育器材是针对主教材内容进行设计的，是对所教授内容器材运用的一种补充。在实际教学中，可能会存在两种器材摆放的问题、操作的问题、组织调队的问题，以及两种器材在准备环节、搭配教材环节器材的位置问题等一系列课堂生成性问题。教师除了要依据所教授内容创新地设计器材，还要兼顾实际的摆放、操作等问题。器材设计偏重、偏大，都不利于学生实际搬运、合作运用等。

（二）辅助性体育器材摆放要合理

辅助性体育器材有时可以独立承担一项体育教学任务，这时体育教师往往会利用它做准备活动、做游戏比赛、做放松练习等。此时体育教师更要设计好辅助性器材的摆放、学生的位置、人员组合与器材的位置关系，避免多余调队浪费宝贵的教学时间。

三、运动负荷要合理

运动负荷是衡量体育课的关键指标，也是一节课的核心指标。体育教师运用各种教学方法、手段的最终目的，就是有效完成体育课运动负荷，提高学生的身体运动能力。辅助性器材的介入使课堂更加有趣、有活力，但课堂教学的最终目的是要提高学生的运动负荷、练习密度，使锻炼的时间更加合理有效。因此辅助性器材运用中每一次练习的时间、练习的次数要合理，确保运动负荷。

第四节　辅助性体育器材与教学过程的关系

教师在设计辅助性体育器材时，都是有针对性地围绕主教材内容展开的，并以主教材为核心有重点地解决学生遇到的问题，以提高学生运动能力为目标。全课辅助性器材在基本部分重点运用，在准备部分和结束部分普通运用。整个教学过程中，教师依据教学需求，可事先预设，充分挖掘辅助性器材的潜力，做到物尽其用。

一、准备部分运用

辅助性体育器材多是皮筋、纸片、纸板、泡沫板、呼啦圈等轻便材料制作的，便于学生做热身活动，都可以在准备部分使用。教师可以自编器械操，也可以设计器械游戏，但是要注意学生之间的间距，以避免他们相互影响。另外，即使在准备热身阶段不运用辅助性器材，也应考虑器材的摆放位置是否合理，避免影响下一教学环节。在准备阶段除了进行一般性热身操或者热身游戏活动外，教师还可借助辅助性器材，设计一些与主教材相关联的动作练习，进一步挖掘辅助性器材的功能。辅助性器材本身就是针对一项主要教学内容设计的，因此可以进一步分解练习，设置更多的练习方法帮助学生熟悉、体会动作。

二、基本部分运用

辅助性体育器材在基本部分承担主要任务，全程陪伴学生的学习过程。辅助性体育器材是基于技术、技能精心设计的，能够有效提升学生的运动能力。个人或二人、多人合作使用某种器材时，先个人后集体，以个人运用为先导让学生先熟悉器材的特征，感知它的结构与外观。学生第一次接触新鲜的事物，往往会忽略教师的讲解与指导，此时可以让学生尽情享受新器材带给他的乐趣。小学体育课的基本部分一般安排两项内容：一项是主要教学内容，一项是与之搭配的游戏或者课课练等，此时辅助性体育器材已经完成基本部分第一项内容的教学任务，进入基本部分第二项内容时更要精细思考。如果搭配游戏或者课课练继续使用辅助器材，可以节省课上的器材资源。如果使用新的器材或者不使用，此时要处理好辅助器材的摆放，避免对教学的影响。

每一次运用辅助性材都涉及摆放问题，如何处理好它的摆放是至关重要的。随着教学进程的延续，辅助性器材在不断"转场"，涉及组织调队、人员分组、场地大小、往返距离、重复练习使用等，每一个环节都要精心、细心地设计。

三、结束部分运用

随着一节课的结束，在放松阶段可以进一步使用辅助性器材作为放松的器材，一物多用，物尽其用。

第五节　辅助性体育器材与学生的关系

小学生从一年级到六年级年龄差较大，学情也较复杂。低年级孩子活泼好动，中年级进取心较强，高年级有独立的意识行为，针对这些复杂的学情如何运用好辅助器材也值得思考，辅助性器材应用的对象是学生，学生是教学的主体。在实际使用时，学生个体间、学生与小组之间会出现很多使用上的问题，有些学生能独立解决，有些则需要小组成员帮助，有些则需要教师的帮助，在运用辅助性器材解决教学中的各种难题时还要关注学生们的各种表现，因此教学中要处理好如下几个方面的问题：

第一，全面掌握每个学段学生的身心特点。

低年级孩子活泼好动，对新鲜事物比较感兴趣，一旦熟悉了往往就会失去兴趣。在低段教学中运用辅助性器材要掌握好一个"度"，辅助性体育器材不要每节课都"登场"，教学中缺少几次可能会进一步激发学生练习的兴趣，这和学生的注意特点有关系。另外由于低段学生动手操作能力较弱，器材设计要直观明了目标性强，建议不要制作过于复杂的器材运用于教学，减少学生在教学中的麻烦，同时也建议辅助性器材最好是个人独立使用，尽量避免多人合作使用。中年级孩子有了一定的认知与运动能力，对新器材依然感兴趣，特别是有任务性的更能激发中段孩子的学习动力，可以变形、拆开、组合、创新等的器材更利于调动中段学生的兴趣。此时器材的运用更多的是基于发展中段学生运动能力的需求，目标不要过高，最好不要超越学生现有运动能力，以免影响学生学习的信心。涉及二人合作的器材，设计要有特点，不要过于复杂，以免影响教学进程或者影响学生学习。高年级学生有自己的独立认知，有一定的运动能力，且个体差异较大。此时设计辅助性器材切勿求易，容易了反而不能激发学生兴趣，应该是有鲜明的特点附有挑战性、让学生有一种鞭长莫及的感觉。高年级学生学习的内容侧重技术技能的掌握，因此辅助器材的实效性是很关键的，能有效地解决学生在实际教学中遇到的各种困难，使辅助性器材真正成为学生学习活动中的助手。

第二，全面做好各种预案，应对各种突发情况。

课堂教学是动态的、发展的。一个班 40 人左右，学生一起进行学习活动，教师一人不可能全面照顾到每一个学生，一节课下来教师既要完成规定的教学任务，还要兼顾学生的各种情况，可见教师的负担还是很重的，尤其是高年级技术技能较强的教学课程，此时体育教师丝毫不能松心。低段学生在课上容易起"争端"，运用辅助性器材时要考虑到安全有效的距离，避免相互影响。中高段学生由于运动能力加强了，避免对周边学生的影响也要考虑好安全有效的距离。课堂上早发现早处理，器材的牢固性稳定性问题也是很关键的，课上由于使用频率增加反复使用，避免不了自然的损坏，课前教师应做好器材的备份，备用器材及时"补场"。有时器材是学生个人独立使用，随着技能加强，高年级往往是合作使用辅助性器材，此时合作时要强调安全操作、熟练操作，避免因操作问题带给练习者伤害。体育课是室外作业的，有时室外天气情况出现突发情况，因此各种辅助性体育器材在室外运用时必须要考虑不良天气状况带给器材的影响，尤其是风对各种轻质的物品影响极大，会极大削弱课堂教学的效果。

第三，全面关注学生学习过程中的表现。

小学阶段体育课学习，随着学生年龄的增长学生有意注意的时间逐渐增加。低年级学生无意注意时间较多、有意注意时间较短，容易分散精力，有时会不由自主地玩耍，辅助器械的出现一定程度上吸引了学生的精力，但随着使用时间增长，低年级学生也会出现"倦怠"，可见辅助性器材随着教学进程的推进和随着学情的变化，也要不断变化。中高年级学生有自己独立的意识与行为，有时课上教师在专注的组织教学活动，而有些学生迫不及待地提前去尝试器材的方法，此时教师不应严厉禁止。在不影响教学进程的情况下，与这些学生进行交流与指导。如他的使用方法有创新性，教师应抓住有利教育时机让他给全班进行展示；如他的方法对其他同学有影响，教师则因势利导。有时一些辅助性器械前期实验中可能会存在一些未发现的问题，而在日常教学中突发一些情况，此时若对学生身体存在安全隐患，教师应及时调整器材的使用方法，避免对学生造成伤害。高年级分组教学中，在课堂上一定要安排好小组长，借助班级骨干的力量帮助教师进行学习活动。在分组教学中，高年级学生已能独立使用好辅助性器材，并能创造性发挥使用，教师要及时发现学生的创新精神并给予肯定。

学生是课堂的主体，辅助性器材是为学生学习活动服务的，因实际需求而开发设计的，因此教学中要关注的是学生学习表现，技能掌握情况等，而不是器材的使用、运用情况。辅助性器材只是一种伴随学生学习的形式方法，合理运用能有效提高学习效果，学生的课堂学习离不开辅助器材的使用，枯燥乏味的教学内容会严重影响学生的兴趣，创新性、任务性、挑战性的辅助性体育器材能进一步拓展学生的运动能力，总之在体育课堂上合理有效处理好辅助性器材与学生的关系是至关重要的。

第六节 辅助性体育器材与教学目标、重难点的关系

《义务教育体育与健康课程标准（2011年版）》指出，要以目标的达成来统领教学内容和教学方法的选择。目标包括课程总目标、课程分目标、单元教学目标、课时教学目标。体育教学目标是单元教学目标的下位目标，它是指一节体育课中教师预期达到的教学结果和标准。教学目标达成度是

评价一节体育好课的重要维度之一。

制定教学目标首先要明确教学目标的构成，一般包括"条件"（在什么情境中）、"行为"（做什么和怎么做）和"标准"（做到什么程度）3个部分。其次，制定教学目标要做到明确、具体、可操作。再其次，制定教学目标要做到"三宜"，即因校制宜、因人而异、难度适宜，制定教学目标之前要进行教材分析和学情分析。最后，目标要整合，落实到一堂课在整合的基础上应有所侧重。遵循三维目标，体现体育课程"四个方面"，体育课堂教学在体现学习目标多元特征的同时，既要全面，更要重点突出。

开发设计辅助性体育器材要从学校和学生实际出发，与教学内容相结合，与教学目标相吻合，紧扣教学重难点。器材开发若过多地注重形式的需要，而忽视教学内容，就会缺乏实用性而走入误区，就会偏离器材开发的本质，难以对学生的学习起到促进作用，降低了教学目标的达成效果。

第七节　辅助性体育器材与教学环境的关系

《义务教育体育与健康课程标准（2011年版）》在课程基本理念中指出"关注地区差异和个体差异，保证每一位学生受益"，这一基本理念告诉我们，学生个体间在学习特点、身体素质以及运动技能基础等方面存在差异。

课堂中巧妙地驾驭教学环境，有利于教学过程的有序组织，有助于学生安全高效地参与学练活动，进而达到提高课堂教学实效的目的。体育教学活动的自身特点决定了它对教学环境的要求要明显高于其他学科教学活动，体育课堂开放的教学环境会让学生受到外界各方面的干扰。对于教学场地，一般要考虑气候、温度、背光、背风、背向干扰源等因素。在体育教学中，教学环境直接影响到教学活动的质量，而教学活动的改变是难以掌控的，特别是对教学活动影响最大的教学气氛的变化，所以唯有教师在教学中善于发现，善于思考和创新，及时适应和应变教学环境的改变，才能驾驭好体育课堂。

一、体育教学的物质环境

体育教学场地以及周围环境。如田径场、篮球场，以及场地周围环境（空气、温度、光线、声音等），这些因素直接影响教学效果。

体育场地设施。如体操垫、篮球、足球，以及多媒体教学设施，这些为体育教学活动的顺利开展提供必要的物质条件。

二、体育教学的心理环境

体育课堂教学氛围。如师生的态度、情绪、师生间的相互关系等，积极的课堂氛围有利于师生间的相互信任和情感交流，能最大限度地调动学生的积极性。

学校传统与校风班风。良好的学校体育传统与风气对学生形成正确的体育态度、兴趣爱好、养成良好的体育锻炼习惯等都具有非常重要的作用。

体育教学中的人际关系。如师生关系、生生关系等，这些直接影响着学生的课堂参与程度和积极性，进而影响着体育教学的效果。

三、在教学环境中有效合理运用辅助性体育器材

（一）课前调查，及时调整

课前检查周边的场地环境、温度、风向、噪音等客观因素，确保在一个相对安静舒适的环境里开展教学活动。器材与器材之间的距离要处理好，防止在教学中相互影响。器材的安全性、稳固性要有保障，课前反复试验，综合考虑多种可能性，检验其受力、易损、薄弱的部分。必要时邀请其他老师进行试验，并给予建议。

（二）课上复查，及时应对

在课堂上所运用的辅助性器材如果出现突发的情况，如损坏、断裂、变形等，教师应提前做好备份。另外，在设计器材时应考虑关键环节部位的材料是否牢固，以免影响教学的进程。再有，学生对器材的操作也是很关键的，事先可让学生有针对性地操作器材。

（三）课后检查，及时修补

一节课结束后，教师要检查所有器材，看看是否牢固、是否有损坏、

23

是否变形等，及时处理，为下次教学做好准备。同时反思这些器材的作用是否达到了预期的教学效果，未达到的可以继续改进，请同组教师进行备课，帮助修改。

面对复杂的教学环境，教师必须临场不乱、随机应变，才能更好地利用和改善体育教学环境，提升教学水平。通过灵活调整教学内容、方法、组织和教学手段等应对教学环境突变，要求教师平时刻苦钻研，积累一些体育教学环境突变的情境案例，以备不时之需，及时转变不利因素为有利因素，确保教学任务顺利完成。让学生能够在安全的环境下健康地学习和发展。

第八节　辅助性体育器材开发设计中关键性因素的思考

体育器材作为体育教学的教学资源，在一定程度上能提高学生的运动兴趣，适宜学生身体和生理发育特点的体育器材更能激发学生参与体育锻炼的积极性、自觉性和主动性。在日常体育课上教师会自制一些教学器材，来帮助学生学习。以往在开发设计自制器材时只考虑了学生兴趣、器材的限制性作用等，而对学生身心发展特点、学生运动能力基础、自然环境、材料、器材功能拓展、教学组织与实施、教学目标达成、教学效果等相关因素研究甚少，这样的器材会存在一定片面性。体育教学是主阵地，学生是体育教学的主体，器材是体育教学与学生之间重要的辅助性手段。因此，通过教学实践发现尝试从教学、学生、器材三个维度进行体育教学器材创新设计，全面分析与体育教学器材创新相关的因素，这样开发设计的体育教学器材更加符合学生学习的需求，有效地促进教学目标的达成，更能充分体现器材的多功能作用和价值。

一、创新体育教学器材的相关因素分析

创新一件体育教学器材不是随心所欲的，也不是突发奇想的，而是一个有设计思路、有明确教学目的、有步骤实施的过程。创新的体育教学器材需要在教学中反复实验，再修改再实践，直到完全符合体育教学要求、

符合学生实际需求为止。这些器材不同于传统配发的器材，需要根据教学、学情等相关因素而进行综合性设计。

案例：变形尺

器材设计思路：

立定跳远是小学体育课中一项常见内容，主要是提高学生的下肢爆发力和弹跳能力。以往教学中，教师会设置各种情境，如小青蛙、小兔子、大袋鼠，用情境渲染课堂、用比赛激发学生的动力。本课中，教师结合立跳教材特点、结合学情特点，设计了一个可以变形的尺子（图1.9），即"变形尺"。以变形为契机，融入全课；以变形为引导，突出能力；以变形为亮点，层层深入，让学生在动态的教学中感受学习的乐趣。

a

b

图 1.9 用变形尺辅助教学

器材所用材料：KT版、魔术贴、对接螺丝、圆形鞋垫等。

教学内容：立定跳远。

年级：三年级。

器材运用过程：

教师组织学生每人一把尺子在音乐伴奏下利用尺子做热身活动。

第一步，将变形尺摆成一条长尺，教师引导学生围绕尺子慢跑，突发口令后，学生迅速双脚落地停留在教师规定的颜色旁。

第二步，学生连续进行双脚跳跃变形尺，在场地上按照一定顺序集体练习。

第三步，学生把器材摆成⌐形，尝试跳过两种颜色长度的练习。

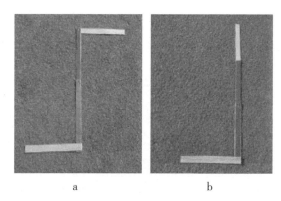

图 1.10　用变形尺辅助教学

第四步，学生把尺子摆成"L"形，尝试挑战三种颜色的远度。

第五步，学生把尺子翻转过来，把有数字的一面朝上，并拿起标志贴。

学生继续练习，并用标志贴粘贴落地点（横向找尺子位置）。学生二人合作练习。

课课练：学生把尺子正方形，用蚂蚁爬行的动作围绕"粮仓"（尺子）进行爬行练习。

最后，继续用变形尺进行放松练习。

从以上案例可以看出，设计一件适合课堂教学的器材，需要从很多方面深思熟虑，经过梳理创新体育教学器材，从教学、学生、器材三个维度进行整体把握显得尤为重要，并以此为框架构建每个维度，结合具体情况，分别从五个方面展开分析。

表 1.1　辅助性体育器材设计流程

	教学内容	教学组织	教学过程	教学手法	教学目标达成
教学的角度	设计器材要针对教学内容有针对性地创新开发，为有效突破解决重难点有针对性地设计开发。	教学组织是课堂的灵魂，器材在教学中通过有效的组织教学会进一步发挥它的潜在功能，让器材活动起来。	教学过程是体育教学的关键环节，主要是针对教学内容而设计，为完成教学任务促进学生掌握技能层层深入，环环相扣。	器材在运用过程中不是一成不变的，也有其独特的方式方法，例如引导法、条件法、变形法等。	首先要围绕教学内容展开设计，确立要解决的重难点，在教学过程中更要按照预设教学目标完成任务。

续　表

	学习兴趣	身心特点	运动能力	操作器材的能力	借助器材学习的效果
学生的角度	激发学生练习兴趣,并在教学过程中让学生持续保持较高的兴趣。	设计器材时要考虑学生的具体学段身心特点,如身高、体重、认知特点、兴趣爱好等。	设计前要了解学生运动能力、运动的基础,做好前期调查。	器材操作不要过于复杂,要简单实用,便于学生操作。同时兼顾学生的年龄特征进行考虑。	器材最终的目的是要解决教学中的问题,所以学习的效果是至关重要的,在教学中侧重于是否有利于教学目标的达成。
	材料、安全性	外观（大小）	自然环境	场地设计	运输携带、摆放整理
器材的角度	材料是设计器材的基础,选择一些经久耐用的、生活中便于选择的。另外自制器材要确保安全稳定,不给学生带来伤害。	外观时尚、优美对学生有一定的吸引力,过大或过重不利于日常教学中使用或携带。设计时外观尺寸、颜色等要考虑,最好设计成折叠效果。	体育课是室外课,经受大自然考验最多,如风、阳光、高温、噪音等,设计器材时首先要考虑这些不利的因素,如抗风性。	器材有时是人手一个,有时是多人合作的,在设计阶段要考虑本课的组织队形、场地,以免影响全课的教学。	每节课课前摆放器材与课后收集整理器材是体育教师常见的工作,设备器材要尽量轻便,便于运输,最好是折叠效果,过大过重都会增加体育教师的工作负担。

在教学这个维度中，主要从教学内容、教学组织、教学过程、教学手法、教学目标达成五个方面进行创新设计，案例中呈现的教学内容是立定跳远，在教学组织上人手一把尺子，以变形尺的多次变形为动力构建丰富多彩的教学活动，从个人体验到集体合作，有效促进教学进程的发展，作为一件辅助性体育器材运用方法灵活，通过不断的变形调动着学生学习的兴趣，激发着学生的运动潜能，有效地促进教学目标的达成。

在学生这个维度中，主要从学习兴趣、身心特点、运动能力、操作器材的能力、借助器材学习的效果五个方面进行设计。案例中学生为三年级学生，这个阶段的学生活泼好动，对新鲜事物感兴趣，具有一定的动手操作能力，经过水平一阶段，学生已经具备一定的跳跃能力。尤其是身体的协调能力已有较好的基础，懂得相互合作与帮助。可见，只有充分了解学情特点才能顺利开展教学，才能让辅助性器材在体育课堂上发挥其价值。

在器材这个维度，主要从材料、安全性、外观（大小）、自然环境、场地设计、运输携带、摆放整理五个方面进行设计。案例中的变形尺取材轻巧，外观颜色鲜艳，日常可以折叠，课前课后摆放整理极其方便，减轻了常态课体育教师工作量。此项器材从准备活动到主要教学内容，再到体能课课练以及放松整理，一直都在用，体现出器材的多功能性。

二、创新体育教学器材关键性因素的分析

（一）梳理教学内容明确教学重难点

立定跳远是学生很熟悉的教学内容，借助上肢有力地摆，带动下肢快速有力地蹬地，从而达到蹬摆协调配合。摆臂，往往被学生所忽视，可以让学生尝试一下不摆臂状态下能否跳得远，只有正确地、有节奏地摆臂才能带动身体向前。蹬地是立定跳远最关键的环节，尤其是蹬起离地和落地时脚着地的部位，这样才能做到轻巧落地。蹬摆的协调配合需要多个层次体现，才能让学生逐步认识到蹬摆的重要意义，可以在热身及专项环节，设置一些相关练习进行渗透，然后在学习阶段不断挑战更高地远度进一步明确蹬摆的作用。另外，立定跳远是一个枯燥乏味的技术，单一重复式练习不利于学习，可见设计灵活多变的教学组织形式，更能促进教学目标的达成。

（二）分析学生情况紧抓身心特点

学生是学习的主体，是教学的主要对象，要全面了解学生的身心发展特点、运动能力，动手操作能力，与同伴合作学习等诸多情况。对本阶段学生，如果再进行情境式的课堂教学，学生们会感到有些幼稚了，所以需要设计一些有趣味、有挑战性、能多次变形的器材。为了更好地进行教学，还要进行课前检测了解一下本阶段学生立定跳远的成绩，样本最好大一些。回顾以往立定跳远课堂，学生们会在哪些地方出现问题，遇到难题，及时进行整理与反思。立定跳远的教学如果机械式重复性练习，往往会造成学生学习乏味。需要借助辅助性器材，通过其多变性激发着学生挑战的欲望，最好是学

生有未能超越的目标。在一次次有梯度的练习中让学生尝试、体验，而不感到学习的枯燥乏味，可见设计一件全新的辅助性器材是十分必要的。

（三）综合分析把握器材创新关键点

创新设计体育教学器材时，教学和学情是两大关键因素。辅助性器材是连接二者的桥梁、是催化剂，是辅助学生在教学中有效学习的。作为第三个关键性因素，器材也有很多值得关注的点。兴趣是教学之源泉，兴趣是学习的动力，所以学习兴趣是创新器材优先要考虑的。创新的体育教学器材更多是基于本课教学目标的达成设计的，紧紧围绕重难点，针对性地进行创新，逐步解决教学中实际问题，呈现出较好的教学效果。实践中得知，只有器材的功能增多，"材"有活力，"材"有生命力，使体育课堂焕发出新的生命力，器材的多用途、多功能拓展必不可少。综上所述创新体育教学器材时，力求做到"趣、活、实、美、巧"以此来彰显教学器材的辅助性作用。一把尺子一段距离，量出的是成绩，亮出的是能力，案例中的变形尺就是基于以上的分析进行创新设计的。

日常体育教学器材开发与设计，为体育课带来更多的教学资源，更好地促进教学任务的完成。可见只有在创新时紧抓教学、学生、器材三个维度综合分析，才能设计出更精彩的、更有价值的体育教学器材，才能让体育课堂更加地器"彩"。

第九节　辅助性体育器材与辅助性练习的关系、作用

辅助性练习与辅助性体育器材在日常体育课中，是大家所熟悉的教学手段，经常被老师们在体育课堂中进行运用。两者好似一对"孪生兄弟"，在课堂中彼此紧密结合相互促进，共同推进教学进程的有效发展，两者都有共同的特征，就是"辅助"。不言而喻都是在辅助教学的、都是在辅助学生进行学习的。但在教学中两者不是一成不变的，有时也会因各自的功能作用不同而分开工作。本文结合日常教学实践进行探析，梳理两者相互关系，为进一步有效运用辅助性体育器材提供实践策略。

一、认识辅助性练习与辅助性体育器材

辅助性练习是对教学内容的一种分解、把复杂的教学技能分解成几个动作，让复杂的技术动作简单化，帮助学生有效学习，掌握动作的重难点。如滚翻教学中，为了让学生掌握团身紧、滚动圆滑的教学要点，先让学生在垫上进行团身滚动练习，充分体会团身紧似圆球的动作要点。

（一）辅助性练习

辅助性练习在日常教学中的运用更加朴实无华，是把一项教学技能最关键的环节进行合理有效的分解，动作模仿性较强。

辅助性练习是针对某一动作技术的分解，一般是固定不变的。

辅助性练习是把完整的技术动作分解化，有时练习很枯燥很乏味。

（二）辅助性体育器材

辅助性体育器材是对常规器材（配发）的一种补充，是帮助学生有效学习、完成教学任务的助力性教具。有时是需要自制的、有时则借助现有教学资源进行设计。同样在滚翻教学中，为了让学生掌握团身紧、滚动圆滑的教学要点，可以让学生进行腹部夹沙包的练习，强化团身紧的意识。

辅助性器材在日常教学中的运用更加精益求精，针对教学中重难点，进行有针对性的设计，目标指向性很强。

对同一个教学任务因制作材质不同，教学中可以设计多种辅助性器材来完成同一任务。

辅助性器材是依据完整动作技术结构关键点设计的，有针对性的器材练习，学生练习起来有目标、有兴趣。

二、教学运用中的对比分析与研究

（一）不同种类教学内容中，二者在教学的运用

表 1.2　辅助性练习和辅助性体育器材的运用

内容	辅助性练习	辅助性体育器材	项目
前滚翻	团身滚动	腹部夹包团身滚动	技巧
掷远	徒手挥臂	持轻物快速挥臂	投掷

续 表

内容	辅助性练习	辅助性体育器材	项目
跪跳起	垫上摆压练习	垫上摆压头触物练习	技巧
原地运球	徒手模仿	持自制教具模仿体会	篮球
脚内侧踢球	上步模仿无球	脚内侧贴标志物触球	足球
基本功冲拳	原地慢速到快速体会	由慢到冲拳快击打标志物	武术

（二）单一教学内容中，二者在教学的运用

表 1.3　上步沙包掷远

内容	辅助性练习	辅助性器材
运用的方法	原地体会背后过肩、肩上屈肘	原地利用宽皮筋体会背后过肩，转体挥臂
运用的时机	上步掷远技能前	上步掷远技能前、技能学习后纠正快速挥臂易犯错误
运用的形式	学生个体练习	学生个体练习、二人前后合作体会
运用的目的	解决背后过肩，肩上屈肘（侧重教学重点）	巩固提高快速挥臂技术（侧重教学难点）

表 1.4　前滚翻

内容	专项准备活动	基本部分活动
辅助性练习	垫上团身滚动	斜坡前滚翻
辅助性器材	垫上腹部夹包团身滚动	沿直线前滚翻

1. 教学效果不同

辅助性练习是对技术动作的分解，或者是重点环节的重复性体验，而辅助性器材则借助一些材质起到限制、标志、体验等让学生直观感受动作的关键环节，二者看似相同其实则不同。借用辅助性器材练习更加突出目标达成的效果，如跪跳起原地摆压与垫上摆压头触物，辅助性器材借助一定的标志物更加强调腿和脚面压垫后身体腾起的效果。

2. 教学组织不同

辅助性练习基本上是个人徒手形式进行模仿，在日常教学中组织容易

满足需要的器材不多，而辅助性器材除了技术动作本身需要的器材之外，还要自制或借用一些器材，这些器材大小不一，教学中组织起来有一定的困难。学生们既要熟悉自制器材的使用方法，又要在多人练习时密切合作，学生们有时是单人练习，有时是多人合作。

3. 教学进程不同

教学是一个变化的过程，具体问题具体分析。有时需要辅助性练习，有时需要辅助性体育器材，有时需要二者同时介入。在专项准备活动阶段，辅助性练习和辅助性器材可以同时帮助学生体验动作，但随着教学进程的推进，辅助性体育器材则因教学的需要而不断发生变化，以适应教学进程，而辅助性练习则逐步退出教学舞台。

三、教学运用的具体策略

辅助性体育器材是基于主要教学内容而设计的辅助性练习，辅助性练习也需要辅助性器材的参与才能达到较好的效果，如跪跳起教学中，学生在垫上体会了原地摆压动作，为了更好突出学生摆压协调配合的能力，教师设置了膝下抽旗的练习，彩旗是一种辅助性体育器材，膝下抽旗是针对摆压协调配合而设计的辅助性练习。可见，为了更好地处理好两种教学手段在日常教学中的有效实施是十分必要的。

（一）明确任务合理分工

辅助性体育器材在教学中一般是当主要教学内容呈现后，学生针对所学技术存在一定困难或者无法顺利完成时，此时辅助性器材"登场"帮助学生顺利完成技术技能的学习。辅助性练习一般在学习主要教学内容前就开始进行渗透，把教学内容的重点环节分解、设计成若干个辅助练习，让学生提前接触体会，尤其是对主要技能重点环节的体会。二者都是基于某一项主要教学内容来展开设计的。针对某项内容有针对性地、有层次性地进行开发设计。在教学实施中辅助性练习侧重基础性的体验，而辅助性体育器材的运用更加强调教学的效果。如沙包掷远教学中，在前期可以做徒手的投掷模仿的辅助性练习，在后期可以让学生做持包投过一定高度横绳或环形状地靶的辅助性体育器材练习。

（二）区别对待优化教学

辅助性体育器材主要是针对教学中的难点，也是学生存在困难的技术环节而展开针对性设计的，如单杠双腿挂膝悬垂，由于学生上肢力量不足无法完成双腿挂膝悬垂，此时教师借助保护带帮助学生完成。如果此时只做辅助性练习是远远不够的，因为学生自身身体力量已经不足而难以完成预定教学任务了，因此辅助性器材的介入降低了学习难度，解决了教学中最难的环节。辅助性练习是针对运动技术重难点进行分解、分层设计的练习方法，辅助性练习有时需要借助一些辅助性器材进行练习，有时需要身体自主完成一些练习。例如跪跳起教学，当学生跪立垫上做摆压练习，此时是针对跪跳起摆压协调配合而设计的辅助性练习。

辅助性练习与辅助性体育器材是相互依存、相互依赖的。辅助性体育器材是辅助性练习的组成部分，教学中可以没有辅助性体育器材，但不能缺少辅助性练习。辅助性练习强调动作技术学习的基础，辅助性体育器材突出技术动作学习的效果。教师要结合具体教学内容和教学实际需要，巧妙发挥辅助性体育器材和辅助性练习的功能，做到扬长避短、优势互补。

第十节　色彩在体育教学中的运用

色彩艺术大师伊顿说，色彩就是生命，一个没有色彩的世界，就像死的一般，没有精神和灵魂。他认为彩色日华对人类头脑有戏剧性的影响。色彩在人类赖以生存的环境中起着举足轻重的作用。体育教师需要掌握一些色彩学知识，并应积极运用到体育教学中。

心理学家认为，色彩会影响人的性格，能陶冶人的情操，调节人的情绪。在体育教学的设计上，要注重色彩所表现出来的特性。比如，红色属暖色调，象征着热情和力量，如火焰一般，促人奋发向上、勇往直前；紫色能加深印象，给人以变幻莫测的神秘感；橙色代表着温暖、活跃、喜庆；蓝色属冷色调（与红色相反），是收缩、内向的色彩，象征着沉静、理智，能产生温馨、静谧的感觉……一般说来，浅色代表着欢快、兴奋、积极、富有节奏，而暗色则象征着理智、沉静、精确、抗争。但需要注意的是，任何一种色彩都可以有许多变化，而变化后的色彩又具有了新的意义。所以要想运用好色彩，必须学习一些色彩学知识，并在教学过程中进行实践和探索。

一、色彩效应

瑞典科学家卡尔指出，大脑接受颜色就像胃接受食物一样，身体有时需要具体的颜色。色彩对人体的心理、生理都会产生极大影响，不同的色彩可激发不同的情绪。

例如，粉红色的光和颜色有舒缓病况的功效；橙黄色有助于克服疲劳和抑郁，并能消除及改善紧张、犹豫、惊恐和害怕的情绪；黄色可提高人的警觉，有助于集中注意力。

二、颜色强化　加强感知

案例分析：

在山羊教学中，为了强化踏板的着力点和双手撑箱的位置，一般可以在起跳区涂上红色，在箱面上涂上黄色，以此来强化"双脚踏跳和双手撑箱直臂顶肩"。

设计意图：深化动作技术感知与理解。

颜色是通过人的视觉作用，当人眼接触到不同的颜色，大脑神经会做出的联想和反应不一样，因此色彩对人的心理有直接作用。

在教学时如果辅以恰当的颜色，就能增强信息的感染力和穿透力，使学生自觉接受并在大脑皮层建立广泛而深刻的暂时性神经性联系，提高感知效果，这样就使原本内容变得更为生动有趣，突破课堂的狭小空间。醒目的颜色能给学生留下深刻的印象，起到强化作用。

三、颜色移情　强化氛围

案例分析：

把破旧的沙包，包上色彩鲜艳的布，学生就会争先恐后地上来抢沙包。

学生拿到漂亮的沙包，心里就感觉喜滋滋的。

设计意图：改变颜色强化氛围，产生兴奋的心理态势。

色彩本身没有灵魂，但却让人们能感受到颜色的情感。一旦视觉经验与外来的色彩刺激发生一定的呼应，就会在人的心理上引出某种情绪。

四、颜色提醒 排除干扰

案例分析：

在游戏活动中，在四周场地各放一个红色彩旗，红色彩旗区域内作为限制区，另外在游戏活动中教师还可以手拿黄色的彩旗，当出现"特殊"情况时，可以给予"警告"。

设计意图：唤醒学生的规则意识，提高注意力。

实践表明，在体育教学中可以利用色彩引起学生的注意，提高学生的自控力，培养学生行为规范和道德品质意识。

五、颜色体验 情绪减压

案例分析：

跳箱的箱盖，涂成黑色；跳高杆，涂成黄色或淡黄色。

设计意图：建立视觉上的错觉，使心理活动发生变化，为学生减轻心理压力。深色调的物品能给人沉重的感觉，浅色调的物品能给人带来轻松的感觉。

红色使人心理活动活跃，紫色使人有压抑的感觉，玫瑰色使人已经消沉或受压抑的情绪兴奋起来，蓝色可以使人镇静并可抑制过于兴奋的情绪，绿色可以缓解人紧张的心理活动。

第十一节　小学体育游戏的创新与体育教学资源的优化研究

小学体育课涉及三个学段，每一阶段的孩子都有自己的独特性格特征、身体素质基础、运动能力、思想品格。一节体育课中作为课程的组织实施者体育教师要考虑方方面面的环节，运动负荷、教学组织、男女差异、特体生指导、易犯错误与纠正、保护与帮助、讲解示范的时机、角度、位置等，时刻牵动着老师们的思绪。如何让不同学段的孩子们喜欢上体育课是每一位体育教师梦寐以求的目标，其实这个目标距离我们并不遥远，大家需要走入孩子们的世界倾听他们的声音。

一、让课堂从游戏"入手"让学生动起来

小学体育内容基本上以单一的技术为主，高年级球类动作、体操动作、武术涉及组合内容，因此结合教学内容的构成，体育教师要熟悉教学内容的特点，更要掌握每段学生的情况，这样才能做到有的放矢的教学。原地运球是水平一常见内容，学生未接触球前就有一种迫不及待的心理想去拍球，可是当拿起球后呢？这个"小伙伴"似乎不听话了！有时拍高了、有时拍低了。教师在原地运球一课时，首先要让学生明确运球的预备姿势——持球预备，给学生一个规范的意识。其次，在抓住正确的触球部位同时还要说清两脚及球落地的位置，触球部位—双脚位置—球落地位置，三个位置老师要讲清晰。并通过具体的辅助性练习给予指导纠正。以及抓好两个姿势，即高姿与低姿。最后还要让学生明确一个意识，即抬头意识。

表 1.5　原地运球技术动作分析与理解

		手触球的部位	两脚落地位置	球落地的位置
三个位置关系	教法：运用辅助性教具"弹力球托"。		教法：在地上画一个十字线，分别标注 1、2、3、4，练习时以右手为例，脚踩 1、3，球落 2。	教法：可以在十字线 2 号的位置偏上一点画一个圆圈，明确落球位置。
	要点：五指张开掌心空，按压正上方。		要点：前后落位，两膝微屈，重心降。	要点：球自然垂弹性直起落。
两个姿势	教法：用手势引导		高姿	低姿
			手臂上举代表高姿。	手臂下指代表低姿。
	要点		球高于膝，低于肩。	球与膝或略高于膝即可。
一个意识			抬头	
	教法：教师可以出示带重点字的纸板，例如，手指按、掌心空、正上方，每一次出示时教师都要换一个位置，让学生不断地调整脚步找到老师。			

当教师带领学生学会以上原地运球技术以后，紧接着就进入原地运球技术运用的阶段，此时教师可以通过形式多样、层层深入的游戏来巩固提高学生的运球技能。

表 1.6　原地运球游戏

	游戏方法	游戏规则	游戏器材与场地	游戏目的
游戏 1：十字运球	学生一人一组，在十字标志线上脚踩 1 和 3，球落 2。当学生熟悉后教师提示学生换手，此时要注意脚和球的位置变化。	脚与球按规定位置落位。	散点或体操队形。事先在场地上用粉笔画好十字线。	明确脚与球的落地位置。适用用于基础动作学习阶段。
游戏 2：石头剪刀布	学生二人一组，面对面，同时原地运球，然后开始用无球手进行石头剪刀布。	猜拳的同时还要原地运球，节奏明显，不丢球。	体操队形，散开站列。学生原地二对二进行。	巩固正确触球部位，让学生有抬头意识。
游戏 3：石头剪刀挑战赛	学生 36 人一组，站成体操队形或其他队形，游戏开始后，一三排学生慢拍球走，二四排学生原地运球，一三排学生运球走到二四排学生任何人位置面对面相遇后石头剪刀布。赢者继续运球，输者则换位留下。	只有获胜的学生可以继续运球，看哪里一位学生移动位置最多。	体操队形或散点进行。	巩固原地运球完整动作技术，提高学生场地上应变能力。适用于提高阶段。

二、让课堂以游戏为"抓手"，让学生在合作中提升

游戏有很多方法方式，变化无穷、形式多样。正因为游戏自身的优势颇多才使几十年来体育工作者们从未放弃过对游戏的设计与创新。无论小学哪一项体育教学内容都适合进行，在小学体育教学中有一些教学内容比较枯燥乏味，如双手向前正向投掷实心球、耐久跑等，这些教学内容往往被大家"抛弃"，其实这些内容是有自身独特的运动价值的，是其他教学内容无法取代的。

原地双手头上正向投掷实心球技术，持球后引自下而上发力，对学生上肢及肩带力量要求较高，要想投的更远需借助下肢及腰腹力量。小学生初学这些内容往往会存在动作协调性不够、动作发力顺序不对、快速挥臂不及时，以及上肢力量偏弱等问题，这些内容在教学前教师要仔细分析与研究，为实心球教学做好前期调研。为了更好开展高年级实心球教学，使学生们更加有挑战性学习，可以借助游戏与辅助性器材的方式设计各种挑战性、合作性游戏贯穿实心球教学全过程，改变枯燥乏味的投掷练习。

表 1.7　双手正向投掷实心球技术动作分析与理解

	要点	重点体会动作	辅助性练习
持球后引呈满"弓"	持球于头后，上体后仰，重心在后腿。	身体后仰呈满弓	二人一组用体操棒，背对背做双臂后伸握棒，蹬地拉棒练习。
全身协调用力（蹬地、收腹、甩臂）	蹬地、收腹、甩臂	蹬、收、甩	徒手反复模仿
			持足球进行投掷
			持实心球进行投掷
出手角度、挥臂速度	快速挥臂	快速挥臂	可以借助软排或足球体会快速挥臂
	斜前方出手（45°）	有一定角度情况下出手	可以在一定横绳限制下进行出手角度练习或者借助操场上篮球板等高大物进行目标投掷练习。

表 1.8　双手正向投掷实心球游戏

	游戏方法	游戏规则	游戏器材与场地	游戏目的
游戏 1：一比高低	学生二人一组，每人三次机会进行投掷，看谁投得远，并用标志桶做记号。	一人投掷一人摆桶；必须用正向投掷。	长方形场地，标志桶两个。	以游戏竞赛形式，激发学生投掷技能巩固学生协调用力的能力。
游戏 2：齐头并进	学生二人一小组，6 人或 8 人一大组，二人的成绩取最远，为本小组的成绩用标志桶做记号。然后各个小组之间看哪组的标志桶前进得最远，既获胜。	二人一组分别投掷，取最远成绩作为本组成绩。	同上述场地，标志桶用一个。	以合作性游戏的形式，激发学生合作的意识与能力，并用小组挑战赛的方法进一步提升学生投掷的能力。

续　表

	游戏方法	游戏规则	游戏器材与场地	游戏目的
游戏3：投掷接力	学生4人一组，呈直线排列，四人间隔一定的等距离，一号队员有四个实心球，其他人无球。游戏开始后一号队员先向二号投掷传递第一球，紧接着二号传三号，依此类推。直至四个球都传到四号脚小位置，以最先完成的队获胜。	一次只能传递一个球。	同上述场地，周边四人一组就近结合。	改变依次投掷的练习方式，改用投掷接力的形式来进行练习，突出合作能力。

三、让课堂用游戏做"巧手"创新，利用教学资源提升学生运动能力

在日常教学中有很多资源是可以利用的，点、线、标志杆、纸片、各种轻物等，都可以作为体育课的教学资源，加以利用。行进间直线运球是小学篮球的常见内容，是在原地运球基础上进行的。对学生控球的能力提出了更高的要求，除了正确的触球部位以外，在运球中教师还要提示学生运球的节奏。为了更好地学习行进间直线运球技术，老师们开动脑筋，设计了各种情境，如小小交通驾驶员、沿各种线进行运球等通过标志线使学生明确了人球的落位。

表 1.9　行进间运球技术动作分析与理解

	手触球的部位	球落地的位置	球反弹的位置
三个位置	要点：用力按压球后上方。	要点：球落在同侧脚的侧前方。	要点：反弹高度在腰腹之间。
	教法：借助弹力球托模仿体会。	教法：用标志线进行人球分离。	教法：自我检查球的高度。
两个关系	与原地运球的关系	与曲线运球的关系	
	从原地到行进间。	从直线到曲线。	
一个节奏	跑动的步法与球弹起的节奏		
	要点：协调一致。		
	教法：由慢速运球逐渐过渡到快速运球。		

直线运球游戏：三角形变速运球

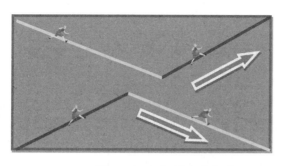

图 1.11 三角形变速点球

游戏方法1：

学生从三角形红色一段出发，红色、黄色段慢速运球，蓝色段以最快速度运球。

游戏方法2：

全班学生分成两大组，分别站在对角线位置（以红色为对角线），运球开始后两边同向开始在红线两侧运球，相遇后错开。然后到底线短蓝线走拍运球，在经过长蓝线快速运球。

第二章　辅助性体育器材与教学案例

趣味投掷靶

——单手下手投准

王文强

体育课堂上，投掷课备受学生欢迎；日常生活中，消消乐、连连看、五子棋及一些网游深深吸引着学生。如果将游戏吸引学生的属性转嫁到投掷课上，那么投掷课就可以拥有手机游戏一样强大的吸引力，更有利于学生在快乐中掌握投掷技巧。

一、器材设计

体操垫在日常教学中，一般用于休息、保护等辅助作用，是体育课不可缺少的一部分（图 2.1）。结合日常的电子游戏，在垫子上粘贴上不同的图画或者数字、字母等用于体育课的趣味连连看，极富趣味性，能够提高学生的参与兴趣（图 2.2）。

图 2.1

图 2.2

二、教学过程

（一）热身活动

游戏热身开始前，教师带领学生在场地上慢跑，认识场地器材，吸引学生注意力，提高学生兴趣。

活动1：我来说，你来做

一组五名学生，每组学生面对自己场地，成体操队形散开，认识身体各个关节，由教师指定关节，学生选择任意活动方式，进行自我热身。

教学意图：提高随后激烈运动的效率，激烈运动的安全性，同时满足人体在生理和心理上的需要。

活动2：运输小队

一组五名学生，每组学生面对自己场地，成体操队形散开，每组10个沙包，分别用单（双）手，从前（后）向后（前）传递，最先传递完获胜。

教学意图：提高学生的肩、肘关节的活动能力，为主教材做铺垫。

（二）技术体验与学习

阶段目的：本环节重点在于动作的完成情况，对于投中目标不做过多评价。在本阶段主要运用辅助器材的限制法，在学习技术动作的同时，学生根据自己掌握技术情况自由选择限制投掷的方向和距离。

首先，指定小垫，自由选择自己喜欢的、熟悉方式进行投掷。

教学意图：让学生体会投掷，提高兴趣，体验不同的投掷动作。

第二，教师演示完整的单手下手投准。

教学意图：让学生产生跃跃欲试的模仿心态，提高学生的注意力。

第三，教师组织学生学习动作技术，并练习。准备姿势能够做到两脚前后（左右）自然站立，右（左）手持沙包。投掷动作能够做到眼看投掷目标，右（左）手持沙包经下后引，双腿微屈，然后随着两腿的蹬、伸，投掷臂由后经下向前挥、摆，将沙包投向目标。

教学意图：针对教学重难点进行教学，促使学生学习掌握动作技术。

（三）技能练习

阶段目的：本阶段运用辅助器材的限制法，相比第一阶段提高难度，教师直接限制学生出手的方向和距离，让学生运用投掷技术完成特定距离和角度的投掷靶任务。

游戏：指哪打哪

游戏方法：由教师指定一块小垫子，全组学生运用单手下手投准的动作投向指定小垫子，最先全队都投中指定小垫，最先完成的获胜，沙包投掷完毕后，在安全的情况下，由组长捡沙包。

教学意图：巩固学习单手下手投准动作，提高捡沙包的安全意识。

（四）技能比赛

阶段目的：在游戏过程中，让遇到问题的学生相互交流、分析，合作解决问题，提高学生的投掷能力及合作解决问题的能力。

游戏1：智力五子棋，确保技术动作的前提下，完成五条连线。要求：五条连线不得重复，沙包可以重复利用，完成五条连线时间短的小组获胜。

游戏2：快乐连连看，确保技术动作的条件下，任务依次投中相同图画的投掷靶，沙包可以重复利用。完成任务时间短的小组获胜。

教学意图：提高学生学习、练习兴趣，巩固技术，并促进学生再学习。

三、教学反思

本节课辅助器材适用于北京版教材五年级单手下手掷准内容。本节课的重点是：眼看目标判断准确，蹬、伸、挥、摆要协调，用力大小要适中，出手方向控制好。

（一）兴趣促学习

在基本部分的第一阶段主要学习技术动作，体会蹬、伸、挥、摆协调配合，绝大部分学生在第一阶段可以掌握技术动作。在第二阶段向九块标志靶上投掷沙包，主要体会用力大小。让学生在欢乐游戏中完成技术动作，让学生内心获胜的驱动力控制出手力量，这种内在的驱动力能够达到更好的教学效果。第三阶段游戏属性更加多，但是对于投掷的技术要求更加高，不但具有游戏属性，而且提起了学生挑战的欲望。本环节不但带动了课堂氛围，而且促进了学生对技术的准确把握。

（二）合作促进步

大多数小学生天真、可爱，拥有超强的好奇心，并且争强好胜。但是由于自身或者外在环境影响，也有一部分学生不擅长交流、不自信、不善于融入集体。无论是哪种性格的学生在游戏面前都没有抵抗力。那些不擅长交流、不自信的学生，也同样有争强好胜的心、展现自我的心，只是没有找到合适的平台，能够展示自我的平台，以至于出现不自信的表现。本节课的教学内容相对简单，人人都能掌握，因此学生在游戏阶段就可以达到自己的目标，获得满足感，进而促进学生释放自我，达到教学技术目标，又促进学生心理健康发展。

水平二四年级脚内侧传接球教学绝招

魏 敬 陈 戚

一、教学内容简要说明

小足球活动是深受学生喜爱的体育运动项目，运动负荷比较大，锻炼身体的实效性较好，对培养学生团结意识、拼搏精神等优良品质具有很好的促进作用。脚内侧传接球是足球比赛中比较常见的一项技术，具有综合性、随机性和创造性等特征。传统教学中脚内侧传接球动作学习比较单调枯燥，本文介绍的教学绝招融合了游戏与比赛，包括运球、传接球、射门技术，突出技术在实践中的运用，以动对静、静对动、动对动等多种练习模式提高学生的兴趣和传接球能力。

二、教学绝招

绝招1：地面桌球（动对静）

方法：四个小足球门（或用标志桶代替）围成一个正方形，每个球门前面放置一个小足球，学生站在中间，用脚内侧传球的方式踢脚下的小足球，用脚下的小足球撞击球门前面静止的小足球，静止的小足球进入球门挑战成功，每人四次机会（图2.3、2.4）。

图2.3　　　　　　　　　　　图2.4

实效：以打桌球的形式激发学生的练习兴趣。学生踢脚下的球去撞击静止的球，练习脚内侧传球的技术动作，逐渐提高准确度。从不同的角度撞击球入门，需要学生找准撞击小足球的点，这就要求学生要头脑清楚、脚法精准。

绝招2：守株待兔（静对动）

方法：四名学生共同练习，面对面的两人进行脚内侧传接球，两条传接球路线形成一个"十"字形，距离远的两个人完成规定次数的脚内侧传接球，距离近的两个人原地等待时机，当另外两人传球时，有球人用脚内侧传球的方式去撞击他们的球，击中次数多者胜（图2.5、2.6）。

图2.5　　　　　　　　　　　图2.6

实效：两组队员同时练习脚内侧传接球技术，距离长的两人不仅要完成标准的脚内侧传接球动作，还要适时地调节球运行的速度，给击球者增加难度。距离短的两个人要以脚内侧传球的方式去撞击运行中的小足球，难度较大，既培养了学生的预判能力，又提高了学生脚内侧传球的准确性。

绝招 3：旋转风车（动对动）

方法：八（双数）人一组，围成大小不同的两个同心圆（每个圆由四个人组成），小圈同学持球，两圈同学一一对应。游戏开始，小圈同学用脚内侧传球的方式将球传给大圈对应的同学，大圈同学以同样的方式回传后，按逆时针方向旋转到下一个位置，与小圈同学再次进行脚内侧传接球练习，回传后继续转移位置，重复之前的方法进行练习（图2.7、2.8）。

图 2.7   图 2.8

实效：进一步巩固学生脚内侧传接球的技术动作，将运球与传接球技术结合练习，提高学生行进间接球的能力和脚内侧传接球的水平。同时培养学生团结合作的意识。

三、锻炼指导

1. 学生通过踢脚下的球去撞击静止的球，让学生从不同的角度撞击球入门，提高其脚内侧传球的准确度，并教会学生找准撞击小足球的点。

2. 以脚内侧传球的方式去撞击运行中的小足球，既培养了学生的预判能力，又提高了学生脚内侧传球的准确性。

3. 将运球与传接球技术结合练习，提高学生行进间传接球的能力，增强脚内侧控球的实效性。

便携式跳高架的制作及使用

张光月

跨越式跳高是小学跳跃类教材的主要内容之一，同时也是学生们很喜欢的一项运动项目。通过练习，可以发展学生的灵敏、柔韧、协调性等身体素质，提高学生下肢力量及弹跳力，发展跳跃能力。本文介绍的便携式跳高杆，运输便捷、使用方便，能满足学生各种跳跃练习需求的同时降低活动危险，实用性强，学习效果明显。

一、制作材料及过程

（一）制作材料

学生用花样跳皮筋四米（两种颜色）、配发的篮球标志杆两根、颜色胶带（三种颜色）。

图 2.9　跳皮筋　　　图 2.10　标志标、跳皮筋、胶带

（二）制作过程

将配发的篮球标志杆用三种颜色胶带粘贴出三个颜色区域，每个胶带之间的距离是 10 厘米，用马克笔从最底端的胶带开始标记出高度，将学生跳皮筋用的皮筋前后连接，完成四米左右长度，编织过程中注意中间区域用不同颜色皮筋，用以识别起跳区域，将连接好的皮筋两端用一个小皮筋连接并连接到已准备好的标志杆上，即制作完成。

二、设计思路

跨越式跳高是小学田径教学中的重点内容之一，技术性强、极具挑战性，很受学生喜爱。在学习中发现配发的跳高架相对笨重，上课下课搬来搬去很不方便，学生对金属制作的跳高杆存在恐惧心理，练习中发现学生在助跑与踏跳紧密结合上出现了问题，还有不敢跳、跳不起来的现象比比皆是。为此，笔者设计了便携式跳高架。准备活动中，学生四人一组完成拉伸活动，两人将皮筋撑到肩关节位置，两名同学完成侧向钻和后仰钻的练习；然后逐渐降低皮筋高度进一步提高练习难度，让学生达到了充分拉伸身体关节的效果，当皮筋放到地面上后孩子们开始各种单脚跳跃练习以及自然助跑依次摆腿的跳跃练习；接着皮筋高度升至30~40厘米、50~60厘米、70~80厘米，以及前低后高和前高后低的练习。在这些高度上继续体验助跑跳跃动作，完成跨越式跳高技术动作的学习。

三、辅助性器材的照片

 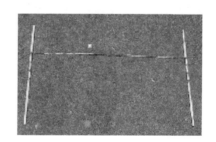

图 2.11　便携式跳高架（一）　　　图 2.12　便携式跳高架（二）

四、教学过程及运用方法

（一）准备部分

1. 学生们首先在摆放好的场地内完成图形跑，过程中模仿老师的单脚跳跃动作和依次摆腿的跳跃动作等。

图 2.13　图形跑

2. 准备活动中，利用小皮筋，学生完成各种拉伸活动，通过逐渐降低高度，充分拉伸身体。

a　　　　　　　　　　　　　b

c

图 2.14　拉伸活动

3. 专项中安排了两个跳跃的内容，一个是单脚跳跃练习，另一个是自然助跑单脚起跳两腿依次摆动跳跃的练习。孩子们的练习逐渐接近跨越跳高动作。

a   b

图 2.15   跳跃练习

（二）基本部分（以左脚起跳为例）

1.技术学习阶段

学生四人一组，两人撑杆拉筋，将皮筋高度放到 30~40 厘米高度，学生在这个高度上完成动作的学习，体会助跑与踏跳，学会依次摆腿动作。

图 2.16   跳跃练习

2.巩固提高阶段

经历了学习阶段后，皮筋涨到了 50~60 厘米的高度，学生们继续完成助跑踏跳的练习，巩固技术动作。

图 2.17   跳跃练习

将皮筋一端放到 30 厘米处，另一端放到 70 厘米的高度，皮筋形成了斜度。学生分别完成前低后高和前高后低的器材上完成跨越式跳高的动作，主要解决了学生助跑踏跳紧密结合及依次摆腿的重难点教学内容。

a   b

图 2.18　跨越式跳高练习

3. 形成技能阶段

在经历了前期学习后，学生初步具备了一定的跨越式跳高技术，这个时候小皮筋调到了 70~80 厘米的高度，首先教师完成了多角度的动作示范，孩子们建立了正确的技术动作概念，接着开始组织学生完成这个高度的尝试，能跳过去可以调高度，过不去降高度，并在这个过程中给孩子及时正确的评价。

a   b   c

图 2.19　跨越式跳高练习

跳过 50~60 厘米为及格，评价为"跳跃初学者"；跳过 60~70 厘米为良好，评价为"跳跃能手"；跳过 80 厘米以上为优秀，评价为"跳跃高手"。

图 2.20　自制跳高架

（三）课课练

整节课的设计遵循身体全面发展的原则，孩子们在完成跨越式跳高动作的学习后，教师利用自制跳高架将皮筋撑开约 50 厘米，安排学生直腿双手后撑举腿触皮筋的练习，增强学生的腰腹力量。

a　　　　　　　　　　b

图 2.21　学生练习

（四）放松环节

随着学习进度向前推移，孩子们的体力也在明显下降，利用小皮筋的拉伸特点，设计了各种身体关节的拉伸活动，配合音乐的伴奏，孩子们充分伸展，身体舒展，达到放松的效果。

a　　　　　　　　　　b

c　　　　　　　　　　　d

图 2.22　拉伸活动

五、自制跨越式跳高杆的运用效果

1. 这个跳高杆简洁轻便，方便移动，减少了课前的准备工作量；带有准确刻度的跳高杆，孩子们操作方便且高度准确，跳跃高度一目了然

2. 自制的跳高杆用小皮筋代替，降低了危险性，学生容易接受，降低了恐惧心理。

3. 授课中，皮筋从肩关节开始完成了拉伸游戏并把皮筋逐渐降低到地面，又从地面逐渐升至 70~80 厘米的高度，让学生完成了几个跳跃的挑战，激发了学生的练习兴趣。皮筋的升降变化又可营造出前低后高、前高后低等练习方式，解决了依次摆腿与助跑踏跳紧密结合的问题。

整个教学中，自制跳高架从准备部分到基本部分以及结束部分都起到了较好的效果，体现了一物多用一物巧用的原则。

六、使用建议

在练习中，要因地制宜，因材施教，根据学生能力选择相应适合的跳跃高度。

当高度升至 70 厘米以上后，跳高杆的上端拉力较大，容易出现下端上抬现象。为了安全撑杆，同学一手要按住杆顶，另一手要牢固按住杆子中间位置。

为了孩子们更好地掌握技术，可以让多个练习小组撑起不同高度的皮筋，让孩子们在不同高度的场地内完成循环跳跃，增加练习密度，激发练习兴趣。

正脚背射门教学绝招

魏　敬　陈　威

一、教学内容简要说明

　　足球教学中，射门技术是学生最喜爱的一项技能。其中，正脚背射门是最常用的一种射门方式。射门时，学生要做到支撑脚落在球的外侧，膝关节微屈；射门腿大腿带动小腿快速前摆；击球瞬间脚背要绷直、用脚背正面击球；击球后要有随摆动作。学生要熟练掌握正脚背射门技术的各个环节，衔接熟练，只有这样，才能在足球比赛中抓准时机，一击即中。

二、教学绝招

绝招 1：正脚背触垫（左右脚练习）

　　把两块小体操垫折叠摞起来（4 层），然后原地做上步支撑脚落地，脚背触垫练习，两脚交替进行。可一人对垫练习；也可两人面对垫子练习；还可四人面对垫子练习。

a　　　　　　　　　　b　　　　　　　　　　c

如 2.23　正脚背触垫练习

实效：

　　通过脚背触垫练习，让学生体会大腿带动小腿快速前摆，以及脚背绷直、脚背正面击球的动作。先原地练习，熟练后再让学生加上助跑，体验正脚背射门的动作。

绝招 2：正脚背推球（左右脚练习）

将小体操垫打开，两边连接摆放、中间留出一条沟槽（能夹住一个足球）。练习者一只脚做正脚背连续触球动作，让球在沟槽中向前滚动，另一只脚在垫子上行进。

a　　　　　　　　　　　　　　　b

图 2.24　正脚背推球练习

实效：

让学生连续体会脚背正面击球的动作。通过连续触球练习，学生掌握击球时脚背绷直的动作要领。

绝招 3：正脚背射门（左右脚练习）

在墙上粘贴不同高度和颜色的标志贴，练习者距离墙 8 米左右。学生助跑用正脚背射门的方法将球踢出，让球触碰墙壁标志贴。每人 6 次机会，将五种颜色的标志贴全部击中，挑战成功。

a　　　　　　　　　　　　　　　b

c　　　　　　　　　　　　　　　d

图 2.25　正脚背射门练习

实效：

通过踢不同颜色和高度的标志贴，进一步激发学生的练习欲望。通过一连串的助跑、脚背正面击球和击球后随摆动作，让学生体验正脚背射门的完整技术动作。利用击打标志贴，来提高准确性。

三、练习指导

通过脚背触垫练习，让学生体会大腿带动小腿快速前摆，以及脚背绷直、脚背正面击球的动作。

让学生连续体会脚背正面击球的动作。通过练习，学生体验了击球时脚背绷直的动作要领。

通过一连串的助跑、脚背正面击球和击球后随摆动作，让学生体验正脚背射门的技术动作。利用击打标志贴，来提高准确性。

小垫子"变形记"

——小学四年级的体操跪跳起的课例分析

张光月

一、设计理念

本课程的设计是以新课程标准为依据，在环节创设中始终贯彻"健康第一"的指导思想，以学生身心健康发展为中心，紧紧围绕体育学科核心素养，重视学生技术技能的学习，关注学生个体差异，锤炼学生品格。

二、设计思路

跪跳起是小学体操教材中很受学生喜欢的一项内容，通过跪跳起的练习，对学生灵敏、柔韧协调性，以及腰腹肌力量的提高均有明显作用。练习跪跳起不仅有很好的锻炼价值，还能培养学生勇敢、坚毅、顽强和克服困难的意志品质。这项教材内容具有一定的技术难度，通过教学发现，以往传统的教学方法难以有效地让学生掌握提腰、收腿等技术要点，尤其在提腰时机方面，学生呈现的效果不明显。针对这一问题，在设计本节课时，采用了小垫子的多种变形组合方法，创设出多样的练习环境，具有设计巧妙，构思新颖，组合丰富，变化多样，针对性强的特点。整节课环环相扣，教学中紧紧围绕摆臂压垫、提腰收腿重点内容，设计多种练习，让学生始终保持较浓厚的兴趣来完成各种挑战从而更好地掌握跪跳起技术。具体思路如下：

"变形记"1：器材高度的变化

学生热身后，在小垫子上初步体会摆臂压垫练习，首先运用到一块小垫子，安排了学生原地平面内的跪姿摆压练习和原地跪跳转体以及两块小垫子前后对接完成的连续跪跳前进的练习；其次运用两块小垫子部分重叠组合后练习环境变形成了具有一层小垫子高度的场地，满足学生跪跳上高处的练习；紧接着运用四块小垫子重叠组合后练习环境变形成了"三层台阶"的场地，此时这个场地具有三个不同高度差的特点，它可以满足学生完成连续跪跳上高处和跪跳下低处的组合练习。

"变形记"2：小垫子组合的变化

首先在平面内练习时，我采用两块小垫子前后平面内的对接组合，这个组合加大了连续跪跳前进的场地距离；然后出现的一层小垫子高度时，用于满足学生完成跪跳上高处的练习，此时采用两块小垫子上下的组合；最后出现的"三层台阶"的高度时，采用的是四块小垫子完成的立体组合，这个场地满足了学生跪跳上高处，跪跳下低处以及高处跪跳起动作。

三、教学步骤

（一）科学引导，激发兴趣

在学习跪跳起前，根据学生身心及教材特点，首先给孩子们创编了一套热身健美操，练习时配合节奏鲜明的音乐，使学生快速达到热身状态。而后引导学生在一块小垫子上完成摆臂压垫的专项练习，强调前摆重心提，后摆重心压，摆臂有制动，动作要优美，并根据学生的练习情况，逐步引导学生由原地的摆压动作过渡到小腿与脚面用力跳起离开垫面，完成跪跳一定高度的练习。紧接着，给学生展示了跪跳转体动作，要求学生根据自身情况像老师一样完成模仿练习，并提示学生完成转体后小垫子保持整齐不动。

教学意图：学生由原地的摆臂压垫动作逐渐过渡到用小腿和脚面跪跳具有一定高度的动作，紧接着引导学生通过摆臂压垫腾空后完成跪跳转体动作，让学生体会小腿与脚面的压垫动作。

（二）层层递进，掌握新知

经过前期的多种摆压练习，学生已经跃跃欲试想要挑战完整动作。

游戏1：一触即发

进入新授内容后，首先安排学生在两块小垫子平铺对接的场地上完成连续跪跳行进的练习，强调学生摆臂压垫自然，跪跳具有一定高度，为学生实现跪跳起动作做好前期铺垫。

游戏2：一跃而起

当学生能完成连续跪跳后，根据学生掌握情况而后引导学生将两块垫子前后部分重叠形成了具有一层垫子高度的练习场地，在这个场地上，学生开始体验自低处跳上高处的练习。

游戏3：一气呵成

随着学习的深入，学生四人一组，将其中两块小垫子打开对接，把第三块小垫子打开放在两块小垫子的中间位置，第四个小垫子折叠放在远端小垫子上，这时候四块垫子组合形成了"三层台阶"的场地，如图2.26所示，学生在低处准备，连续跪跳上两个高度后，再由高处向低处跪跳下，并在第二层"台阶"处完成跪跳起动作一上一下循环进行。

图2.26 小垫子组合"三层台阶"

在经历了以上各种跪跳练习后，学生此时基本具备了跪跳起的能力，于是在接下来的环节中给每位学生一块小垫子，然后让学生自由练习体会。最后通过观看老师的动作示范，学生巩固完整动作的练习，教师及时给予鼓励和评价，帮助学生完成技术的学习。

教学意图：学生首先向前完成连续跪跳行进动作，而后通过小垫子的变形，引导学生完成跪跳上高处的练习，让学生进一步体会摆臂制动要领，做到摆臂压垫动作协调充分，最后通过四块小垫子的组合场地，安排了跪跳起往返综合练习，这个环节涵盖了跪跳上高处和跪跳下低处及在高处跪跳起的组合动作，让学生体会由低向高再由高向低最后完成跪跳起的练习，帮助学生体会摆、压、提、收的重点动作，激发学生浓厚的学习兴趣，培养学生顽强拼搏的精神。

四、课后反思

（一）器材活用　激发兴趣

本次课的设计是以新课程标准为依据，紧紧围绕体育学科核心素养，重视学生技术技能的学习。环节按照力求新、实用强、变化多样、针对性强等特点完成了我的设计，并依据教材的特点，运用小组合作方式进行教学，创新小垫子的多种组合形式，"制造"出"高""低"不同的练习环境，其中四块小垫子的组合可以让学生进一步体会由低到高再由高到低的组合跪跳练习，并促进了学生在学习技术中体能的发展。

（二）器材多用　发展能力

根据主教材的特点及学生情况，充分发挥小垫子的多功能优势，摆放出各种练习场地，组织多样的练习形式，发展学生腰腹力量及身体协调性，提高学生的自信心。

（三）本课不足

回顾本课教学，学生能较好地完成跪跳起教学任务，但教学依然还存在着一些不足之处，对学生个体差异关注不够，应根据学生具体情况因材施教、分层教学。

荷叶上的跳动

——自制荷叶在"单双脚跳"学习中的运用

梁婧

跳跃是日常生活中的实用技能，也是人类与生俱来的技能。具有很大的实用价值，是一项深受低年级小学生喜爱的体育运动。在教师的实际课堂教学中发现学生年龄偏小，自我控制能力较低，不能长时间听教师讲解体育技能，认知能力较差这样的特性。这使学生在学习体育技能时往往将重点放在了行进速度上，导致跳跃姿态不规范，没有遵循在跳跃过程中前脚掌先触地的技术要领，不能够双脚起跳双脚落地或者进行纯粹的单脚跳。针对这一现象，教师设计了小荷叶辅助器材。

一、器材设计

本辅助性器材以发展学生基本跳跃和灵敏素质为主要任务，同时培养学生模仿能力和想象创造能力。这项器材引入到低年级单双脚跳的课堂中有效地控制了学生的跳跃速度，荷叶上的小脚丫使学生将注意力放在落脚上，同时也直观地提示了学生单双脚跳落地方法。小荷叶设计颜色鲜艳、形象真实。将课堂打造成了动画情景，抓住学生身心的特点使低年级学生可以在玩儿中学，学中玩儿。在本堂课的教学过程中，教师用"寓教于乐"的方法教授学生，教学语言和情景设置打破了以往体育课成人化的呆板面孔，力求贴近儿童视角，用教学语言，情景设置及音乐的伴奏来体现体育教学 中的童趣与亲切。

二、教学过程

（一）巧用准备活动 打造趣味课堂

1.准备活动

教师带领学生围绕场地上的荷叶进行图形跑，一边跑一边熟悉场地与器材，利用生动的语言将学生带入小青蛙的角色中。

在准备活动中将小荷叶平铺在地面，教师带领学生在音乐的伴奏下围绕荷叶做跳跃游戏。

（二）多用荷叶舞蹈 组织学练过程

1. 基本部分

教师抛出问题："小小的荷叶为什么能接住青蛙王子呢？"引导学生轻巧落地。教师利用手掌与荷叶直观地向学生展示前脚掌依次落地的落地方法。

步骤一：荷叶上的舞蹈——双脚跳步

在音乐的伴奏下教师带领学生跟随音乐节奏先原地连续跳跃感受跳跃的节奏与前脚掌依次落地的方式；接着教师带领学生双脚跳上、跳下荷叶；然后双脚向左、向右跳上荷叶。从原地的跳跃演变成有路线双脚跳。每次跳跃要求学生的脚丫要同时踩到荷叶上的粉色脚丫标识。教师依次带领学生按照前后、左右的顺序进行跳跃。在跳跃的过程中引导学生一起喊节奏：1—1—2—2—3—3—4—5—5—6—6—7—7—8，这样有效地促使学生形成跳跃节奏。

教学意图：形成自己跳跃节奏；重点通过情景解决学生轻巧落地，只有轻轻落地荷叶才能稳稳地接住小青蛙。

步骤二：荷叶上的舞蹈——单脚跳步

在音乐的伴奏下教师带领学生跟随音乐节奏单脚跳上、跳下荷叶。每次跳跃要求学生单脚踩到荷叶上。教师依次带领学生按照前后、左右的顺序进行有路线的跳跃，在跳跃的过程中要注意左右脚的交换。在跳跃的过程中引导学生一起喊节奏：1—1—2—2—3—3—4—5—5—6—6—7—7—8，使学生形成跳跃节奏。

教学意图：形成跳跃节奏；解决学生单双脚跳时的摆臂问题。

步骤三：安全岛上的舞步——在游戏中运用单双脚跳

①音乐响起时教师规定学生双脚或者单脚围绕小荷叶跳舞步（即单双脚跳）当音乐停止时学生迅速双脚跳到荷叶上充电。教师此时充当捕蛙人去捕获小青蛙，教师要鼓励学生更大范围的活动，被捕到的小青蛙失去充电机会。

②音乐响起时教师规定学生双脚或者单脚围绕小荷叶跳舞步（即单双脚跳），小青蛙们在池塘中随机找到小伙伴进行石头剪刀布游戏。音乐停止后看看哪只小青蛙胜利最多。

教学意图：通过实践使学生将用力蹬地、跳跃摆臂、轻巧落地有机结合，形成成熟连贯的技术动作。

步骤四：荷叶上的舞蹈——集体舞

学生两人一组扩大到四人一组，将荷叶下方的小脚丫打开，形成单双脚跳的路线图。学生通过小荷叶的路线指示按路线、按荷叶上的单双脚小脚丫提示进行连续的跳跃。音乐不停，跳跃不止。

2.结束部分

保护家园行动——用荷叶抬沙包比赛天气炎热，小青蛙的家——池塘中的水不断地蒸发越来越少了，现在需要各位小青蛙一起来保护自己的家园。利用我们手中的荷叶从小河中接水到自己的池塘中。

三、教学反思

（一）教学的实际情况

以往的单双脚跳教师会选择单纯地做连续性的跳跃，但是低年级的学生天真烂漫，注意力不能长时间集中，枯燥的学习不能激发学生的学习兴趣。小荷叶辅助器材融入课堂首先使学生眼前一亮，更容易融入教师课堂中，从情感上激发了学生的学习兴趣。教师又以"健康第一"的指导思想设计了"荷叶上的小青蛙"这样的教学情境，使学生对本次课充满了期待，在课堂中投入无限的精力，激发学生在有一定强度的运动中坚持下来。

本次课在主教材教授时采用了四个教学环节，分别是：荷叶上的舞蹈——双脚跳步、荷叶上的舞蹈——单脚跳步、安全岛上的舞步——在游戏中运用单双脚跳、荷叶上的舞蹈——集体舞。

荷叶上的舞蹈——双脚跳步、单脚跳步教学目的是学习单双脚跳，但是怎么学、有意思地学，才是教师设计教学步骤的重点所在。教师抓住低年级学生喜欢舞蹈、喜欢童话故事的特点将单双脚跳的技术动作变成舞步的学习。在学习过程中教师突破常态化教学模式采用引领、模仿的教学方式，让学生在一次次练习中不知不觉地学会了单双脚跳。

图 2.27 单双脚跳练习

安全岛上的舞步——单双脚跳。学生在学习运动技能后 最重要的是实践，教师以游戏的形式组织学生在游戏中进行单双脚跳，既 起到了练习的作用，又使体育技能得到了实践。

荷叶上的舞蹈——集体舞。小荷叶上同时设置单脚与双脚的两个标志，在连续性练习时可以使学生看着标志不停地转换单脚与双脚跳，两种跳跃更好的结合。在跳跃的过程中还可以利用荷叶不断地更改跳跃路线，不再是单纯单双脚跳，而是有方位、有路线的跳跃。学生以小组为单位围绕小组的跳跃路线进行练习。

（二）从学生实际情况来分析

单双脚跳内容属于低年级体育课学习内容，低年级学生活泼好动，但注意力指向性较弱，特别喜欢与同伴做游戏，但竞争意识较强；认知技能的能力尚处于较低水平，但想象力丰富，模仿能力强，他们学习新知识的速度快，敢于发表自己的想法，不乏探索知识、自主创新的能力。教师紧紧抓住学生这样的特性设计了新颖、色彩艳丽、趣味性高的体育器材。自制器材可以帮助教师增加学生的有效注意力时间，同时也增加了课堂的趣味性，使更多的学生喜欢体育课中的单双脚跳内容。利用小荷叶设置情景，设置教学环节，分别在不同的环节中使学生时刻谨记协调摆臂、轻巧落地的动作要点。一件器材贯穿了整个课堂，提升了器材的使用率，充分体现了体育器材在课堂中的重要性。

四、运用此项辅助性器材应注意的事项

制作荷叶连接条时要选用质地硬，并且薄的材料，防止折叠回去荷叶不平。

荷叶尽可能选择带防滑胶点的材料，增加摩擦力。荷叶折叠处要贴毛勾，防止学生游戏时折叠条打开。

居家锻炼之亲子体能

王文强

体能是人们进行工作、学习和生活必须具备的基本能力及极限能力。无论何时何地做任何事情都要有体能支撑，在疫情期间，受到场地等情况的影响，无法进行正常体能练习，也无法进行常规的学习。本次教学设计根据以上情况，设计居家体能锻炼，兼顾已学知识的回顾与巩固，锻炼、学习两不误。

在疫情研学期间，居家在有限的场地内进行体能锻炼，不仅仅是狭小的场地，而且单纯的、乏味的体能锻炼也会导致学生参与体育锻炼的兴趣降低，影响锻炼效果。疫情当下给家庭教育带来了契机，它具有启蒙性、感染性、权威性、专一性、终身性、不可替代性。根据家庭教育的特性，尝试开展居家亲子趣味体能游戏，可以促进学生与家长的交流，提升家庭和睦的氛围，更能提高学生参与锻炼的兴趣，提高体能锻炼效果。可见，构建多种形式的家庭体育锻炼是非常重要的。

本案例结合体能开展锻炼活动，主要分成三个部分：

热身部分有"抢占阵地""抢占资源"，主要目的是提高学生游戏兴趣，提高学生心肺功能；锻炼部分有：1. "游戏大冒险"，主要目的是进行体能锻炼。2. "知识大通关"，主要目的是回顾并巩固在上学期学习的重要学科知识，通过知识回顾，进行恢复体能。3. "终极挑战"，主要是进行体能锻炼与

知识巩固的结合；第三部分有"我来做，你来学"，主要目的是放松拉伸。

器材准备：纸杯 20 个、记号笔 1 支、白板 1 块或者白纸张（40×60 厘米）、任务卡（如任务卡 1、任务卡 2）。

器材制作：用记号笔在 10 个纸杯底部标注 1—10，另外 10 个标注字母 A—I（如图 2.28a）。在白板或者白纸上标注出 1—10 和 A—I（如图 2.28b）。

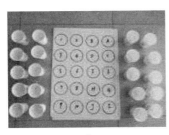 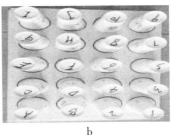

a　　　　　　　　　　　　b

图 2.28　自制纸杯器材

1. 卷腹（5 次）　　2. 小跑步（10s） 3. 高抬腿　　　　　4. 开合跳（5 次） 5. 波比跳（5 个）　6. 后踢腿（5 次） 7. 弓箭步（5 次）　8. 两头起（5 次） 9. 深蹲（5 个）　　10. 仰卧起坐（5 个） 注：可根据个人实际情况修正任务卡

任务卡 1

A《春晓》孟浩然　　　B《江南春》杜牧 C《登黄鹤楼》王之涣 D《杂诗》王维 E《江南春》杜牧　　　F《静夜思》李白 G《游子吟》孟郊　　　H《山行》杜牧 I《春望》杜甫　　　　J《出塞》王昌龄 注：可根据个人已学习知识更换知识点

任务卡 2

图 2.29　自制任务卡

案例实施：

一、热身阶段

游戏 1：抢占阵地

方法与要求：两人听口令同时出发跑到场地（图 2.30b），两人随机翻纸杯（两人左右区域分开），一人按照 1—10 随机翻，另一人按照字母 A—I 随机翻，每次只能翻动一个纸杯，如果不是依次的数字或者字母将纸杯原样放回，跑到起点重新开始。如果翻对，一一对应放在白板上，最先按照顺序翻完对应好（图 2.30a）的获胜。游戏过程如图 5 所示。

游戏2：抢占资源

方法与要求：孩子与父母三人做游戏，父母两人出一名裁判，裁判随机在数字1—10、字母A—I中喊出一个数字或者字母，比赛二人迅速到场地（图2.30a）翻找该数字或者字母，每次只能翻一个，如果翻错，原样放回，如果翻对，拿到自己的领域，裁判再喊出一个数字或者字母，游戏继续，最终以自己领域纸杯多的获胜。游戏过程如图2.30c所示。

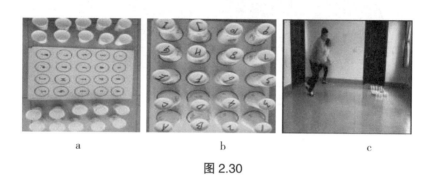

a   b   c

图2.30

设计目的：依游戏的形式进行初步体能训练热身，提高身体的心肺功能，而游戏的形式，提高学生的兴趣。与父母进行一个简单的游戏小比赛，更加增强学生的好胜心理，提高学生各方面能力。

二、体能锻炼阶段

游戏1：游戏大冒险

方法与要求：听口令，两人从起点出发，跑到场地（如图2.30c），随机翻开一个纸杯，纸杯底面有一个数字，按照任务卡1指定的内容进行锻炼，直至游戏结束（可规定时间，也可以规定跑动次数，图2.31a。

设计目的：通过不断的跑动和任务卡的锻炼内容，提高学生体能。

游戏2：知识大通关

方法与要求：听口令，两人从起点出发，跑到场地（如图2.30c），随机翻开一个纸杯，纸杯底面有一个字母，按照任务卡2指定的内容进行锻炼。每个字母代表一个知识点。例如，古诗、计算公式、英语单词等。如果不能背出相应的知识点，惩罚5个深蹲起，然后背诵记忆知识点，直至所有知识点全部掌握。游戏过程如图 2.31b 所示。

设计目的：经过游戏大冒险后，学生体能有所下降。在知识大通关游戏中，不停息地跑动，但是运动量相对减少，增加了知识点，例如上学期学过的古诗、数学公式、英语单词等。游戏者在本环节恢复体能的同时，巩固已学知识点。

游戏 3：终极挑战

方法与要求：将有数字和字母的纸杯打乱顺序放在白纸板上，同体能锻炼之游戏大冒险规则，依次翻纸杯，纸杯和白板会形成数字字母组合（如图 2.31c），完成数字的锻炼内容的同时，完成字母对应知识点的背诵。直至完成任务卡上所有内容，最先结束者获胜。游戏过程如图 2.31d 所示。

设计目的：在经过游戏大冒险和知识大通关后，对规则、锻炼内容及知识点比较熟悉，最终极挑战中，在运动量较大的情况下，考验知识点掌握情况。

a　　　　　　　　　　　　　　　b

c　　　　　　　　　　　　　　　d

图 2.31　亲子体能锻炼游戏

三、放松阶段

游戏：我来做，你来学

方法与要求：听到口令后，两人迅速到场地，翻动纸杯，比纸杯底部数字大小，数字大的来做任何一种拉伸，数字小的模仿。直至所有纸杯全部翻完，游戏结束。

设计目的：在大运动量活动后，进行慢跑放松和拉伸活动，促进身体快速恢复。

四、案例反思

居家体能锻炼与课堂教学体能锻炼存在很大差异。虽然两者都是以学生为主体，但是居家锻炼相比课堂，学生主体性更强，在居家锻炼中适当融入游戏、辅助性手段等更容易调动学生参与的主动性，克服本身的疲劳，积极投入到与家长的竞赛中去。本案例根据体能训练的特性，紧扣学生的好强心和自我展示的心理，设计体育锻炼和知识巩固两不误的游戏。

（一）居家锻炼，游戏不可少

小学体能训练以一般体能训练为主。常规体能锻炼相对比较枯燥、乏味。体育游戏不仅拥有悠久的历史，而且具有多种多样的形式。体育游戏具有趣味性、娱乐性、竞争性和教育性，学生喜欢参与到游戏中，这对于提高学生的运动兴趣、掌握运动技术、养成终身体育锻炼习惯以及提高学生未来对社会的适应能力等都有巨大的帮助作用。因此，居家锻炼采用游戏的形式更好地提高了学生的目的性、主体性、主导性，满足了学生争强好胜的心理，有力促进了学生克服各种困难积极参与到体能锻炼中去。

（二）居家锻炼，知识要丰富

科威特作家穆尼尔·纳索夫曾经说："青春与健康往往是形影不离的，美好的青春是要由健康来保证的，而青春期的健康锻炼正是健康的基础。"由于疫情影响，学生假期延长，健康的身体是第一位的，但是知识的巩固与学习也是至关重要的。此次亲子体能锻炼融合了如古诗、知识点等多种元素进行设计，增强了趣味性、知识性、挑战性，不再枯燥。

（三）居家锻炼，家庭最重要

在转型期的当代中国，成年人的价值观发生巨变，家庭教育的支柱正在崩塌，其中过去以道德为核心的价值观遭到破坏，重智轻德成为家庭教育的普遍趋向，造成的严重问题亟待引起重视。导致家长教育缺失或者失位。

无论何时，孩子最喜欢的都是跟父母在一起，在父母面前展示自己的强大，并挑战父母，战胜父母。在日常生活中，有些父母因为工作、生活等原因造成家庭教育的缺失。案例中体能锻炼设计紧紧抓住本次机会，以居家锻炼为契机在学生与父母游戏过程中，促进学生的体能锻炼，更促进学生与父母的互动交流，创造家庭教育机会。

居家篮球"深"度思考与实践

陈　威

疫情期间，我们不能像往常一样组织学生在室外上篮球课，在家里能做的篮球活动也是有限的。由此，教师可以将篮球技术简单化、游戏化，让学生在家就能学习体验篮球技术。本文以篮球技术中的急停技术为例。以微课的形式教授学生跳步急停和跨步急停技术。文中将篮球急停技术教学的急停动作方法、自编的动作口诀、自创的教法，以及该技术与其他技术结合练习的方法等进行了梳理与汇总，力求为广大体育教师关于疫情期间的居家篮球教学提供参考。

居家学习篮球对场地有一定的要求，尤其是疫情时期，无法进行室外活动。此时可以尝试各种篮球步法练习，如转身、跨步、急停等。篮球急停技术分为跳步急停和跨步急停，根据步法特点还可以称为一步急停和两步急停。比赛中无论进攻还是防守，都能看到急停技术的身影。它与不同技术进行组合发挥的作用也是不同的。例如，在无球面对防守时，运用突然急停加变向跑可摆脱防守队员；在有球进攻中运用急停加投篮是有效的得分手段。急停技术，作为中间环节是篮球比赛中不可或缺的部分。为了更好地让学生掌握与理解急停技术，本文结合居家环境特点，巧用标志物来引导，运用口诀理解动作方法。

课前准备：若干个标志物（隔热垫），1个篮球，1个凳子，以及身着运动装备的你。

案例实施：

一、基础学习阶段

（一）标志物分解，明确动作（以徒手动作为例）

跳步急停（以先迈左脚为例）：从原地静止开始，两脚前后站（如图2.32a），后脚向前迈步随即跳起（如图2.32b），而后双脚同时落地（平行开立），屈膝、控制身体重心，保持身体平衡，目视前方（如图2.32c）。

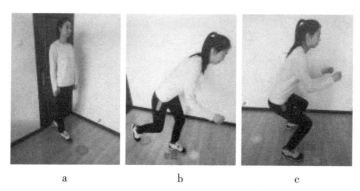

图2.32 跳步急停动作分解

跨步急停（以先迈左脚为例）：跨步急停由两步组成，两脚前后站（如图2.33a），第一步后脚要向异侧斜前方迈步，脚跟先落地，随即迅速过渡到前脚掌（如图2.33b）。第二步另一只脚迅速跟上并转体，落地脚前脚掌内侧蹬地，两脚平行、保持重心平稳，两眼目视前方（如图2.33c）。

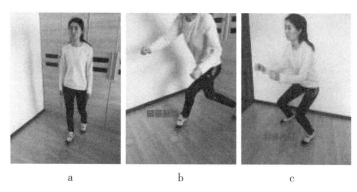

a　　　　　　　b　　　　　　　c

图 2.33　跨步急停动作分解

（二）视频学习，强化动作

利用完整示范让学生清楚动作方法，对跳步急停和跨步急停动作有一个初步的概念。

（三）标志物引导，巩固动作

由于小学生年龄小，理解能力有限，且教师无法及时指导全年级的学生，这时候就可以利用标志物，来简化学习难度，并规范脚步动作。

具体操作：

跳步急停：四点法。

需要 4 个标志物，起点一个，距离起点 30~60 厘米处放置第二个标志物，再向前 60~90 厘米处放置两个平行的标志物，两标志物距离与肩同宽，30~50 厘米（如图 2.34a）。

跨步急停（以先上左脚为例）：三点法。

需要 3 个标志物，从起点开始，依次沿右前方摆放标志物，起点一个，第二个距起点 50~80 厘米，第三个距第二个 30~50 厘米（如图 2.34b）。

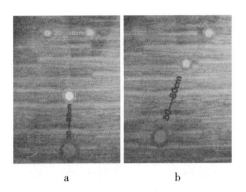

图 2.34　急停练习的标志物摆放位置

（四）口诀学习，理解动作

让学生边说口诀边练习跳步急停和跨步急停动作，有助于加深理解动作要领。

跳步急停口诀：

单起双落重心稳，两脚平行目视前。

跨步急停口诀：

一步脚跟先触地，二步转体内侧蹬，

落地双脚要平行，重心保持两腿中。

（五）多物组合练习，熟练动作

如果没有同伴帮助或是低年级学生未学过传接球，可以将篮球放在凳子上，让学生做完急停脚步后去拿球来代替接球。

跳步急停时，凳子摆放在两个平行标志物的前面，距离以学生急停后能舒服地拿到球的距离为准（如图 2.35a）。

跨步急停时，凳子摆放在第二和第三标志物连接线的前面，距离以学生急停后能舒服地拿到球的距离为准（如图 2.35b）。

最后，用持球跳起体会急停投篮的感觉，这个练习环节是模拟比赛中急停后跳起投篮的动作，虽然在家里无法实现运球急停和急停跳投，但我们可以告诉学生居家时期先把衔接动作练熟，疫情过后可以到篮球场上去实践。

图 2.35　多物组合练习

　　跳步急停持球跳起（如图 2.36a、图 2.36b、图 2.36c），跨步急停持球跳起（如图 2.36d、图 2.36e、图 2.36f），注意提示学生原地跳起、原地落，不要向前跳。

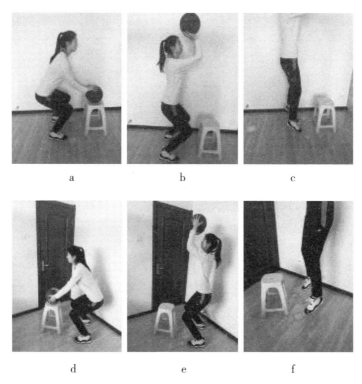

图 2.36　急停持球跳起动作分解

二、游戏巩固阶段

学生掌握了两种急停动作后，通过游戏的形式巩固动作方法，增加练习的趣味性。

游戏：听我指挥

方法一：学生在场地内自由跑，听到指令迅速做跳步急停或跨步急停动作，具体动作根据指令，反复练习（如图 2.37a）。

方法二：在平整安全的活动场地上摆放一个凳子，凳子上摆放一个篮球。学生在场地内自由跑，听到指令迅速朝着篮球方向做跳步急停或跨步急停，而后拿球做投篮假动作。具体动作根据指令，反复练习（如图 2.37b）。

方法三：在平整安全的活动场地上摆放一个凳子，凳子上摆放一个篮球。学生在场地内自由跑，听到指令迅速朝着篮球方向做跳步急停或跨步急停拿球，而后做跳起投篮假动作。具体动作根据指令，反复练习（如图 2.37c）。

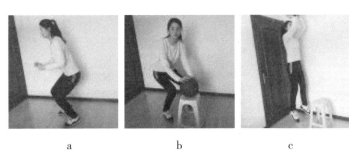

a　　　　　　　　b　　　　　　　　c

图 2.37　急停持球跳起练习

三、案例反思

"深度学习"强调在教师指引下，学生围绕着具有挑战性的学习主题，全身心积极参与，体验成功，获得发展的有意义的学习过程。

本案例中结合居家学习篮球特点，设计了篮球中急停的教学主题。本案例依据"深度学习"的理念进行设计，让学生居家也能习得解决问题的有效手段。

（一）深度学习"深"在系统结构中，"深"在教学规律中

深度学习虽然体现在一个个的教学活动中，但并不是孤立无关联的，

而是存在于教学系统中。案例中为了让学生掌握好急停步法，教师巧借标志物进行引导，先是用标志物分解明确了步法的过程，然后用教师示范（视频）进一步强化，紧接着用标志物三点法、四点法进行巩固，教师深度加工每一个学习活动，既引起了学生的学习兴趣，又巩固了学生的学习技能。

在深度加工中，设计了"三步走"。第一步，示范动作的重点环节采用慢镜头播放，这样学生可以通过观看视频掌握动作方法。第二步，针对易混淆环节，教师利用三点法和四点法，有针对性地、有区别地进行演示，加深学生对步法的理解。第三步，急停步法通常会与投篮技术结合使用，学习完基本急停步法后，紧接着就是与投篮技术的结合演示，有急停后拿球做投篮假动作的，也有急停拿球后跳起投篮的（场地条件允许情况下），进一步巩固已学动作技能。

（二）深度学习"深"在有程度，"深"在有高度

深度学习强调要解决的问题就是：在有难度、有挑战的学习任务面前，如何让学生感到自己是活动的主体，能够自主操作这些内容。居家学习篮球受各种因素影响很大，如何克服重重困难，确保有效开展篮球学习呢？笔者做了充分的思考，精心构思主题，选择篮球步法，以此为入口；精心设计学习过程、标志物引导、口诀理解等，以此为重点构建学习内容的层次，让学生在有挑战性的学习中练习篮球动作。

动作口诀涵盖了动作的要点与难点，学生边说口诀边练习，这样的设计加深了学生对动作的理解，从而更好地掌握动作方法。部分学生居家上课时没有家长陪伴，所以学习的安全性是首先要保证的。其次，内容的设计考虑了多种家庭情况，无人陪伴的学生可借助凳子上放球来替代同伴传球，也能顺利完成技术动作的学习。

参考文献：

黄国钦.篮球技术教学口诀——学习中小学篮球教材的体会 [J].体育教学与训练，1978（04）：23-28.

"红绿灯"游戏与直线运球

陈　威　魏　敬

　　篮球—直线运球是人教版《体育与健康》四年级球类活动中的内容，它在小学阶段的运球教材中起到承上启下的作用，是在学生掌握了原地运球基础上学习的难度较大的移动运球技术。它是一切组合运球技术的基础，也是运用多种篮球技术动作的过渡环节。学习好直线运球技术，可与跑位、传接球、投篮等技术结合运用到篮球比赛中，发挥其穿针引线的作用。

　　小学阶段的直线运球，是让学生体会正确的移动运球的姿态，做到有节奏的连续运球跑，并掌握相关的篮球知识与规则。同时，培养学生抬头运球的意识，发展学生快速奔跑的能力，提高身体协调性。但常规教学更注重技能的简单传授，缺少意识的培养和技术组合衔接的运用，且教法单一、教学组织形式缺乏创新性，再加上小学生的控球能力有限，以致在直线运球的学习过程中，经常出现运球节奏混乱、练习兴致不浓、低头运球等状况，同时还伴随脚踢球、球过肩违例等现象。为了激发学生的练习兴趣，教师从平面提示到立体刺激，再到自主运用所学技术，层层深入地设计了"红绿灯"游戏。整节课的练习充分利用了"红绿灯"的不同功能（障碍物、标志物、交通标志等），来帮助学生掌握直线运球技术，体验篮球运动的乐趣。

　　器材准备：

　　1."红绿灯"40个。用硬纸板裁剪出一个圆形，直径30~35厘米，中间部分掏空为直径3~5厘米的同心圆。圆纸板两面用红色和绿色彩色贴纸粘贴，即完成"红绿灯"的制作（教师的为红色和绿色，红色和黄色）。

　　2.选择的纸板既要有一定硬度又不能过厚，以免影响球的反弹效果。

一、设计思路

　　整节课的教学依照"以学生发展为中心"的设计理念，构建由易到难、层层深入的教学环节。针对教学重难点，采用任务驱动式的方式进行教学。运用"红绿灯"游戏激发学生的练习兴趣，逐渐增加学习的挑战性，不断给学生提出更高层次的任务，唤起了学生的斗志和求知欲，从而提高体育课堂的实效性。

在篮球课堂中除了技能的学习之外，教师还注重篮球意识的培养。例如，抬头运球的意识，与同伴配合的意识等。还不失时机地教授了篮球运动知识与规则。例如，为了能完成快速直线运球，建议球的反弹高度在腰以下。若球的反弹高度超过了肩膀，则被判罚球过肩违例，失去球权。针对直线运球技术的特点，巧妙利用"红绿灯"游戏教会学生直线运球的触球部位和球的落点等，让学生在游戏中学会动作方法。

二、案例呈现

（一）准备活动

1.砸——"标志"（以右手运球为例）

练习目的：

复习原地运球技术，回顾正确的运球手法。体验手臂协调用力、手指按压球的动作。保持球的落点与身体的距离，为直线运球学习中球的行进路线与人的前进路线不同做铺垫。培养学生的探索精神。

练习方法：

学生观看教师的示范，然后每人一个"标志"，即自制的"红绿灯"圆形纸板，此时红色面朝上，练习原地运球砸标志。通过不断调整身体与"标志"的距离，并保证球落到"标志"上，来提高学生运球手的控球能力。在游戏过程中不断提示学生运球的手法，让学生体验连续按压球的正上方的感觉，为主教材直线运球学习中的触球部位做对比。教师随机抢断学生手中的篮球，给学生建立危机意识，让他们养成边运球边护球的习惯。

练习思考：

原地运球技术是学习复杂运球技术的基石。只有夯实基础，才能更快地掌握高难度的运球动作。所有对运球手法的要求都是相同的，球的落点与身体的相对位置也没有变化，都是让球落在身体的斜前方。改变运球类型的是触球部位。例如，按球正上方是原地运球，按球后上方是直线运球，按球侧上方是体前变向换手运球等。每种运球都需要护球动作，教师抢断球，是为了让学生学会用身体保护球。

2.看——"标志"

练习目的：

培养学生抬头运球观察场上情况的习惯，提高手指控球能力。

练习方法：

学生边原地运球边观察教师的动作，并保持身体始终面向教师。教师不断变换位置，学生不断调整自己的方向。教师用手比数字，学生齐声回答；教师随机出示"红绿灯"或其他颜色卡片，学生立即答复。在篮球运球练习中，教师要提示学生换手练习，确保学生左右手运球能力的均衡发展。

练习思考：

学生身体始终面向教师，避免脚下站死。学生说"红绿灯"的颜色，是为主教材的"红绿灯"游戏做铺垫。

（二）技能练习

基础阶段：通过此阶段的学习，让学生明确直线运球的触球部位，控制球的落点，以及掌握运球节奏，同时还要提升学生综合运用直线运球的能力。

1.越过——单个"红绿灯"

练习目的：

体验按球后上方，才能越过"红绿灯"，学会找准触球部位。右手运球越过"红绿灯"时，左脚向前跨步，提前适应"右手运球左脚抬"的动作方法。

练习方法：

学生听讲解、看示范。每人一个"红绿灯"进行练习（绿色朝上）。学生在"红绿灯"后半米处原地运球，以右手为例，右脚在前，越过"红绿灯"时按压球的后上方一次性通过，同时左脚向前跨步，反复进行练习（图2.38）。教师巡视指导，及时纠正人和球在一条线上练习的情况。

图 2.38　技能练习

练习思考：

进一步强化学生的运球手法。利用口诀"球在正后方、人在侧后方、按球后上方、球落斜前方"来理解越过"红绿灯"前，球在"红绿灯"的正后方，人在"红绿灯"的侧后方。按压球的后上方才能越过"红绿灯"。越过"红绿灯"之前和之后，球始终在人的斜前方。

2.连续越过——多个"红绿灯"

练习目的：

进一步学习运球节奏、明确球的落点。采用连续越过纵向排列的多个"红绿灯"，让学生进一步掌握直线运球的触球部位。同时通过观看教师的示范，明确直线运球两步一运的运球节奏。要求学生的球从"红绿灯"上面过，人从"红绿灯"侧面跑，是让学生体会球的落点在身体的斜前方，避免脚踢球违例现象的发生。

练习方法：

学生四人一组，在一侧边线后对应自己的"红绿灯"站好，观看教师侧面示范连续越过"红绿灯"的方法，并提示学生注意观察人和球是否在一条直线上。再往返示范让学生明确两步一运的运球节奏。

接着学生分组练习，教师根据学生的整体掌握情况，运用口诀帮助学生学习与体验"右手运球左脚抬，左手运球右脚抬"。学生在慢速直线运球练习中体验口诀，熟练后逐渐增加运球速度。学生尽可能地快速完成练习（图 2.39）。这时，一部分学生又出现了脚踢球的现象，教师及时提问、引导学生说出直线运球中脚的前进路线和球的行进路线不同，通过及时纠正指导避免脚踢球违例的发生。

图 2.39　技能练习

练习思考：

重点关注两步一运的运球节奏，这也是学生能连续进行直线运球的关键。右手按压球时，正好左脚抬起。利用"右手运球左脚抬"这句口诀帮助学生体会运球节奏。球从"红绿灯"上面过，人从"红绿灯"侧面跑，是为了让学生形成正确的运球姿态，避免易犯错误——脚踢球违例的发生。

提升阶段：

通过此阶段学习主要让学生尝试将直线运球与原地运球结合练习，学习衔接的方法。培养学生抬头运球的意识。增强学生的观察力和判断力，提高应变能力。

3. 手控——地面组合"红绿灯"

练习目的：

进一步强化学生直线运球的技术动作，培养学生运球不看球的习惯。在此基础上，衔接好直线运球与原地运球技术，培养学生组合运用所学技术的意识，提高运球手的控球能力。在地面"红绿灯"的基础上，适当运用手控"红绿灯"，增加挑战性。练习中，培养学生的合作与竞争意识。

练习方法：

地面"红绿灯"要调好间距——整齐摆放好，各组"红绿灯"颜色调整为绿、红、绿、红。教师示范通过地面"红绿灯"的运球方法，当学生直线运球遇到"绿灯"时直接越过，遇到"红灯"时迅速急停，在"红灯"后原地运球三次再越过"红绿灯"（图 2.40a）。

在练习中，学生急停时出现了停不稳的现象，教师讲解触球部位改变运球方向的原理，帮助学生理解急停按球前上方、急起按球后上方的道理。

学生练习几次后，教师增加手控"红绿灯""指挥"。当教师出示"黄灯"时，提示学生换手运球（图 2.40b）。

a   b

图 2.40　技能练习

练习思考：

重点教授学生多种运球的衔接方法，结合口诀"急停按球前上方、急起按球后上方"进行练习。这也是急停急起运球的雏形。练习中，教会学生控制好身体重心与球的反弹高度，可有效避免易犯错误——球过肩违例的发生。

4.一气呵成

练习目的：

提高学生行进间运球能力，增强学生的观察力和判断力，发展学生的速度素质和灵敏性。

练习方法：

将中间纵向排列的 4 个"红绿灯"拿到场地外，其余留在场地内。每两排 8 个"红绿灯"组成一个长方形，长约 9 米，宽约 3 米。学生每一排为一组，共 4 组。每组对应一个长方形，学生围着长方形逆时针运球跑，长边快速运球、短边慢速运球。教师提示学生换手并观察学生的运球动作，发现问题及时纠正。随后，教师创设运球过十字路口的情境，将学生比作"机动车"，将教师比作"交通指挥员"。4 个组分别从四个路口运球进入，教师在中心手拿"红绿灯"指挥交通。教师出示"红灯"的组原地运球等待，出示"绿灯"的组运球通过十字路口，过路口后靠右运球。前后顺序不是固定的，学生可以"超车"，但要注意安全。运球出场地后，4 个组均左转，逆时针方向寻找下一个路口进入（图 2.41）。

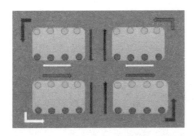

图 2.41　十字路口情境示意图

练习思考：

提高学生综合运用直线运球的能力，重点培养他们观察与判断的意识。利用口诀"进入路口要慢行，遇到红灯停一停，看见绿灯可直行，遵守规则靠右行"教会学生交通常识，培养学生遵规守矩的好习惯。

（三）体能活动

练习目的：

发展学生上肢、腰腹及腿部肌肉力量，增强肌肉耐力。培养学生合作与竞争的意识。

练习方法：

学生 4 人一组，在 4 个"红绿灯"围成的正方形区域内练习。两名同学并排直臂撑地，另外两名学生站在他们的左右两边，完成地滚传球，让球从直臂撑地的两名同学的腹下通过。两名传球同学每传一次球交换一次位置，反复练习。教师随机出示"红绿灯"，直臂撑地学生回答，避免低头。直至音乐结束，传球和撑地的学生互换角色。练习过程中教师要鼓励学生坚持。教师还可以根据学生的整体情况，将以音乐为指令改成完成固定地滚传球的数量为指令。

练习思考：

主教材以运球跑为主，在提高运球技术的同时发展了学生跑的能力。规范、协调的运球跑姿态需要上、下肢和腰腹肌肉力量的支持。辅助教材配以力量训练，发展相应的肌肉耐力。为避免枯燥，以 4 人一组的游戏形式激励学生练习。

结束语：通过整节课的学习与渗透，学生不仅能用"红绿灯"学习篮球技术，还能通过实践学习"红灯停、绿灯行"等交通知识，培养了遵规守矩的好习惯。

构建点、线、图结合的方式体验小学篮球教学

——《击地传接球》课例分析

陈　威　魏　敬

根据体育运动技能的不同特点，可以将运动技能分为两大类，即开放式运动技能和封闭式运动技能。开放式运动技能具有多变性和不可预测性，要结合时间、空间、意识和情境四个方面进行教学，把比赛中可能遇到的情况放到平时教学中。这样有助于促进学生思考，提升他们的创新能力。

传统的击地传球课多以两人原地传接练习为主。单一的练习形式不仅枯燥、乏味，更会让学生产生厌学的心理，而失去练习的原动力。能力弱的学生认为两人传来传去没劲；能力强的学生会觉得没有挑战性而不认真练习，这种心理很可能会导致击地传球动作的变形。失去篮球教学的效果，也抑制学生击地传接球能力的提升。针对此种情况，笔者结合日常篮球教学，探索、实践，利用场地上点、线、图结合的形式进行教学，帮助学生提升篮球传接球的能力。

一、点线图结合的篮球教学

（一）教学实施

1.点的利用：原地学习击地传球阶段

（1）原地借助地面红绿点让学生体验正确的反弹点。

游戏名称：传球"红绿灯"。

适合年级：小学中高年级。

游戏方法：

学生四人一组围成一个正方形（相距 2.5 米左右）。按照逆时针的顺序四个角分别标有数字 1、2、3、4。1 号和 2 号击地传球、3 号和 4 号击地传球，两名学生之间画三个点或摆放三个彩色垫，红色点（垫）在两人的中间，两个绿色点（垫）分别在三分之一和三分之二的位置上（图 2.42a）。游戏开始（图 2.42b），让两对学生练习击地传球击不同的点（红、绿点），去探索正确的击球点。找到正确击球点的组完成任务。

a   b
图 2.42 传球"红绿灯"

游戏目的：

探索正确的击球点：距传球人三分之二的位置，即远离传球人的绿色点。

教学建议：

此游戏适用于学生初步学习击地传球技术动作阶段。此阶段的教学重点是找到正确的击球点。通过击不同的点让学生体会传球的出手角度、用力方向、力量大小等，以及感受接不同角度反弹球的舒适度。利用传球和接球的双重体验帮助学生找到正确的击球点——即距传球人三分之二的位置。

游戏思考：

当学生能够原地将球传到正确的击球点后，可增加原地运球环节，让学生原地运球几次后再将球传出。一方面巩固学生传球击球点的准确性，另一方面提高学生原地运球与击地传球技术的衔接度。

（2）让学生从有地面标志向无地面标志进行击地传球练习。

游戏名称："弹"判专家

适合年级：小学中高年级

游戏方法：

学生四人一组围成一个正方形（相距 2.5 米左右）。按照逆时针的顺序四个角分别标有数字 1、2、3、4。1 号和 4 号击地传球、2 号和 3 号击地传球，传球者之间没有提示点。练习者自己目测三分之二的位置在哪，并让球落在正确的击球点上，完成击地传球（图 2.43）。

图 2.43 "'弹'判专家"游戏

游戏目的：

学会判断正确的击球点，并将球传在正确的击球点上。

教学建议：

学生初步掌握了击地传球动作，并明确了正确的击球点后，练习此游戏。通过观察—判断—实践—纠错—再实践形成动力定型，从而真正掌握击地传球技术动作。

游戏思考：

在击地传球练习中有两个难点，一是判断正确击球点的位置；二是根据自己的判断将球传到正确的击球点上。当学生攻破这两个难点后，可将击地传球与原地运球或直线运球技术进行组合，做到技术之间的有效衔接。

2. 点、线的利用：巩固击地传球阶段

（1）运用四人一球的传球接力游戏让学生衔接好传、接球技术。

游戏名称：快乐传递

适合年级：小学中高年级

游戏方法：

学生四人一组围成一个正方形（相距 2.5 米左右）。按照逆时针的顺序四个角分别标有数字 1、2、3、4。1 号持球，游戏开始（图 2.44），按照逆时针的顺序 1 号把球击地传给 2 号，2 号传给 3 号，如此循环进行。

图 2.44 "快乐传递"游戏

游戏目的：

巩固学生击地传接球技术，衔接好接球与传球动作。

教学建议：

学生基本掌握了击地传球动作要点后，做快乐传递游戏。练习前提示学生注意传接球动作的规范性，避免因追求速度而忽略了技术动作。游戏中还要灌输重心脚意识。因为学生的接球和传球是两个方向，篮球初学者很可能出现走步违例现象。因此教师要说明接球后到将球传出前，至少有一只脚不能离开地面（不涉及运球的情况下）。让学生在练习篮球技术的同时，也学习到了篮球理论知识。

游戏思考：

这个游戏是让学生在不走步违例的情况下，进行接球与传球技术的衔接。当学生能熟练传递一个篮球后，可适量增加篮球的数量。四人使用规范的击地传接球动作同时传递多个篮球，对于学生的反应速度、传接球的衔接速度要求更高了。

（2）运用传球后跑位练习掌握传球与移动技术的组合运用。

游戏名称：为你加油

适合年级：小学中高年级

游戏方法：

学生四人一组围成一个正方形（相距 2.5 米左右）。按照逆时针的顺序四个角分别标有数字 1、2、3、4。1 号持球，游戏开始（图 2.45），按照逆时针的顺序 1 号把球击地传给 2 号，然后 1 号跑向 4 号与之击掌加油，再跑回原位。2 号接稳球后传给 3 号，然后 2 号跑向 1 号与之击掌加油。同理 3 号传球给 4 号，与 2 号击掌，4 号传 1 号，与 3 号击掌，如此循环练习。

图 2.45 "为你加油"游戏

游戏目的：

巩固击地传球技术。培养学生传球后跑位的意识，以及给同伴加油的习惯。

教学建议：

学生掌握了击地传球动作后，尝试与跑位技术进行组合练习。这样的技术组合既简单、又实用，更能贴近篮球比赛。此游戏对于击地传球技术的巩固、传球后跑位意识的培养具有良好的促进作用。

游戏思考：

传球与跑位技术的组合运用是篮球比赛中常见的配合形式。教师可依据传球后跑位的形式设计多种跑位路线。以四人一组为例，可以让学生击地传球后，绕其他同伴跑位一圈再回到自己的位置上，等待下一次的击地传接球。

3.点、线、图的综合利用：击地传球运用阶段（运 + 传组合）

（1）运用二人一球运传球游戏让学生衔接好运球与传接球技术

游戏名称：交换阵地

适合年级：小学中高年级

游戏方法：

学生二人一组一个球，两组共用一个正方形（边长 2.5 米左右）。按照逆时针的顺序四个角分别标有数字 1、2、3、4。以 1 号和 3 号持球为例，1

号和2号一组、3号和4号一组。游戏开始（图2.46），1号和3号同学击地传球给2号和4号同学，然后跑到2号和4号的位置，同时2号和4号同学接到球后运球到1号和3号的位置，再将球传给对面的同伴。如此反复练习。

a   b

图2.46 "交换阵地"游戏

游戏目的：

初步体验直线运球与击地传球技术的组合运用。巩固正确的击球点。

教学建议：

学生掌握了击地传球技术后，与直线运球技术进行组合练习。在巩固传球与运球技术的同时，还能掌握两种技术的衔接方法。游戏时，学生直线运球与传球的衔接点容易出现走步违例现象。此时，教师要示范并讲解避免走步违例的方法，以及介绍走步违例的成因。让学生在运用技术动作的同时，避免出现走步违例现象。

游戏思考：

此游戏是传球与运球技术的组合运用。我们还可以增加跑位技术。以四人一组两人持球为例，第一种是两人原地运球等待，另外两名同学徒手跑位换位，而后完成击地传接球；第二种两名无球同学原地等待接球，两名有球同学运球换位，而后击地传球。教师可根据本校学生的实际情况安排练习内容。

（2）运用四人运传二球游戏让学生掌握击地传球、跑位、运球技术的组合运用

游戏名称：紧追不舍

适合年级：小学中高年级

游戏方法:

学生四人一组站在正方形的四个点上。1号和3号持球。游戏开始（图2.47），按照逆时针的顺序1号把球击地传给2号、3号把球击地传给4号，然后1号和3号同学跑到2号和4号的位置、2号和4号同学接到球后运球跑到3号和1号的位置，而后击地传球给下一个位置的人，如此循环练习。

a   b

图2.47　"紧追不舍"游戏

游戏目的:

衔接好击地传球与直线运球技术，提高学生的观察能力。培养学生团结合作的意识。

教学建议:

学生掌握了击地传球技术后，再将运球技术和跑位技术进行组合练习。此游戏需要四个人的相互配合才能顺利完成。无论运球的人还是跑位的人都需要观察同伴的位置，同时明确自己的位置，何时该击地传球、何时该接球都要通过自己的观察与判断，最终完成配合。游戏初期，学生可能会出现混乱的现象，教师可先让学生用运球走来代替运球跑，同时提示学生多观察、勤沟通，做到默契配合。熟练后，再让学生加快运球和传接球的速度。

游戏思考:

此游戏还可以融入反应练习。例如，四人按逆时针方向运、传球练习，听到哨声迅速转变游戏方向，变成顺时针运、传球。以哨声为令，反复进行练习。巩固学生各项技术，发展学生的灵敏素质。

（二）教学策略

1. 以点为基础，让学生明确正确击球点的位置

击地传球最大的特点就是球要落地一次，再反弹到同伴的手中。那么球反弹到哪一点上同伴接着最舒服呢？第一个策略应运而生：让学生去实践。练习击地传球的两人之间有不同颜色的三个点，让学生尝试击不同的点来传球，反复实践。看传到哪一个点上同伴接着最舒服。最后教师给出正确的击球点是距传球人三分之二的位置，即远离自己的绿色点。

学生明确了正确的击球点的位置，并在有提示点的情况下反复练习。那么在篮球比赛中，击球点都是靠自己去判断的，我们如何与比赛接轨呢？这时候第二个策略出现了：目测三分之二点。1 号和 4 号、2 号和 3 号之间无提示点，练习时，让学生先目测三分之二的点在哪，判断好正确的击球点之后再将球传出。

2. 以线为方向，让学生理解击地传球后跑位的意识

篮球比赛是五个人一个队，那么同伴之间就要相互适应不同的传球力度、出手角度和球速快慢等。第一步策略就是不要固定传接球人。四个人按逆时针或顺时针顺序完成击地传球，同伴之间可以换位置再尝试练习。

在比赛中最常见的一种小配合就是传球与跑位的运用。第二步策略正是要培养学生传球后跑位的意识，在赛场上只有跑位才能出现得分机会。练习时，让学生沿着正方形边线的方向击地传球，然后沿着另一条边线快速跑到前一个同伴处与之击掌加油。掌握击地传球与移动跑位技术的组合运用。

3. 以图形为重点，让学生体验运传组合的技术运用

经过实践发现运球与传球技术组合运用的难度大于运球与传球技术之和。两种技术的衔接是最难的，很容易造成走步违例。第一步策略就是让学生练习运球后击地传球，教会他们如何衔接好运球与传接球技术，并做到不走步。

将运球、传接球、观察、判断、配合、跑位等元素融合在一起即是浓缩的战术配合。第二步策略就是让学生在游戏中体验这些元素。通过练习，学会运球观察、跑位观察、瞬间做出判断，以及与同伴合作，掌握击地传球、跑位、运球技术的组合运用。

二、教学思考

击地传球技术本身的难点是如何找到正确的击球点，并将球传到这个点上。我们的第一个层次的教学充分发挥了点的作用。通过实践探索——巩固练习——学会判断正确的击球点。让学生将正确的击球点牢记于心。与常规篮球课教学相比，学生对击地传球的理解更深刻、记忆更牢固、动作更标准。

击地传球与跑位的组合运用在比赛中非常实用。第二个层次的练习是让学生在巩固击地传球技术的同时，学会与跑位技术配合使用。培养学生传球后跑位的意识。这与实战比赛的要求是不谋而合的，能够让学生更好地适应篮球比赛。相比常规篮球教学，学生不仅学会了击地传球技术本身，更加清楚了传球与跑位的关系。

运球与击地传球技术的组合看似简单，实际在衔接两种技术时很容易出现走步违例现象，尤其对于初学者来说。本文第三个层次的教学就是在巩固击地传球技术的基础上，教会学生如何与运球技术进行衔接。在教学过程中出现走步违例现象要马上纠正，并示范正确的衔接动作，同时说明走步违例的成因。与常规教学相比，学生的运、传组合的能力更强，对篮球规则的了解更全面，与同伴合作的意识更加明显。

魔术立跳垫

——瑜伽垫在立定跳远教学中运用的方法

李雨情　蔺文韬

在日常教学中，学生学习立定跳远时，有时脚蹬地的力量不够，无法做到迅速收腿，以及落地的声音大且无法平稳落地。针对这一问题，笔者设计了变形瑜伽垫这种辅助性体育器材来开展教学。

一、器材设计

此器材利用瑜伽垫和爬行垫来完成。瑜伽垫较地面而言有一定弹性，既能保护学生膝盖，又能解决用力蹬、快收腿、轻巧落等问题，还能在练习中给学生一个目标，使学生感受达到挑战目标的喜悦，培养学生敢于拼搏的品格，且能直观地反映出学生的成绩，达到一物多用的作用。由于器材与地面摩擦力小，有时会出现向前滑动这一问题，笔者利用魔术贴将器材固定在地面上（图 2.48）。

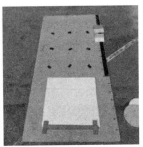

图 2.48　用魔术贴固定器材

二、教学过程

（一）趣味引导——创建正确的动作示范

教师示范立定跳远的动作，使学生初步形成动作的概念，为学习此项内容奠定基础。

挑战 1：一马平川

挑战方法：把瑜伽垫平铺在地面上（此垫已用魔术贴牢固地粘贴在地面上），学生站在瑜伽垫的后方（脚尖不要触碰瑜伽垫），然后从地面跳到瑜伽垫上。

教学意图：这个挑战针对的是学生落地的动作方法要求，学生跃过垫子能平稳落地。

看似非常简单的挑战，学生也努力完成了，但是完成的质量有待提高。有的学生直接坐到了地上，有的学生手触碰到了地面，还有的学生向前栽去，出现的问题各种各样。教师再次示范动作，利用一摆、二蹲、三跳起——"三拍法"，使学生更好地记住了立定跳远的动作要领。学生和老师同做之后，学生自主练习 3 次，教师巡视指导。

挑战 2：一跃而过

挑战方法：将小的瑜伽垫支起来形成一个倒三角（小山丘）的形态（图 2.49），学生站在垫子的后方（脚尖不要触碰瑜伽垫），从地面跃过"小山丘"落到大的瑜伽垫上。

教学意图：这个挑战的目的是让学生体会空中收腿的要领。

这项挑战对于二年级的学生而言有一点难度。教师示范完毕后，学生尝试练习，极易踢到"小山丘"。此时教师再次示范，并提示学生注意观察教师的腿部动作。经过教师的再次示范，学生明白了空中收腿的重要性，并能较好地完成此项挑战。

图 2.49　自制器材

（二）能力挑战——搭建层次分明的学练过程

挑战 3：一触即发

挑战方法：瑜伽垫上有很多的圆形，学生每人都有一个薄的标志贴，依据自己的能力选择圆形，并将标志贴贴到圆形中（每人只能选择一个圆形，双脚都踩到标志贴后方可调整标志贴）。

教学意图：使学生体会用力蹬地的动作要领。

这项挑战最受学生的欢迎。学生不仅能体现出自己的能力，还能给自己定个小目标并且努力完成它。在这个挑战中，出现了有的学生给自己定的目标太远而达不到，或者学生给自己定的目标太近，轻而易举地就能完成的现象。于是教师再次示范并讲解用力蹬地的重要性，鼓励学生根据自己的能力来张贴标志贴。

挑战4：一看究竟

挑战方法：将小瑜伽垫翻过来，每张小的瑜伽垫上都会有一张挂图。利用挂图直接给学生展示完整动作，给学生出示口诀并加深动作概念。

挑战5：一比高低

挑战方法：瑜伽垫上的右侧黑色魔术贴旁有数字，这是学生自己测试的标准，练习时学生用标志贴准确地贴在黑色魔术贴上与后脚跟对齐的位置，并结合刻度准确评价自己的运动成绩。

教学意图：学生针对自己的运动成绩来评价对立定跳远的掌握程度。

此项挑战不仅能直观地展现学生的运动成绩，还能强化学生的规则意识。学生对如何测量立定跳远的成绩有了一定了解，并能为自己和同学测量有效成绩。

三、教学反思

瑜伽垫的一物多用，利用瑜伽垫为立定跳远的场地，在上面设置各种"挑战"，并设立相关的固态评价、动态评价的方式调动学生学习兴趣。本节课中，以多元化评价为教学着力点，注重发展学生的主体地位，以"趣活实美"为课堂理念与主题，突出辅助器材的使用，利用游戏闯关，以小组合作评价的方式来体现学生的获得，培养学生团结协作的良好习惯。利用器材的多样变化，调动学生主动参与，在循序渐进中学会技能，使学生的活动始终处于玩中学、学中玩，每位学生都能体验到成功的喜悦，充分享受到活动的快乐，从而激发了学生的学习兴趣。突出辅助器材的使用，以小组合作评价的方式来体现学生的有所得，从而培养学生团结协作的良好习惯。挑战三自选目标使学生有效地根据自己得实际情况制定自己的目标，让学生更好地认识自己的能力，不骄不躁，继续努力，为掌握动作技术奠定基础。瑜伽垫上的"小山丘"翻过来就是挂图，对于低年级学生来说，在脑海中形成动作表象很重要。每个组学生都可以围着这个挂图清晰地看到完整动作，避免拥挤和看不到的现象。

本课教学对象是二年级学生，该阶段的学生身体、心理发展具有以下特点：自控能力、认知能力较差，上下肢协调配合能力较差，注意力容易分散且集中时间短；活泼好动、兴趣广泛、乐于思考，好胜心、表现欲、模仿能力较强等。动态的标志贴评价法特别适合低年级学生，活泼好胜的心理使学生在教学中总是朝气蓬勃地参与每一次"动态评价"。案例中运用了两种标志贴：一种是自选目标评价，一种是数字评价。以标志贴的形式动态、直观地评价学生成绩，可反映出每个学生的运动能力。这款自制器材不仅满足了学生学与练的需要，还能测量学生的成绩，一举两得。

四、运用此项辅助性器材应注意的事项

1. 评价的标准要符合学生的实际运动能力，以量化标准为主。

2. 评价的过程不宜复杂，易操作效果明显。

3. 上课之前要进行擦拭器材，避免使学生滑倒。

4. 在进行"挑战三"时，每位学生只能选择一个圆形，不能多选或者不选。

5. 在收取器材的过程中注意轻拿轻放，对准"毛、勾"并踩实。

棒绳结合 巧制作多用途

魏　敬　王　鑫　张光月

接力棒是体育课中常见的体育器材，从目前来看接力棒只限于接力跑教学，功能略显单一。笔者结合多年教学实践开发设计了将接力棒、跳绳、弹力绳整合于一体的多功能体育器材。不仅能做接力棒，还能做跳绳、跳跃、力量练习等，可谓一举多得，在日常教学中收到了很好的效果。

一、设计背景

接力和各种跳跃项目是日常体育课经常开展的活动，能有效提高学生身体灵敏、协调、快速奔跑及弹跳的能力深受孩子们的喜爱，每次课中看到孩子们都是大汗淋漓的。接力棒近几年配备的也是种类繁多大小不一，在课上使用时由于大多是的金属材质，尤其在冬季比较寒冷时期使用不方便。为了上好一次跳跃课老师们不知要做多少准备工作，搬运各种器材，

95

还要加固确保其稳定性，日常的体育课往往被这些繁杂的工作所困扰着。部分老师还会存在运用器材较多的情况，对教学资源也造成了浪费。由此可见，在常态课中要尽可能优化各种教学资源，使器材的功能进一步丰富拓展，小而精、精而全，为日常体育教学带来更多的便利。本文中的接力棒就是结合日常体育课诸多问题进行改进开发设计而成的。

二、器材开发设计与运用

（一）制作材料

1.材料：PVC 管两根长度 15 厘米（内径 30 毫米），直通管长度 6 厘米（内径 32 毫米），底塞两个内径 29 毫米，跳绳一根或弹力绳，橡塑保温管（橘红和蓝色）15 厘米两段（图 2.50）。

图 2.50　自制器材所用材料

2.工具：手砂轮、手枪钻、胶枪（图 2.51）。

图 2.51　自制器材所用工具

3.材料来源：一般建材商店都有 PVC 管且各种直径的管都有，价格每米在 10 元左右。橡塑保温管，每米 10~15 元，且颜色种类齐全。弹力绳，粗细不一，价格不等，根据需要采购，每米 3~5 元。底塞，2 元一个。

（二）制作方法

首先，把 PVC 管用手砂轮切割成 15 厘米长的两个，把橡塑保温管裁剪成 15 厘米的长度，每根管一端套上橘色保温管，一根套上蓝色保温管，中间部分用直通套上连接一体（图 2.52）。

图 2.52　制作第一步

第二步，把小皮塞固定好，然后用手枪钻在中间打孔，并把跳绳或弹力绳两端分别固定在两个小皮塞上（图 2.53）。

图 2.53　制作第二步

第三步，把跳绳或弹力绳两端分别放入两个 PVC 管中，在管口位置用胶枪打上一圈固定胶，防止橡皮塞滑出（图 2.54）。

图 2.54　制作第三步

第四步，将跳绳分别收入两个 PVC 管中，然后将两个管子连接成一根接力棒（图 2.55）。

图 2.55　制作第四步

（三）实施与运用

1. 接力练习

（1）场地器材。篮球场大小，自然班，组合接力棒（10 根＋2 根）。

（2）练习方法。将全班学生在场地内分成几个小组，每组四人，每组二对二迎面相聚在 10 米左右的距离，进行迎面接力赛（图 2.56）。此接力棒为蓝和橘两种颜色，教师讲解立式传接棒的方法要点，学生们四人一组进行迎面接力赛。

a　　　　　　　　　　　　　　b

图 2.56　迎面接力练习

（3）练习目的。用迎面接力的形式，让学生体会立式传接棒的方法，提高学生团队配合能力及快速奔跑能力。

2. 跳绳练习

（1）场地器材。篮球场大小，自然班，组合接力棒（36 根＋2 根）。

（2）练习方法。全班学生自然散点，学生每人一根，学生之间间隔 3 米左右，准备跳绳练习。首先，教师要求学生双手握住蓝橘色两端，用力拉出跳绳。然后，调整梳理跳绳，再进行试跳。在练习跳绳时，学生可以体验双摇、单摇、"一带一"等跳绳项目（图 2.57）。

图 2.57　跳绳练习

（3）练习目的。此项练习接力棒由棒变成跳绳，充分发挥器材的变形作用。通过跳绳练习，提高学生身体协调性及下肢力量。同时，让学生体验更加丰富的锻炼内容，减少日常体育课器材的准备数量。

3. 跳跃练习

（1）场地器材。篮球场大小，自然班，组合接力棒（10 根＋2 根）。

（2）练习方法。全班学生分成每四人一组，其中二人各握棒一端（蓝、橘色），将弹力绳拉直到膝关节、髋关节位置，中间宽度不小于 3 米，然后其他两位学生进行助跑起跳越过横绳或者跨越式跳高等练习（图 2.58）。

图 2.58　跳跃练习

（3）练习目的。此项练习在于利用接力棒内弹力绳，充分发挥绳的弹力作用。把组合接力棒变成可以跨越的弹力障碍，通过练习进一步提高学生下肢弹跳能力。

4.力量练习

（1）场地器材。篮球场大小，自然班，组合接力棒（36根＋2根）。

（2）练习方法。全班学生分成每四人一组，其中二人各握棒一端（蓝、橘色）将弹力绳拉直且成蹲姿，二人距离在四米左右，另外两名学生如图2.59所示进行仰卧举腿触绳练习。还可以二人手拉弹力绳进行旋转，绳子经过无绳同学时迅速做俯卧撑。

图 2.59　力量练习

（3）练习目的。此项练习借助接力棒内的弹力绳形成标志作用。让学生用双脚反复触及目标，通过练习发展学生的腰腹力量。

（四）教学反思

器材重点在于器材整合，降低日常体育课前体育教师的准备工作。日常每一节体育课都要精心布置场地、器材不切合实际，毕竟体育教师每天的工作量都很大，结合日常教学设计一些实用、耐用、精巧的小器材是切实可行的。本文中这件器材外观简洁精美，由于在接力棒外边包裹了保温管，学生握棒时手感比较舒服，携带便利，课前准备工作相对少了很多。

器材特点在于功能拓展，经过大量实践发现储存弹力绳效果最佳。除了进行接力以外依据弹力绳的特性可以进行跳绳、跳跃、力量训练等内容，通过器材的变形，巧妙拓展了接力棒原本单一的功能，小器材多功能。

三、注意事项

教师课前一定要提示学生仔细检查跳绳两个端口处橡胶塞是否卡严实，确保在接力跑中橡胶塞不会脱落，以免影响接力跑练习。

使用完后先将两根管对接，再将跳绳折叠（10厘米左右），分别放入两个握把中，以免放在一端造成下次使用抽拉不顺畅。

PVC管两段要用橡胶保温管包裹，确保整根管平滑，手感比较好。

外层保温管在夏季高温时，避免太阳直晒，防止晒软变形。

一绳多用

贺　鑫

一、辅助性器材制作材料

各类彩色短绳。

二、此项辅助性器材的设计思路

短绳不仅是小学体育教学中一项重要内容，也是一项深受学生喜爱的课余体育活动。它的出现，不仅有效解决了现在学校普遍出现的学生人数较多、活动场地器材有限等现实问题，而且对于促进学生上下肢肌肉、关节、韧带和内脏机能的发展，对于发展弹跳力、灵敏、协调性等均具有非常显著的作用。基于此，笔者灵活利用短绳开发设计丰富有趣的跳绳游戏活动，做到一物多用，最大限度地使学生的兴趣、需求得到满足，潜能得到发挥。小学阶段的学生活泼好动，团队意识较浓，模仿能力强，但注意力指向性较弱，鉴于上述现象，笔者将采用创设故事情境和游戏比赛相结合的方式，让学生在动脑、动手的同时培养想象力、实践能力、感知能力和创新意识。

三、辅助性器材

a   b

图 2.60   各类彩色短绳

四、教学过程及运用方法

第一关：小蝌蚪游游游

教学过程：将短绳两次对折，学生在老师的带领下跟随音乐两手握绳，做韵律操，意在依次活动颈、肩、腰、膝、踝等部位。要求：动作到位，身体舒展。

图 2.61   "小蝌蚪游游游"游戏

第二关：小蝌蚪玩玩玩

教学过程：学生利用短绳进行玩耍，突破了传统枯燥的短绳练习法，自主探索开发短绳玩法，不仅提高学生跳绳的兴趣和积极性，而且激发了学生的创新思维能力，发展学生奔跑、跳跃、力量等能力。

1.奔跑能力游戏——小马车

教学过程：两人或多人一组，用短绳做缰绳，一人当小马，另一人当马夫，进行合作跑的练习。要求：驾马车奔跑前进时，两人要密切配合，小马不要跑得太快，马夫不要把缰绳拉得太紧。

a   b

图 2.62　奔跑能力游戏"小马车"

2. 跳跃能力游戏

（1）流星锤

教学过程：将学生分成 8~10 人一组，围成圆圈，一名学生在圈中负责第一次甩绳，绳按箭头所指方向甩过每个学生的脚下，当绳经过脚下时需要及时起跳，让绳顺利通过，谁碰到绳谁接着甩绳，活动继续进行。要求：紧贴地面甩绳，注意安全。

图 2.63　跳跃能力游戏"流星锤"

（2）接地龙

教学过程：学生排成一路纵队，由两名学生负责甩绳，其他学生依此跳过，谁碰到绳子，谁就来替换甩绳的同学。要求：集中注意力，按照顺序跳。

图 2.64　跳跃能力游戏"接地龙"

（3）图形跳

教学过程：首先将短绳两折摆在地上分别前后跳，然后变化方向左右跳，接着用跳绳在地上摆成或大或小的三角形、正方形、长方形等几何图案，练习单、双脚跳或者花样跳。要求：动作到位，创意新颖。

图 2.65　跳跃能力游戏"图形跳"

3.力量能力游戏

（1）斗智拉绳

教学过程：两人一组，分别站在一条线两边，对折短绳，双手或单手拉绳角力，谁的脚先动或被对方拉过中间线，就算失败。要求：增加绳子牢固度，充分活动。

图 2.66　力量能力游戏"斗智拉绳"

（2）轻物投掷

教学过程：在操场上利用跑道线由近至远依此划分标准：1分、2分……接着以小组为单位，将绳子绕成"球状"或折叠绕成"棒"形或"锤"形，以作为轻物代替垒球、手榴弹、实心球等进行投掷练习，得分最多的小组获胜。要求：体会肩上屈肘和转体挥臂以及原地抛投的投掷方法。

图 2.67　力量能力游戏"轻物投掷"

第三关：小青蛙跳跳跳

教学过程：学生充分利用手中的绳子进行多种形式的跳绳练习和双人配合练习，如短绳的向前摇、向后摇、臂交叉的单脚、并脚和交换脚跳以及双摇摆跳、"一带一"跳、双人并排跳、双人交替跳、双人交叉跳等。要求：善思考，敢尝试，团结协作。

a　并腿双脚跳　　　　　　　　　b　双摇跳

c　两人交替跳　　　　　　　　　d　两人并排跳

e　两人交叉跳　　　　　　　f　"一带一"跳

图 2.68　"小青蛙跳跳跳"游戏

五、运用此项辅助性器材的效果分析

（一）从教学实际情况来分析

依照体育教学大纲规定，贯彻"健康第一"的指导思想，以学生的发展为本，以"青蛙的成长历程"的情境路线进行，依次为"小蝌蚪游游游""小蝌蚪玩玩玩""小青蛙跳跳跳"三个环节。在整个教学过程中，笔者采用示范、启发、点拨等方法，在利用短绳为辅助性器材的基础上引导学生自主探索、尝试、模仿，启发学生积极思考、主动探究和加强行为规范的养成。

1. 小蝌蚪游游游

体育锻炼前进行一定强度的准备活动，不仅可以减少由于肌肉剧烈收缩造成的运动损伤，而且可使大脑皮层处于最佳的兴奋状态。该环节的设定目的有三：一是熟悉场地器材，明确本课学习内容；二是为了满足学生对于音乐和节奏的喜爱，使其能具备良好的体姿；三是全身都得到活动，身体的各部位都被照顾到，运动系统和内脏充分活动，促进身体发展。在整个过程中要求学生动作到位，身体舒展，避免在运动中受伤。

2. 小蝌蚪玩玩玩

短绳在学生中是最为普及的一种体育器材，由于轻便、易携带、造价低、不受场地和天气影响，深受学生喜爱。而利用短绳是进行身体锻炼非常有效的途径，故笔者注重在体育课堂中开发短绳游戏项目，逐步实现"一物多用"的效果。

为了发展学生的奔跑能力，笔者设计了"小马车"游戏，根据参与人数的多少，可分为双人驾马车和多人驾马车，要求学生密切配合，体会利用短绳进行奔跑游戏，增加游戏的趣味性。而有关于跳跃能力方面的游戏，笔者根据学情设计了"流星锤""接地龙""图形跳"三个游戏，其中"流星锤"的设计要求学生以组为单位，围成圆圈，另一生紧贴地面甩绳，其余学生及时起跳，目的是为培养学生的快速反应与跳跃能力。接着学生变化组织队形，由圆圈转化成纵队，进行"接地龙"游戏，两名同学负责甩绳，其他学生依次跳过，在这个过程中要求学生集中注意力，按序起跳，此种玩法难度升级，除了考验学生的跳跃能力，也培养了学生团队协作能力。第三个游戏，"图形跳"，教师先行示范，将短绳对折再对折横放在场地上，学生可利用它进行前后跳，之后转体变化方向进行左右跳。学生通过观看教师示范，自主利用器材探究变化图形，并以小组为单位进行各类跳跃练习。此环节的设计可激发学生的主观能动性，培养学生的创新创造思维。此外，利用短绳还可以发展学生的力量能力，如可开展"斗智拉绳""轻物投掷"的游戏。笔者要求在"斗智拉绳"时增加绳子牢固度，着重发展学生的上肢力量。考虑到场地器材的安全性与便携性，也为了让学生体会并掌握肩上屈肘、转体挥臂及原地抛投的投掷方法，笔者设计了"轻物投掷"的游戏，让学生在头脑中初步形成投掷的概念，强化以组为单位，将绳子绕成球状，或折叠绕成棒形或锤形，以作为轻物投掷练习。

3. 小青蛙跳跳跳

短绳的基本功用在于学生可利用它进行多种形式的跳绳练习。例如，短绳的前摇、向后摇、臂交叉的单脚、并脚和交换脚跳及双摇摆跳、"一带一"跳、双人并排跳、双人交替跳、双人交叉跳等。通过这种简单易行、实效性强的方法，发展学生身体的协调性与灵敏性，同时培养创新意识。在练习单人快速跳绳的同时，可插入一些双人配合的练习，既可以调整运动负荷，又可以提高团队意识和配合能力，笔者鼓励学生动脑筋创编新的跳法，也可将旧的跳法自由搭配，"好作品"让其他学生模仿学习，而对于完成个别跳法有难度的同学，应加强个别指导，笔者采用了"一帮一""一带一"的方式，安排学生之间互帮互学，增强合作。通过各种跳法练习和双人配合练习，激发学生学习兴趣，使学生掌握正确的跳跃方法，发展速度、力量、灵敏、柔韧等身体素质，培养学生勇敢自信、认真进取、刻苦努力、勇于拼搏的精神与合作能力。

（二）从学生实际情况来分析

小学阶段的学生活泼好动，但注意力指向性较弱，特别喜欢与同伴做游戏，团结协助意识较弱，但竞争意识较强；认知技能的能力尚处于较低水平，但想象力丰富，模仿能力强，他们学习新知识的速度快，敢于发表自己的想法，不乏探索知识、自主创新的能力。

而在短绳方面的学习，长时间固定单一的教学方式使得学生对于短绳的学习兴趣逐渐下降，他们认为短绳的唯一功用就是并腿双脚跳。同时，与之伴随出现的问题引起了笔者的关注。面对这些现状，笔者从教学实际出发，充分利用身边常见的、可利用的资源，以组合、变形、简化的方式，运用、挖掘短绳这种器材的各种功能。笔者以发展学生的各种能力为分类依据，设计了不同类型的游戏来激发学生学习兴趣，以达成教学目标。例如，利用短绳锻炼学生的奔跑、跳跃的能力，采用两人一组、多人一组、集体练习等多种方式，将短绳的功用发挥到极致，真正做到"一绳多用"。

短绳最大的特点就是方便。不论是场地布置，还是携带、使用均有体现。同时，短绳也可作为一项集体项目，需要学生之间、组员之间默契配合。学生们在课堂上学会了团结互助，收获了友谊，体验了成功，感受到了短绳这个辅助性器材的魅力。

六、运用此项辅助性器材应注意的事项

短绳作为较常见的器材，课上安全的使用距离，课后妥善的保管与存放，实有必要。

短绳对于场地要求较低，如何合理、充分地使用场地，应作为一项考虑内容。

整节课中分组练习使用较多，教师应提前平衡学生们的身体素质、运动能力等，以做出恰当的分组。

交通标志进课堂

——自制交通标志在篮球运球教学中运用的方法

陈　威

篮球急停急起运球技术，是小学篮球运球教学中难度较大的内容。在前期的直线运球学习中，学生基本掌握了触球部位、球的落点和运球节奏，具备了一定的手脚协同配合的能力。在此基础上，急停急起运球要重点学习"起"与"停"的触球部位，难点是停得稳。在前期的直线运球教学中，笔者运用了自制"红绿灯"，发现学生的学习兴趣很浓，且效果不错。既解决了低头运球的问题，又提高了学生手控球的能力。因此，本课自制交通标志的设计是要延续前期的设计，将生活中的元素融入课堂中，既要让学生一看就想学，又要让他们一看就能懂。而且交通标志的使用数量可以根据学生人数的多少来定，灵活性比较大。学生根据交通标志去完成运球，

能够提高学生运球的综合能力，以便提前适应比赛。

一、器材设计

用硬纸板裁剪出一个圆形，直径 30~35 厘米。用彩色贴纸裁剪出需要的交通标志的样子，粘贴在硬纸板的一面上。另一面用毛或钩（均有背胶）按直径长度粘贴，相应的钩或毛粘贴在标志杆上。将两部分的钩和毛一粘就可以了。若需要两面标志，就再准备一套标志，在现有标志杆的另一面用钩、毛连接好，就完成了（图 2.69）。

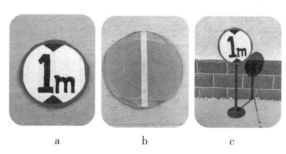

图 2.69　自制交通标志

二、教学过程

（一）手势引导——创设形式多样的准备活动

在音乐伴奏下，教师组织学生绕本组前面的 4 个彩垫持球跑，听哨声抢垫，然后随教师做球性、拉伸的练习。

游戏：听我指挥

游戏方法：让学生听哨声、看手势去体验急停运球与运球起动。教师模仿交通警察的指挥手势，组织学生练习急停急起运球技术。

教学意图：让学生初步体验运球起动和急停运球的手法，学会抬头观察场上情况。

（二）技能挑战——构建层层深入的学练过程

1. 技术体验

阶段目标：学生通过运球石头、剪刀、布游戏体验急停急起运球技术。

第一，两人相向直线运球，相遇后急停且原地运球，用无球手击掌，同时说"加油"，然后快速起动运球到达对方的位置（图2.70）。

教学意图：让学生体验急停急起运球的雏形，明确急停运球时的身体动作：两腿弯、重心降，反弹低、保护球。

第二，在上一个游戏的基础上，赢的人要一手抱球，另一条手臂侧举、限制高度。输的人要连续运球通过同伴的手臂下方（图2.71）。

教学意图：掌握急停运球的动作要领后，再让学生明确急起运球时，要保持低重心快速起动运球。

图2.70　急停急起运球　　　　图2.71　保持低重心快速运球

2. 技能运用

阶段目标：学生能够根据自制交通标志选择相应的运球方式。

游戏：手控"红绿灯"

游戏方法：学生根据教师手中的"红绿灯"选择相应的运球方式。遇到绿灯，直线运球；看见红灯，急停原地运球；遇到黄灯，换手运球（图2.72）。

a　　　　　　　　　　　　　b

图2.72　手控"红绿灯"游戏

教学意图：让学生抬头运球，学会游戏方法。巩固急停急起运球技术。明确急停时运球手的动作要点：重心降、按前上，停稳后、按上方。

游戏：地面"红绿灯"

游戏方法：学生根据地面"红绿灯"选择相应的运球方式。绿灯：直线运球越过绿灯；红灯：急停原地运球三次后再越过红灯；黄灯：换手运球后再越过黄灯。

教学意图：强化急停与急起运球的技术动作。急起运球时让学生做到快起动、按后上，用力蹬、一次过。

游戏：小小驾驶员

游戏方法：让学生根据自制交通标志和地面"红绿灯"选择相应的运球方式。直行标志：快速直线运球；限制高度 1 米标志：急停原地低运球三次后再快速直线运球。遇到地面"红绿灯"依照上一个游戏的要求进行。

教学意图：让学生熟练运用技能。根据交通标志，选择相应的运球方式。提升运球手的控球能力。提高观察与应变能力（图 2.73）。

图 2.73 "小小驾驶员"游戏

（三）一材多用——构建全面发展的素质练习

课课练：俯撑、背撑

方法：学生每人对应一个彩垫，听指挥练习俯撑和背撑。

教学意图：通过练习发展学生的上肢及腰腹力量。

三、教学反思

（一）交通标志进课堂，贴近生活，符合认知规律

课堂教学生活化，符合人们对事物的认知规律。选择简单、易懂，且

常见的交通标志作为本课的重点教具。学生根据交通标志的不同含义，选择相应的运球方式，既练习了急停急起运球技术，又巩固了交通规则知识。同时还能提高学生观察、判断及应变的能力。

（二）自制器材灵活用，服务课堂，提高学练品质

自制交通标志包括"红绿灯"和立式交通标志，能辅助教师引导学生练习急停急起运球技术。手控"红绿灯"和立式交通标志能够引导学生抬头运球。地面"红绿灯"标志不仅能为主教材的学、练服务，还能充当地面标志点、规范行进路线，让学生明确自己的站位、有序进行练习。

（三）交通标志与手势，贯穿课堂，提升运球技能

本节课，通过不同的感官刺激（有声音刺激、手势刺激、交通标志刺激等），让学生练习急停与急起运球，能更好地与篮球比赛接轨。运球跑动过程中，按压球的不同位置会改变球的运行方向。例如，急停急起运球中，急停按压球的前上方，过渡成原地运球，再按压球的正上方；急起运球按压球的后上方，速度越快，手触球的位置越靠后。在运球练习中体会动作细节，提升运球能力。

我是"小超人"

——小学四年级的体操跪跳起的课例分析

张健波

一、设计理念

本课全面贯彻"健康第一"的指导思想，以新课标中"激发学生的运动兴趣，培养学生体育锻炼的意识和习惯"这一理念为理论依据，紧紧围绕以学生发展为中心，重视学生的主体地位。教学方法的选择与运用方面，注重与学生的生活和学习经验相联系，引导学生体验运动的乐趣并逐步形成运动能力；促进学生主动参与体育活动，基本形成健康行为；培养学生刻苦锻炼的精神，最终形成良好的体育品德。

二、设计思路

跪跳起是四年级技巧教学内容之一，其练习动作新颖、别致，有一定的趣味性，学生学习的积极性高。经常练习对腰腹肌力量和身体的协调性有良好作用，还可以培养坚强意志和克服困难的精神，有利于学生体验展示自我和合作学习的乐趣。但是，在实际教学过程中，跪跳起动作负荷较大，对学生腰腹力量和身体的协调、灵敏、平衡能力有较高要求，由此可见，其练习难度较大，富有较强的挑战性。因此，本课以"玩中学，学中练"为主题，依据小学四年级学生活泼好动、争强好胜、富于想象等特点，运用游戏闯关、小组合作等方式进行教学，课中教师巧妙运用辅助器材帮助学生体会和学习技术动作，如：彩旗的运用，基本解决教学重点；还运用了闯关游戏竞赛循序渐进层层深入体会动作提高技能，如：小垫子的组合应用，基本解决教学难点；与此同时结合多种评价方式，肯定成绩。让学生逐步理解和掌握动作技能，确保每个学生都在课堂学习中受益，教学活动注重以"兴趣"入手，充分展示教与学的实效性，强调师生共同参与体验运动的乐趣，使学生在不知不觉中完成学习目标。最后，将动作串联成整体，使学生建立正确的动作表象。

三、教学过程

（一）准备热身：自编徒手操

内容：本套自编徒手操是在动感的音乐伴奏下完成，其中涵盖了举手示意、体操结束动作、原地挺身跳、跪垫原地摆臂制动等多个与本课内容息息相关的动作。

教学意图：在达到预热身体的同时，潜移默化地使学生建立体操运动意识并前期渗透跪跳起内容至关重要的动作，如：快速摆臂制动、绷脚面等动作。

（二）主教材学习

游戏 1："超人起飞"

在自编徒手操中，有一个"超人起飞"动作把练习引到高潮。在练习过程中，用语言激励学生跟老师比一比谁跳得高。但是，在徒手操之中只设计了两次这个动作，让学生有意犹未尽的感觉。随后到了专项准备活动阶段，再引出这个动作，并用语言激发学生练习兴趣。本课主教材就是以这挺身跳动作为"导火索"逐步展开教学。

"超人起飞"方法：双臂前摆，双臂经下后摆同时重心前倾、屈膝下蹲，双臂迅速前摆并到斜上方迅速摆臂制动，同时双脚用力蹬地使身体向上腾起，空中挺身展体，落地屈膝缓冲。

引导语：同学们，刚才在我们的徒手操里面，有一个"超人起飞"动作，你学会了吗？你想做超人吗？

在组织学生练习的同时引导学生思考：如何才能跳得更高？

教学意图："超人起飞"动作的节奏和发力方法与跪跳起动作极其相似，此教法旨在让学生经过练习可以总结出要想跳得高就要上下肢协调配合，教师在此过程中也可以纠正摆臂制动方法。

游戏 2：挑战彩旗

经过"超人起飞"练习，学生基本掌握了摆臂制动的方法和发力节奏，这时一声哨响，向学生们提出质疑：我们进入矮人模式用大脚能不能跳起来呢？即跪立小垫上，通过摆臂制动和脚面小腿压垫使自己膝关节和小腿可以离开小垫。教师示范后引导学生练习。根据学生练习情况，适时一声哨响，引出第一关"挑战彩旗"。

引导语：同学们真聪明，学习本领就是快，老师这里有一个闯关游戏想考验你们可以吗？

挑战一方法：抽旗游戏，学生两人一组，练习者跪立于小旗子上，辅助者于练习者右侧，右手持旗，手掌握在旗杆底部一拳位置做好抽旗准备，两个人同时发声"1"即练习者双臂前摆；发声"2"即练习者双臂后摆同时臀部后坐；发声"3"即练习者原地小腿和膝盖弹性起跳，辅助者在练习者起跳一瞬间将旗面抽出。两人循环练习。

挑战二方法：滑旗游戏，学生两人一组，练习者跪立于小垫，辅助者蹲立于练习者正前方，右手持旗，持旗方法不变，将其面至于练习者右侧同时旗杆紧贴小垫，两人同时喊1、2、3，当练习者起跳瞬间将整个旗面在练习者膝盖和小腿下面迅速滑过，两人循环练习。

教学意图：通过两个难度递增的游戏，使学生在游戏过程中不知不觉地掌握脚面和小腿压垫的动作方法，并且明白了上下肢协调配合，起跳时机的选择等窍门。在挑战过程中，学生还可以自行评价自己掌握情况，并可以根据练习者起跳高度适当调节旗面、旗杆在膝下的长度。

游戏3："更上一层楼"

挑战一阶段，学生练习热情高，达到了预期的效果，学生们显然不满足于原地跳来跳去。这时，教师继续运用语言的魅力继续激励学生的练习兴趣，同时引出第二关挑战。

引导语：看见同学们斗志激昂，勇攀高峰，老师不禁想起一句古诗：欲穷千里目——

同学们异口同声：更上一层楼。

游戏方法：学生两人一组，将两块小垫子重叠组合形成一个两层"台阶"，练习者跪立第一层垫上，经过摆臂制动和小腿脚面压垫跳到第二层"高度"，保护帮助者站立练习者右侧随时准备保护帮助，并及时给予练习者评价。

教学意图：使学生能够通过摆臂制动和小腿脚面压垫的协调配合使身体向前上方腾起，并跳上一定高度，为后面提膝收腿打好基础。同时通过小垫子组合继续激发学生练习兴趣，产生收获感、成就感。

游戏4：高空跳伞

随着学生练习热情的不断高涨，教师继续提高挑战难度。马上导入第三关挑战，即"高空跳伞"。

引导语：看见大家利用智慧和勇敢闯关成功，老师忍不住也想加入你们闯关的队伍，好吗？

游戏方法：将一块小垫子折叠，放在另一块打开的小垫子上面一侧，练习者首先举手示意，跪立于垫子最高层，通过摆臂制动和小腿脚面压垫向下跳下，空中提膝收腿，落地完成蹲立，最后举起双手完成结束动作，两人循环练习。

教学意图：本游戏由高处向低处跳，为学生提膝收腿动作留出一定空间，通过降低难度的方式使学生建立完整的跪跳起动作表象，并将游戏印象生生挑战、师生挑战的高潮。

经过难度递增的三个游戏的练习，基本解决了小腿和脚面压垫有力的重点，突破了摆臂压垫协调配合的难点。这时，教师先出示挂图，指出动作的要点，然后经过教师完整动作示范，学生把场地恢复原位，强化练习个人完整动作，最终展示本课成果。

本课评价方法：

优秀：能独立完成，动作连贯，姿态优美。

良好：基本上可以独立完成，动作较协调连贯。

努力：在同伴帮助下基本完成动作。

教学意图：通过挂图和直观示范，将各分解动作完整串联，使学生建立完整动作的表象。同时让学生了解评价方法，通过自评，互评，师评了解自己的掌握情况。

四、教学反思

（一）辅助器材优化教学

"挑战彩旗"这一游戏为本课最大亮点。本课重点为小腿和脚面压垫有力，抽旗、滑旗可以使学生学会小腿和脚面压垫的运动技能，游戏结果又很好地评价了技能。这样的教学方式既解决了教学重点，又培养了学生的运动兴趣。

（二）挑战游戏层层递进

游戏教学贯穿本课始终，三个闯关挑战的层层递进，解决教学重点的同时突破了难点。其中，"更上一层楼"就是"挑战彩旗"的强化，"高空跳伞"既是"更上一层楼"的强化，又是跪跳起完整动作的弱化。三个小游戏将跪跳起动作进行有效分解，在激发学生练习兴趣的同时，使学生不断体验收获感、成就感，为形成核心素养打下坚实基础。

117

（三）存在的问题

纵观整个课堂，本课还存在一些不足，比如：没有做好学生练习难度的分层，在上课过程中，我就感觉到有一部分学生学习能力强，这时应该放手学生，给学生更多想象的空间，自己组合小垫子进行练习，这样就可以更大程度地激发学生练习兴趣和体验收获感。

快乐跳跳跳

李雨情

一、辅助性器材制作材料

彩色小圆垫、自制小脚丫即时贴、小沙包。

二、辅助性器材的设计思路

单双脚跳是常见的教学内容，深受学生喜爱。学生学习单双脚跳时，以前脚掌着地向不同方向跳，同时两臂配合协调摆动。为了便于学生学习动作，笔者设计了辅助器材小圆垫和小沙包。

教学过程主要采用游戏比赛的形式，遵循由浅到深、由易到难的原则，运用体验法、探究法、情景导入法、讲解示范法等教学方法，以教师评价为主要评价方式，增强学生积极思考、团结合作能力及培养学生团队荣誉感。通过游戏比赛使每个学生都能体验到"单踏双落"的动作乐趣，使教学课堂真正成为师生互动、共同成长的乐园，从而促进学生身心健康发展。

利用小圆垫跳跃辅助器材，可完成多种游戏，以游戏的方式调动学生练习的积极性，由双足跳过渡到单足跳，并且尝试连续单双足交换跳。同时也是原地跳逐渐过渡到移动跳的练习，从而进一步提高学生跳跃的能力。

三、辅助性器材的照片

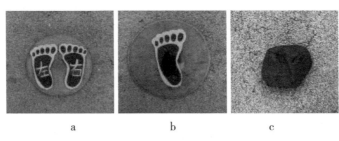

a　　　　　　　b　　　　　　　c

图 2.74　辅助性器材

四、教学过程及运用方法

教师引入情境——"王子变青蛙",引出单双脚跳。学生自主分别尝试单脚、双脚跳。随后教师示范双脚跳、单脚跳的动作,并讲解动作要领,使学生初步形成动作概念,为学习此项内容奠定基础。随后学生练习双脚跳和单脚跳各 10 次(图 2.75)。

a　　　　　　　　　b

图 2.75　单双脚跳练习

针对水平一学生较好掌握单双脚跳的方式方法,为了提高学生的学习兴趣,笔者设计了以下几个小游戏。

(一)快乐跳跳跳

快乐跳跳跳 1:教师组织学生围绕自己的"小垫子"双脚(单脚)跳跃,老师吹哨后单脚(双脚)跳上"垫子",双脚跳上垫子的时候双手举过头顶并比出"耶"的手势，单脚跳上垫子的时候右手举过头顶并"耶"。

教学意图：这个游戏针对的是单双足向不同方向跳的训练方法，学生听到教师的哨声立刻按要求跳到垫子上为最佳（也可以采用利用音乐的形式，音乐停即跳上垫子）。

看似非常简单的游戏，学生也努力了，但是他们完成的质量有待提高。有的学生双脚跳的时候双脚不能同时起跳、同时落地，还有的学生全脚掌着地，出现的问题各种各样。教师针对这一问题，利用"脚夹小沙包"的方法使学生掌握前脚掌着地的动作要领。学生和老师同做之后，学生自主练习3次，教师巡视指导（图2.76）。

图 2.76　脚夹小沙包练习

快乐跳跳跳2：教师组织前后两名学生为一组"单脚跳"进行跳跃，老师吹哨后双脚跳上临近自己的"垫子"（如果两人距离同一块垫子较近，则在小垫附近完成）。

教学意图：这个游戏针对的是单双足向不同方向跳的训练方法，学生听到教师的哨声立刻按要求跳到垫子上为最佳（也可以采用利用音乐的形式，音乐停即跳上垫子）培养学生前后两人相互合作，增进学生之间的友谊。

（二）超级变变变

超级变变变1：教师组织四个学生为一组，顺时针沿着"小垫子"进行跳跃，红色队员发出口令（单脚跳或者双脚跳），其他三人则听从口令进行跳跃一圈（转到自己的小垫则为一圈）。

超级变变变2：四人为一组，教师组织学生围绕本组学生的小圆垫进行单双脚交替跳，小垫上为"双脚"，空地上为"单脚"。（跟随音乐节奏

进行跳跃，音乐停止跳跃停止）

教学意图：这个游戏针对的是单双足交替向不同方向跳的训练方法，同时提醒学生两臂配合，协调摆动。发展学生下肢力量和跳跃能力以及身体协调性。培养学生组内四人相互合作，提高学生的合作意识和团结精神，增进学生之间的友谊。

（三）勇敢猜猜猜

学生散点单脚跳跃进行"石头剪刀布"，赢的同学双脚跳找另一个同学继续，输的则单脚跳找其他同学猜，跟随音乐进行游戏，音乐停止后教师统计赢得最多次数的同学。

教学意图：这个挑战针对的是让学生体会轻巧地跳起和落地，同时也是从原地跳逐渐过渡到移动跳，增强了学生的兴趣。

这项挑战对于低年级的学生而言兴趣浓厚。整节课下来，学生的体力以及兴趣都有所降低，设计这个游戏主要是因为低年级学生喜欢竞赛，在比赛的同时学生学习遵循游戏规则，且增加了游戏的乐趣，完全把疲惫抛到脑后，较好地完成此项游戏。

五、运用此项辅助性器材的效果分析

小圆垫的一物多用，利用小圆垫为单双脚跳的场地，在上面设置各种游戏，并以小组团结协作的方式调动学生学习兴趣。本节课中，以游戏为教学着力点，注重发展学生的主体地位，以"趣活实美"为课堂理念与主题，突出辅助器材的使用，利用游戏闯关，以小组合作评价的方式来体现学生的收效，从而培养学生团结协作的良好习惯。利用器材进行多种游戏，调动学生积极性，在循序渐进中学会技能，使学生的活动始终处于玩中学、学中玩，每位学生都能体验到成功的喜悦，充分享受到活动的快乐，从而激发了学生的学习兴趣。突出辅助器材的使用，以小组合作的方式来体现学生的有所得，从而培养学生团结协作的良好习惯。游戏二和游戏三由双足跳过渡到单足跳，单足跳过渡到双足跳，并且尝试连续单双足交换跳。同时也是原地跳逐渐过渡到移动跳的练习，从而进一步提高学生跳跃的能力。

本课教学对象是低年级学生，通过分析学生的身体、心理发展特点综合分析学生的学习能力情况。低年级学生神经系统对肢体的交替支配能力较弱，连续用单脚或双脚跳容易，而单、双脚交替跳则比较困难。因此本课运用情景教学，创设一个充满童趣的情景氛围，激发学生学习兴趣，让学生在"玩中学、学中练、练中乐"，让学生对跳跃动作有初步的认识，进一步提高学生跳跃的能力。但低年级的学生具有好动、好玩、好思考、活泼好动、兴趣广泛、好胜心、表现欲强、模仿能力强等特点为本课的学习提供良好的条件。运用游戏和比赛的方法特别适合低年级小学生，活泼好胜的心理使学生在教学中总是朝气蓬勃地参与每一次游戏。

六、运用此项辅助性器材应注意的事项

1. 利用沙包来强化学生双脚起跳双脚落地时可以采用给无法做到双脚跳起双脚落的学生使用，不一定全部学生都用。

2. 在游戏的过程中，记得提醒学生两臂配合，协调用力。

3. 进行四人小组协作时，提醒学生四人同时向一个方向跳，跳的过程中不推不挤，注意安全。

千变万化的变向跑

——彩色垫子在变向跑中的巧妙应用

王文强

跑的课程贯穿于水平一到水平三的教学内容中，是小学阶段非常重要的教学内容。变向跑一个看似简单且人人都会的运动技能，其实并不简单，要想提高变向速度、移动速度，对重心、脚、膝等有更多的细节要求。在日常教学中变向跑多采用标志桶作为变向标志，但是存在一定的问题，如变形单一、踢倒标志桶影响教学进度，甚至出现失误摔倒时出现危险。根据标志桶存在的问题，设计了不影响课程进度并且危险系数低的小彩垫，在不同颜色的彩垫上粘贴数字贴，增加更多的变形形式，运用鲜艳的颜色和多变的场地器材，来吸引学生的注意力。

一、器材设计

常规的标志物，一般是凸起在地面上的，或多或少地对学生的跑动产生影响。案例中采用彩色的小垫子，有利于教师对学生提出明确的指令，减少学生在运动中的危险因素，而且能够吸引学生的注意力。彩色小垫可以根据课程需要在背面粘贴数字、字母、图画等（图 2.77）。

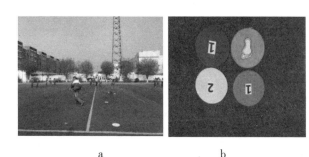

a   b

图 2.77 彩色垫子的创新设计

二、教学过程

（一）趣味热身活动

游戏 1：抢占阵地

一组五名学生，听到"开始"口令后，顺时针跑动，听到"停"口令后，迅速找小垫，没找到小垫的学生，自动双脚跳动一周。继续游戏，如图 3、图 4。

教学意图：提高学生对跑的兴趣，在慢跑过程中，刺激肌肉、关节，提高活动能力。

a   b

图 2.78 "抢占阵地"游戏

游戏 2：快快反应

规定红黄蓝绿抓人顺序（例如红抓黄，黄抓蓝，蓝抓绿，绿抓红）和绕圈方向。

四人分别站在不同颜色的垫子上，教师随机喊出一种抓人颜色，抓人和被抓同学按照顺（逆）时针方向跑动。在跑动一圈的范围内，没被抓到，继续游戏，被抓到，单（双）脚跳动一周（图2.79）。

教学意图：提高学生的反应能力，让学生体会跑动中改变方向，为主教材做铺垫。

a   b

图 2.79 "快快反应"游戏

（二）技能学习

本阶段主要通过限制一定的条件，完成变向跑，学习变向跑的技术要领。在学习阶段限定路线及限定跑动的彩垫数量。

学生从起点跑动到第右侧第一彩垫，主要体会学习跑动中制动技术。要求：停得快、停得稳。技术要领：制动脚内侧触地、膝内扣、重心降低。

起动技术的体会学习，从起点跑到第一彩垫后迅速起动到第二彩垫。要求：快速移动至第二彩垫。技术要领：重心快速移向跑动方向，制动脚内侧蹬地发力。

教学意图：在教师引导下，逐步学习制动、变向、起动等技术难点。

（三）技能练习

本阶段采用限制一定的条件，完成变向跑练习，掌握技术要领（图2.80）。熟练掌握，按照规定的"之"路线从起点跑动到终点。要求：快速通过制定路线，在制动时脚内侧触地、膝内扣、重心降低、起动时脚内侧发力、重心快速移动到跑动方向。

教学意图：在初步掌握技术后，根据技术要点，进行完整的变向"之"字形跑，巩固技术动作。

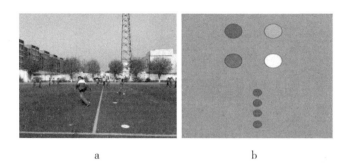

a   b

图 2.80 变向跑练习

（四）技能比赛

教师规定跑动 4（或者 5、6、7、8）块彩垫到达对面接力，用时少者获胜（图 2.81）。要求：小组讨论统一路线、连续三块小垫不得在同一条直线，采用变向跑技术进行游戏，迎面时靠右侧跑动。

教学意图：在熟练掌握技术后，根据技术要点，设计变向跑游戏，促进学生应用变向技术，达到学会、能用、会反思。

图 2.81 变向跑游戏设计

三、教学反思

（一）小彩垫，大作用

本次案例通过一次次的实践，在第三次改进后，运用小彩垫贯穿整个课堂。在准备热身部分采用各种图形跑、接力跑等，利用各种变化吸引学生的注意力。在基本部分设置三个环节层层递进，利用彩垫的"之"字形进行初步学习、巩固学习和强化运用，让孩子们沉浸在学习和游戏中，在不知不觉的游戏中学会并运用变向跑技术。在素质练习阶段利用彩色小垫和组成的图形做各种上下肢练习的游戏。学生在愉悦的环境下，不但学会了技术动作，并且提高了体能。

多功能彩垫便携、变化多样，适用于多种教材和教学环境。无论是在本校还是异地授课，多功能彩垫容易携带且布置场地简单，易操作。多功能彩垫在教学实际中相比标志桶易携带、变形多、不同颜色更容易吸引学生注意力，在跑动过程中不妨碍学生的跑动而且安全系数更高。多功能彩垫及可以节省课下课上场地变化的时间，而且教学效果优于一般的标志物。

（二）学生为主体，教师为主导

小学阶段的学生对于陌生的器材有很强的好奇心，对于颜色鲜艳的器材更容易集中精力，产生跃跃欲试的动机，促进教学的有效性和学生学习的效率，更容易让学生产生深刻的印象。跑类的教学内容是相对枯燥的，是学生相对比较反感的内容。但是在新的辅助器材和众多的游戏变形中，让学生忘记疲劳，全身心地投入游戏、比赛中，在游戏比赛中学习、巩固，强化、应用变向跑技术。此类辅助性的器材更容易让学生接受，吸引学生注意力，提高学生学习兴趣，提高学生的积极性、主动性，在快乐中学习新知识、新技能。

自制跳高绳

张　涛　魏　敬

跨越式跳高是小学跳跃类教材的主要内容之一，同时也是学生们很喜欢的一项运动项目。通过练习，可以发展学生的灵敏、柔韧、协调性等身体素质，提高学生下肢力量及弹跳力，发展跳跃能力。本文介绍的便携式跳高绳，运输便捷、使用方便，能满足学生各种跳跃练习的需求，实用性强，学习效果明显。

一、辅助性器材制作材料

通过一根黑色粗皮筋串联红色和黄色相间的海绵圆管，两端用粘扣固定，最终形成 3.5 米长自制横绳。

二、辅助性器材的设计思路

在日常的教学中，笔者发现学生在跨越式跳高课中，面对金属横杆学生会感到胆怯望而却步，甚至有些学生技术动作不敢做或不充分。针对这些问题，笔者设计了黑色皮筋加彩色海绵圆管模拟横杆的器材，教学中利用自制跳高器材，组织设计了形式多样、趣味性强、灵活多变的练习与游戏，提高练习兴趣。教学中利用自制跳高绳器材，发展学生跳跃的能力，增加学生练习密度和负荷。利用自制横绳，克服学生恐惧心理，解决安全问题，进一步激发学生参与跨越式跳高的学练积极性和主动性，有效地提升学生的跳跃能力。

三、辅助性器材的照片

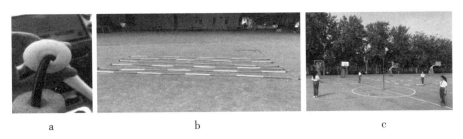

a　　　　　　　　b　　　　　　　　c

图 2.82　辅助性器材及场地

四、运用辅助性体育器材的教学过程

（一）人动，绳不动

教学方法：

男女生分组，男生四人一组，并排站，拉住横绳，女生在风车内四个区域，按逆时针做正向不规定动作的跳跃练习，模仿风车转动。同时提示学生：人动绳不动。

要求：运用不用方式跨越横绳。

教学意图：通过学生不断的跑动，激发学生挑战欲望，面对横绳巧用各种跳跃动作越过彩绳，进一步提高学生跳跃的能力。

（二）绳动，人不动

教学方法：

男女生分组，男生分散站在场地的四个区域，侧向站立。女生分4组并排站好，最内侧人手持横绳，并排跑做旋转大风车，女生按照逆时针方向跑动转动风车，男生两腿依次越过横绳。

要求：侧向两腿依次过横绳。

教学意图：调整身体姿态，在旋转的横绳上初步体验两腿依次过绳动作。

五、运用辅助性器材的效果分析

（一）从教学实际情况来分析

跨越式跳高是小学三四年级体育教学基本内容。它是最接近生活中跑与跨跳的自然动作，其技术环节分为助跑、起跳、过绳和落地四个环节。发展学生的跳跃能力，提高身体的力量、灵活性和协调性。教材重点在助跑与起跳紧密结合，针对学生在学习过程中出现的难点、恐惧心理和缺少自信，利用自制转动套管，套在跳高绳中，通过游戏大风车不同形式和内容让学生继续巩固两腿依次过绳的连续性。通过教师的讲解和自主练习，都可以完成助跑5~7步起跳两腿依次越过较低的横绳。通过用自制横绳代替跳高绳，用分层次练习手段，丰富教学形式，提高教学效果，并让学生都有展示自我，体验成功的快乐。

（二）从学生实际情况来分析

在目前跳高课中，由于准备器材多，孩子对横绳有恐惧感，老师怕学生出危险，所以都避而远之，但跳高又是孩子们喜欢的项目，因为具有挑战性，对同学们的锻炼价值很高。在备课时，如何通过游戏化的教学方式，让孩子们在玩中学，玩中练，玩中赛呢？教学中，抓住跳高项目特点"胜利是以失败而告终"。引导学生"人生不可能没有失败，但每一次失败都是挑战自己人生新的高度"的理念。让人人都有进步，把课堂交给学生，让学生在课堂上的学习真正发生。

"自制跳高绳"的研发是学生在初学跨越式跳高时，一般都先采用皮筋来教学，当学生掌握技术动作时，直接采用铁制的横杆，学生在练习时会感到恐惧，会导致技术动作变形，助跑节奏乱，不敢摆腿跨越横杆。因此设计自制横绳，它既安全，大小跟比赛横绳相似，让学生有一个过渡和适应。教学中，通过游戏形式，让学生复习跨越横绳，激发同学们的练习兴趣，内容安排也是由简到繁，循序渐进。通过和新器材接触，学生不再害怕，消除心理障碍，再过渡到技术教学。先在低高度的横绳复习侧向助跑跳高，学生们都可以越过，建立了学生的自信心，再过渡到跨越式跳高技术教学，从而完成教学目标。

六、运用此项辅助性器材应注意的事项

自制跳高绳的开发是辅助学生学习，待学生熟练掌握跨越式跳高技术动作以后，还要用正式比赛用的跳高绳进行练习。

横绳一端在跳高架固定，另一端是学生手拉，横绳长度教师应根据学生实际情况和场地，上课前在地面上用彩色胶带标注，让学生站到指定位置。

我们的辅助器械——自制跳高绳贯穿了整节跳高课。此外，在正面屈腿跳高和跳远课例中也会有它的身影，可谓是用途广泛。教师要根据学生实际情况，科学合理利用，服务于教学。

多功能投掷靶在投掷课中的应用

王　鑫

投掷课是孩子们比较喜欢的课程，但是以往的投掷课程都太过单一，无法激发孩子的学习兴趣，学生只是盲目地进行投掷练习，对学习掌握轻

物掷准技术动作的速度很慢，导致肩上屈肘、下肢蹬地等重难点动作把握不够，针对这一问题，设计制作了可变形投掷靶，它不仅仅能用作投掷靶，还能用作挂图架或者障碍跑课中的障碍物等。在整节课中，投掷靶是为这个课"服务的"。教学过程中采取游戏的方式层层递进进行教学，让孩子从易到难一步一步进行学习，提高孩子的学习兴趣，让孩子体现从玩中学，学中乐。有效解决了教学重点、难点，使得孩子学习效率非常明显，达到了学习的效果。

一、器材设计

投掷靶由 PVC 塑料管、橡胶底座、塑料垃圾桶与塑料呼啦圈组成。底座是直径 20 厘米的橡胶底座，支撑杆是两根长 120 厘米的 PVC 管（可伸缩，伸缩范围 80~120 厘米）。标志靶一：直径为 80 厘米的呼啦圈。标志靶二：直径为 40 厘米的硬纸板。标志靶三：直径 30 厘米、高为 40 厘米的垃圾桶。

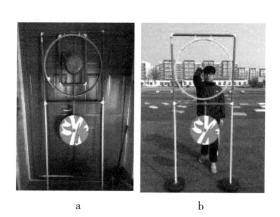

a   b

图 2.83　辅助性器材示意图

二、教学过程

（一）"星际穿越"游戏

教学过程：以投掷靶最大的呼啦圈靶子，将呼啦圈向学生倾斜 45°形成一个切角，学生手持轻物确保手肘高于肩正向前在身体上方的最高点出手，使轻物形成一个抛物线投进呼啦圈中，像一艘宇宙船穿过了太空空间站。

运用方法：教师指导孩子双脚前后站（投掷手的异侧脚在前）左（右）手持轻物，手肘高于肩部，并且让学生投掷手的肘关节正向投掷靶方向，将轻物投出，使得投掷物从呼啦圈的上方进入，下方出（图 2.84）。

教学意图：让学生初步体验投掷轻物的感觉与对投掷动作的学习掌握。

　　　　　　　a　　　　　　　　　　　　　　　　b

图 2.84　"星际穿越"游戏

（二）"响彻全场"游戏

教学过程：学生做好投掷的准备动作，待老师发令，将手中的投掷物用力投向投掷靶的圆板上。并在目标的硬纸板上贴上动作挂图与动作提示语，让孩子更具体直观地牢记动作的技巧。

运用方法：首先先将投掷靶进行变形，把大的呼啦圈还原待用。将硬纸片投掷靶旋转 180 度移动到投掷区域，让学生在距离投掷靶 3 米的位置进行投掷，要求投掷动作正确、有力。学生将投掷物投掷到硬板上，发出撞击的声音越大就证明投掷的力量越大。此时以小组为单位进行比赛，声音大、动作标准者获胜。

教学意图：给学生一个目标提示，让学生下意识地提高出手速度，用投掷物击打目标物。

a   b

图 2.85 "响彻全场"游戏

（三）"掷准达人"游戏

教学过程：学生手持投掷物，把手中的投掷物投进投掷靶上的塑料筐中，根据掌握的程度来调整个人与投掷靶的距离。

运用方法：游戏前，先对投掷靶进行变形，将投掷靶圆形塑料板收回原位，将辅助投掷塑料筐拼接到投掷架上，塑料筐像学生方向倾斜45°，让学生距离投掷靶3米左右的距离用正确的投掷方法将投掷物投到塑料筐中。以小组为单位进行比赛，每人投掷10次，投进次数最多的学生获胜。对于其他没有掌握投掷技术动作的学生可以让其近距离地投掷，或者去辅助练习场地用备用投掷靶进行简单的练习。

教学意图：对所学投掷动作的提高，让学生掌握好投掷的力度与准度。

a   b

图 2.86 "掷准达人"游戏

（四）"自由挑战"游戏

教学过程：把若干投掷靶变换成不同难度的投掷靶，让孩子根据不同的能力来选择性地进行投掷练习。

运用方法：将投掷靶变成不同难度的投掷靶，让孩子自己根据自己的掌握能力自主选择目标的投掷靶，并且每个投掷靶安排一个小组长，教师也进行巡视指导。最后在小组之间进行评比。

教学意图：学生根据自己对投掷动作的掌握情况自由选定不同难度的投掷靶（体现了学生的个别差异性）

（五）"蛇形运输"游戏

教学过程：学生手拿投掷塑料筐，在投掷靶中间穿梭行进，把目标位置的投掷物运输到下一个地点。

运用方法：将学生分成若干组，组与组之间相对站立，手持投掷塑料筐将投掷物依次放入筐并运输到下一地点，过程中"S"形依次绕过投掷靶。

a　　　　　　　　　　　　　b

图 2.87　"蛇形运输"游戏

三、教学反思

（一）从教学实际情况来分析

1. 传统投掷靶

传统投掷靶虽然也可以练习投掷技巧，但是它太局限了。无法根据不同年龄段，或者投掷技巧掌握程度不同的学生进行针对性的练习，无法达到预期的练习效果。并且传统的投掷靶一般是由铁制作而成的，搬运比较困难体积比较庞大，这也给教学带来不小的困难。

2. 可变形投掷靶

首先，可变形投掷靶是由轻型的材质组成的，不光重量轻，而且还可拆卸，便于携带。其次，可变形投掷靶可以根据不同学龄段的学生来调整投掷靶的高矮，可以使不同身高的学生都能最好地练习投掷技巧。并且可变形投掷靶也可以变化出多种不同的投掷目标，它们的大小、形态都不一样，不仅能提高学生的学习兴趣，也让对投掷技巧掌握不同的孩子因材施教，得到最佳的练习效果。最后，可变形投掷靶不仅可以当作投掷靶，也可以当作游戏环节的障碍物，学生可以在投掷靶的下方穿越、爬行，体现了一物多用的效果。

（二）从学生实际情况来分析

现在教学中，如果想让学生认真地学习，那就一定要让孩子觉得课程有兴趣，这样学生才会投入到学习的过程中去。可变形投掷靶是之前学生都没有接触过的体育器材，所以学生都对其充满了好奇之心，从而也提高了孩子们学习的兴趣。让孩子在好奇中去摸索、去学习、去掌握新授的技能知识。让孩子在学中玩，玩中乐。改变了之前器材的枯燥乏味，通过不同的投掷目标，不同的形态变换，让孩子一层层、一步步地掌握投掷的技巧动作。

四、运用辅助性器材应注意的事项

此投掷靶由于重心高，所以抗风性较差，在室外上课的情况下可用杠铃片负重固定。

相对低年级的孩子，无法独立完成在不同教学过程中器材的变形，还需要教师进行指导帮助，以免影响课程进展。

投掷靶重量轻、可拆卸、携带方便。

正方形在击地传球课中的妙用

陈　威

一、辅助性器材制作材料

用胶带贴或粉笔画出边长 2.5~3 米的正方形，按逆时针顺序在四个角标上数字 1、2、3、4。在 1 号和 2 号、3 号和 4 号之间用彩垫摆或粉笔画三个点：中点用红色，边长的三分之一和三分之二点处用绿色。

二、此项辅助性器材的设计思路

根据击地传球的特点，传球过程中，要让球落地一次再反弹到同伴的手中。那么如何能让同伴舒服地接到击地反弹球呢？这就需要学生首先能找到正确的击球点，然后自己判断出正确击球点的位置，最后将球传到正确的击球点上。学生在学习击地传球技术初期，通过教师的引导和自身的实践能够找到正确的击球点，但判断击球点的位置和将球传到击球点上的能力还需要不断地磨炼与强化。再结合篮球比赛多以组合技术的形式呈现。因此，笔者借助正方形的点、线和图形，围绕击地传球技术的特点和学生学习运动技能的规律设计了以下练习方法。让学生掌握击地传接球技术的同时，具备判断击球点和将球传到正确击球点上的能力。学习传球与跑位技术组合运用的形式，培养学生传球后跑位的意识。

三、辅助性器材的照片

图 2.88　辅助性器材示意图

四、教学过程及运用方法

（一）基本技术的学习

教学过程：

学习技术动作：首先教师示范、讲解持球手型和击地传接球的基本动作，并组织学生徒手练习。而后教师与学生配合进行击地传接球的动作示范。组织 1 号和 2 号、3 号和 4 号两人一组练习击地传接球。

探索正确击球点：教师在 1 号和 2 号、3 号和 4 号之间设置了几个击球点，让学生两人一组将球传到不同的点上，在实践中探索正确的击球点，评价的标准是同伴接球舒服。

巩固正确击球点：学生探索完毕，教师给出正确击球点的位置，距传球人三分之二的位置，即远离自己的绿色点。组织学生将球传到正确击球点上去练习击地传球。

（二）击地传球技术的运用

教学过程：

判断击球点：刚才的练习中，学生是在有提示点的情况下进行的练习。学生熟练后，让 1 号和 4 号、2 号和 3 号练习击地传球，他们之间无提示点，让学生学会传球前先目测正确击球点的位置，判断好后再将球传出。

衔接好向不同方向的传、接球：正方形上的四名学生一组。1 号持球，按照逆时针的顺序 1 号击地传球给 2 号，2 号传给 3 号……如此循环进行。让学生接球后到传球前保证至少一只脚不离地，清楚重心脚原则，避免走步违例的发生。

传球与跑位组合：在上一个练习的基础上增加徒手跑位环节。游戏开始后，1 号把球击地传给 2 号，然后 1 号围着正方形跑一圈回到自己的位置上。2 号接稳球后传给 3 号，然后 2 号按照 1 号的方法跑位，同理 3 号、4 号按照以上方法进行传接球与跑位的练习。培养学生传球后跑位的意识。

（三）击地传球技能的提高

抗干扰传接球：每一个正方形上的 1 号和 2 号练习击地传球，3 号和 4 号在 1 号和 2 号（垂直方向）之间来回运球移动，充当防守者，干扰其传接球，1 号和 2 号要抓准时机将球传出。培养学生抗干扰传接球的能力。同时复习学生的运球技术。

培养预判能力：各组的 1 号和 2 号练习击地传球，各组的 3 号和 4 号运球穿梭在所有组的 1 号和 2 号（垂直方向）之间，干扰他们的传接球。传球同学要抓准时机练习击地传接球。在提升击地传球技术的同时，培养他们观察、判断和抓住时机的能力。

五、运用此项辅助性器材的效果分析

（一）从教学实际情况来分析

本节课依据击地传球的技术特点和项目特性设计了正方形练习场地，以四人小组为一个练习团队。主教材各个环节的设计均以小组合作的形式呈现。

首先让学生二人一组探索正确的击球点，（距传球人三分之二的位置）。找到正确的击球点后，要继续巩固练习。学会自己判断正确击球点的位置，并让球落在正确的击球点上。巩固击地传球技术。

然后让学生四人一组击地传接球接力，衔接好向不同方向传、接球的技术。而后增加徒手跑位环节，让学生养成传完球就跑位的习惯。

最后，是让小组中的两名学生练习击地传球，另外两名学生运球干扰。两人尽量让同伴舒服地接到球，培养学生的责任意识。运球移动同学的干扰是仿照比赛中的防守队员，目的是教会传球人观察、判断，并果断传球出手。在保证击地传球动作质量的基础上，抓准传球时机，在干扰队员之间自如传接球。

（二）从学生实际情况来分析

学生自主探索练习中容易出现的错点——中点，认为球落在中点上，同伴也能接到球。原因是近距离击地传球，球落在中点和三分之二点上，同伴都能接到球。此时，教师要进行纠正。示范时，让两人同时后退，此时再将球传到中点上，差别就很明显了。

学生在四人击地传球练习时，出现了走步违例的现象，原因是学生对篮球规则的了解不够，没有重心脚意识。此时，教师讲解接球与传球的转

换过程中为何会出现走步违例现象，以及如何避免走步违例的方法，并进行了正确的传接球转换的脚步示范。学生在练习中，既巩固了击地传接球技术，也学会了持球时重心脚不离地的原则。

突破封锁线游戏，是将前期学生已掌握的篮球运球技术应用到本次课中。学生在有干扰的状况下去练习传球，击地传球的动作质量和准确度都受到了影响。原因是技术动作掌握得不够扎实，面对新的练习形式不知所措。此时，教师要提示学生，注意观察、判断，抓准时机再完成击地传球。

六、运用此项辅助性器材应注意的事项

学生探索正确击球点的过程是一个试错的过程，让学生大胆练习，实践出真知。

学生初步学习击地传球的动作，动作技术还没有定型，建议学生以体会动作为主，不要发力，避免动作变形。

传球接力对于学生来说并不难，学生在游戏时，会加快速度转移球，这样容易导致动作变形。教师要提示学生比谁的动作规范、传球准确，让同伴能舒服地接住球。

对于初学者来说，在有干扰的情况下练习击地传球的方法，更贴近比赛中有防守状态下的传球，且更有趣味性。授课教师可针对本班练习情况，在本游戏基础上再变形，丰富多样的游戏形式更能激发学生的练习兴趣。

脚内侧运球与脚内侧传接球组合技术的教学绝招

魏　敬　陈　威

一、教学内容简要说明

在足球比赛中运球和传球技术，是最常见的一种组合技术。对于小学生而言，技术运用是否合理，运用时机是否恰当，是有一定难度的。因此，教师要灌输学生学以致用的意识，大胆尝试、灵活运用所学技术，抓准传

球时机。在练习时，学生要将运球技术与传球技术、接球技术与运球技术衔接运用，并做到运用自如。

二、教学绝招

绝招 1：脚内侧运球（左右脚练习）

学生每人一球，在两个标志桶后面练习脚内侧运球技术。运球时，让学生体验脚尖稍提起的动作，保证身体重心在支撑脚上（图 2.89）。

图 2.89　脚内侧运球

实效：脚内侧运球的速度相对较慢，便于学生控制。通过教师的讲解，让学生知道脚内侧运球的适用范围。通过练习，学生体验了在小范围内进行掩护性运球和变向运球的方法。提高球性。

绝招 2：脚内侧传接球触球部位及准确度练习（左右脚练习）

学生两人一组一个球，相距 3~5 米，两人均站在同一条线上进行脚内侧传接球练习，传出的球在到达同伴脚下之前保持在线上，算完成了传球触球部位准确的任务。同伴脚内侧接球时，若将球停在线上，则算完成接球触球部位准确的任务（图 2.90）。若学生能在线上连续传接球 3 次，算完成全部任务。

图 2.90　脚内侧传接球

实效：让学生在线上完成脚内侧传、接球，考察了学生传、接球触球的部位及传球准确度。进一步巩固学生脚内侧传、接球技术。提高传球准确性。培养学生合作的意识。

绝招 3：脚内侧运球 + 传球准确度练习（左右脚练习）

学生两人一组一个球，站在各自标志桶的侧后方。练习时，有球同学在标志桶后做脚内侧运球到达指定地点后，以脚内侧传球的方式将球传给同伴，同伴稳稳地接到球后，接着做脚内侧运球、传球（图 2.91）。强化学生脚内侧运球与传球的技术，提高运用组合技术的能力。

图 2.91　脚内侧运球、传球练习

实效：学生在练习远距离传接球时，接球同学要特别注意，当同伴传球后，要先判断来球的速度和方向，并调整好身体的位置。接球腿要提起、前迎，脚尖稍翘，用脚内侧对准来球。脚与球接触的瞬间开始后撤。将球停在可控范围内，便于衔接下一个技术动作。接稳球是使用其他技术的前提，足球场上的技术多半是通过组合技术的形式来呈现的。让学生知道运用组合技术的重要性。

绝招 4：脚内侧运球 + 传接球部位准确 + 传球准确度 + 跑动路线练习（左右脚练习）

学生四人（A、A′、B、B′）一组一个球，A、B 站在各自标志桶的侧后方，一边两名同学并面向中间站立。A 同学持球并向右做脚内侧运球，此时其余三人均随着 A 移动，移动到另一个标志桶侧后方后，A 同学以脚内侧传球的方式传给对面的 B 同学，而后站到本方 A′ 同学的后面，B 同学接球后向右运球至初始位置，其余三人跟随，到达指定地点后将球传给对面的 A′ 同学，而后站到本方 B′ 同学后面，如此连续进行练习（图 2.92）。

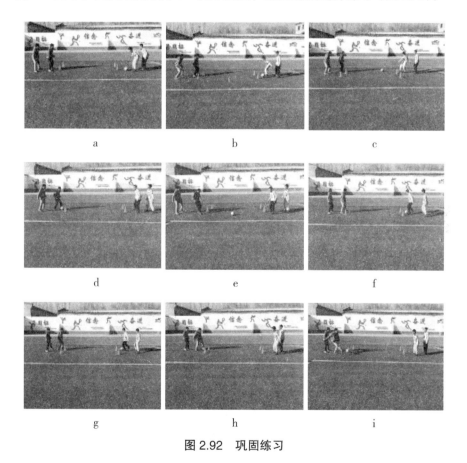

图 2.92　巩固练习

实效：学生在练习时，要随时抬头观察，抓准传球与接球的时机，做到接得稳、判断准、传得准。通过这样的练习，学生能稳稳地接住球；能更好地观察、判断场上情况；能将球准确地传给同伴。在练习时，四名同学都要关注球，并随着球移动，随时准备接球、运球、传球提高了团队意识。

三、练习指导

学生在标志桶后练习脚内侧运球，体验了在小范围内进行掩护性运球和变向运球的方法。

学生在线上练习脚内侧传、接球。提高学生传、接球触球的部位及传球准确度。进一步巩固学生脚内侧传、接球技术。提高传球准确性。

学生两人一组练习脚内侧运球和脚内侧传球的组合技术，教会学生使用组合技术，提前适应比赛。

学生四人一组练习脚内侧运球与脚内侧传球，同伴之间能默契配合，能够做到接得稳、判断准、传得准，提高学习运用组合技术的能力。

基于"学、练、赛"模式下小学篮球教学的思考与实践

——水平二"击地传接球 2"一课的设计思路

陈　威

一、教材分析

传球是篮球比赛中必不可少的技术之一，是实现战术配合的重要一环。击地传接球在小学篮球传球教学中起到承上启下的作用，前接地滚传球、后续双手胸前传接球。同时，它也是串联多种技术的纽带。根据开放式技能的特性，小学篮球课堂既要重视技术动作的教授，更要注重运用技术能力的培养。让学生学会技术、会运用技术。本单元以及每次课都是依据技术、体能、运用三个维度进行设计的，共 4 次课，本课为第二课次。

本课基于"学、练、赛"的理念进行设计。以单一身体练习：击地传接球技术动作为基础。围绕技术动作展开了组合练习：击地传接球 + 跑位、

击地传接球 + 跑位 + 运球组合练习。结合技术动作进行的游戏或比赛：在有干扰的情况下运用所学技术。让学生学会组合练习的方法、技术衔接的方法、游戏或比赛的方法。在练习中巩固单一技术、组合技术，发展相应体能。在游戏或比赛中增强学生的心理承受能力、抗压能力，提升社会适应能力。

二、片段呈现及设计思路

（一）准备部分，热身环节

片段呈现：听音乐模仿教师的动作（图 2.93）。结合走、跑、跳等一系列动作充分热身，尤其注意手指的预热。适时穿插徒手传接球与跑位的组合练习。

图 2.93　学生在活动前热身

设计意图：热身的同时，让学生熟悉场地布置。回顾击地传接球的徒手动作，并尝试与跑位技术进行组合，为后面主教材的学习做铺垫。

学、练、赛、评：热身内容以模仿为主，动作相对简单，采用边学边练即可。学生学、练准备活动的练习形式和动作方法。"快快找家"赛的是各组快速、有序到位，学生观察本组与他组的快慢即可评价。模仿练习中，教师的语言提示、表扬优秀等即为评价。

（二）基本部分

1. 单一技术练习：击地传接球动作、正确击地点

片段呈现：2 人一组复习击地传接球技术动作（图 2.94），规范传球时蹬地、伸臂、拨指、翻腕的动作细节，巩固正确击地点，强调伸手迎球、触球瞬间后引、收球的接球要点。

图 2.94 单一技术练习

设计意图：对部分传球动作不标准的学生进行指导，提示学生伸手接球，找准击地点。固定 1 号和 2 号传接球、3 号和 4 号传接球，为后面的组合练习做好第一步。

学、练、赛、评：这是复习环节，在技术展示中发现不足、改进动作，视为先练后学。教师巡视指导，进行语言评价。

注意事项：教师巡视指导，根据本班学情，重点看击地点是否准确。

2. 组合技术练习：击地传接球 + 跑位、击地传接球 + 跑位 + 原地运球、击地传接球 + 跑位 + 直线运球、干扰（运球）+ 击地传接球 + 跑位 + 直线运球 / 原地运球

片段呈现一：击地传接球 + 跑位（图 2.95a）

4 人一组，1 号和 4 号击地传球给对面同伴，然后无球人跑动换位，两人相遇时击掌加油，到位后，对面的 2 号、3 号将球传回，然后 2 号和 3 号跑动换位，相遇时击掌加油，连续进行。

a   b

图 2.95 击地传接球 + 跑位练习

设计意图：培养学生传球后跑位的意识，在合作中学会观察。击掌是为了让学生错肩，避免相撞。加油是为了让学生养成为同伴加油的习惯。

学、练、赛、评：教师先选定示范组，然后指挥示范组进行最直观的展示，就这组而言是边学边练。其余学生是先学后练。教师巡视指导，语言提示与评价。同伴之间可根据跑位是否及时、传球是否到位、能否和同伴团结合作进行自评与互评。

注意事项：教师选组示范，指导时站在队伍外侧（图 2.95b），目的是避免遮挡场内其他学生的视线。示范前让学生观察"谁要跑动换位"，明确观察的重点。示范后提示"无球人跑动换位"，既给出了答案，也是练习形式的关键。

片段呈现二：击地传接球＋跑位＋原地运球（图 2.96）

在上一个游戏的基础上，无球同学跑位，有球同学边原地运球边观察场上情况，同伴到位后再传球。教师会干扰运球同学。

图 2.96　击地传接球＋跑位＋原地运球练习　　图 2.97　教师选组示范时站位

设计意图：让学生学会传接球与原地运球组合练习的方法。掌握传接球与原地运球衔接的手法。养成勤观察的习惯。教师进行干扰，是要让学生有护球的意识与能力。

学、练、赛、评：教师先选定示范组，然后指挥示范组进行最直观的展示，就这组而言是边学边练。其余学生是先学后练。教师巡视指导，语言提示与评价。教师干扰运球同学，评价他们的护球意识与能力。学生根据自己能否保护好球、不丢球进行自评。同伴之间根据配合是否默契进行互评。

注意事项：教师选组示范，指导时站在队伍外侧（图 2.97），目的是避免遮挡场内其他同学的视线。示范前让学生观察"谁要原地运球"，明确观察的重点。示范后提示"持球人原地运球"，指明组合练习的关键环节。

片段呈现三：击地传接球 + 跑位 + 直线运球（图 2.98）。

在上一个游戏的基础上，原地运球同学要运球换位，与徒手跑位同学完成传接球。在直线运球与传接球组合练习时，出现了走步违例现象。此时，教师讲解走步违例的成因、示范解决方法。

图 2.98　击地传接球 + 跑位 + 直线运球练习

设计意图：让学生学会传接球与直线运球组合练习的方法。掌握传接球与直线运球衔接的手法。养成勤观察的习惯，提升快速判断、迅速做出反应的能力。衔接时易出现走步违例现象，教师及时讲解，让学生学会篮球规则。

学、练、赛、评：教师先讲解练习方法，再选组示范，随后组织学生练习，是先学后练。教师巡视指导，语言提示与评价。教师发现问题，讲解走步违例规则，再让学生练习，是先练后学。学生根据运球是否丢球、同伴之间配合是否默契进行自评与互评。

注意事项：教师选组到场地中间示范，指导时站在该组之前的位置和示范位置的中间，目的是避免遮挡场内其他同学的视线。示范后提示"持球人运球换位，无球人跑动换位"，明确了练习形式。教师在场地中间讲解并示范如何避免走步违例的两种步法，加深学生对篮球规则的理解。

片段呈现四：干扰（运球）+ 击地传接球 + 跑位 + 直线运球 / 原地运球。

在有干扰（运球）的情况下，传接球同学运用跑位、运球技术躲避干扰者，完成击地传接球（图 2.99）。

图 2.99　击地传接球练习　　　图 2.100　用组合技术完成传接球

设计意图：熟练击地传接球与跑位、运球技术组合运用的形式。为学生运用所学技术提供情境、制造压力。传接球学生要养成观察场上情况、快速判断传球时机、迅速将球传出的意识。运球干扰的学生要勤观察、判断有效运球路线，并完成干扰任务。此练习让学生在有干扰的状态下能够运用所学技术，提前适应比赛环境。

学、练、赛、评：教师先选定示范组，然后指挥示范组进行最直观的展示，这组是边学边练。其余学生是先学后练。运球同学干扰传球同学，赛的是传球者抗干扰的能力。本人、同伴和教师根据能否成功完成传接球和成功传接球的次数进行评价。教师对动作质量进行评价。

注意事项：教师选组到场地中间示范，演示了在有干扰的情况下如何运用组合技术完成传接球，示范后提示学生"用组合技术完成传接球"。教师巡视指导，哪组有问题指导哪组，尽量不打断学生整体的练习。教师让运球同学去干扰传接球同学（图 2.100），培养他们观察与判断的能力。传接球同学要观察没有规律的干扰者，判断传球时机。

3. 体能练习与合作

片段呈现：4 人一组，2 人并排直臂撑地，2 人在他们两侧完成地滚传球。

设计意图：增强学生上、下肢及核心力量。巩固地滚传球技术，提高学生合作意识。

学、练、赛、评：教师先选定示范组，然后指挥示范组进行最直观的展示，就这组而言是边学边练。其余学生是先学后练。学生、同伴和教师可对动作完成情况进行评价。

（三）结束部分

拉伸放松、评价总结

片段呈现：在舒缓的音乐伴奏下，学生随教师进行拉伸放松。用问答的形式带领学生回顾本课重、难点。评价学生课堂表现，表扬团结互助、鼓励同伴。

设计意图：让师生的身心得到放松。评价时重德育评价，引导学生学会鼓励、帮助、团结、友爱。培养集体荣誉感。

学、练、赛、评：放松环节，学生模仿教师动作，边学边练。教师语言提示、鼓励、评价。

三、分析与反思

技术、体能、运用三个维度落实到课堂中就是学、练、赛（评）。本课中的学，学习组合练习的方法，学习技术运用的方法，学习篮球比赛的相关规则。练，以组合练习的形式呈现。有技术之间的组合，例如，传接球、跑位、运球技术的组合。也有攻防之间的组合，攻是指运用组合技术完成传接球的一方，防是指用运球干扰的形式进行防守的一方。游戏或比赛：融于各个组合练习的环节中。比的是组合练习的方法是否熟练、同伴之间的配合是否默契。能否运用所学技术。心理是否强大，是否具备抗压能力、是否具备社会适应性。

1. 学——学练习方法，为技术的掌握打基础

方法即内容。无论新授课还是复习课，学生学的是方法，学习技术动作的方法、学习技术动作的练习方法、学习技术动作的运用方法。本节课中，学生在复习环节再次学习了击地传接球技术动作的方法，为组合技术的学习奠定了基础。在击地传接球、跑位、运球技术组合运用的环节学习了组合练习的方法，同时学习了相关篮球规则。最后在有干扰的情况下运用所学技术，在比赛中学习了运用技术的方法。在多种形式的方法中掌握技术。

2. 练——练组合技术，将"技术"转化为"技能"

组合练习是在单一身体练习的基础上进行的拓展与提高，是将所学"方法""技术"转化为"技能"的有效途径。本课中将跑位、运球技术

与击地传接球技术进行组合，不仅能提升技术稳定性、学会组合练习的方法、发展体能。更重要的是将击地传接球"技术"转化为"技能"。同时为实现体育学科核心素养提供平台，让运动能力、健康行为、体育品德素养在体育课堂中生根发芽。本次课的学习内容为学生运动能力的提升做出了贡献。通过体育课，学生养成了先热身后运动的习惯，养成了教师讲解，学生认真学、看的行为习惯，这些都是健康行为。在课堂中，同伴之间能做到相互提醒和鼓励，这就是在培养学生的体育品德。

3. 赛（评）——赛技能运用，实现运动能力的提升

运动能力是体育学科核心素养的组成部分，它包括体能、技战术能力和心理能力。赛的环节是让学生在有干扰的状态下运用所学的组合技术。高强度的比赛为体能的发展创造了条件。在高压状态下，学生能否合理运用所学技术体现了他们的技战术水平。传接球学生能否抗干扰完成击地传接球展现了他们强大的心理承受能力。这些就是赛的核心，也是检验前面学与练是否成功的评价标准。

告别寒冷，从"屋"做起

——室内运动训练体操垫的运用

王　鑫

一、训练内容背景

体操垫是辅助学生进行学习体育技能、加强身体素质、增强身体锻炼必不可少的一个器材。在日常体育锻炼过程中体操垫大多数是用于压腿、仰卧起坐等训练内容上。在教学课堂中，如果用到小垫子做辅助器材的话，我想最重要的是解决它的抗风与抗滑性，但是在本文所描述的运动训练中，利用小垫子与光滑地面之间的"滑"来进行一些身体素质的练习。在此让运动员体验不一样的训练方式，提高运动员的训练兴趣。

二、训练思路描述

我所在的学校是一所农村校，校内没有体育馆。所以在冬天的时候，学生的早训就成了一个难题。早上七点钟只有零下十度左右，运动员跑步热身完，如果让他们做素质练习，达不到一定的强度，运动员的体感温度就会很快降低，可能会引起感冒，如果连续做大强度的练习，运动员的身体也会吃不消。锻炼是提高学生身体素质的，而不是损害学生身体的，所以在跑步完热身完之后，让他们去教室里做一些简单的素质练习。但是教室的地方有限，而且室内也有一定的局限性。虽然不那么冷了，但是也降低了学生训练的兴趣，直到有一天一位学生在训练时跟我说了一句话……

有一天，我带领学生在室内利用小垫子做仰卧起坐的时候，一位学生跟我说："老师，地面太滑了，我的小垫子老是乱跑。"（因为地面是瓷砖）听到他说完之后，我脑中闪现了一组画面——不同的动作让小垫子在地面上滑动。随即，我就想出了几种利用小垫子在地面上滑行的运动动作让运动员进行尝试。

三、训练内容及策略

练习一：手绘彩虹桥

a   b

图 2.101　练习一：手绘彩虹桥

动作方法：运动员双手撑于平铺的小垫子上，身体呈俯撑的姿势，把一块折叠的小垫子放置平铺垫子的左侧，右手撑于平铺的小垫子上，然后用左手扶住折叠的小垫子，并把它移动到头顶的正上方。之后改为左手撑于平铺的小垫子上，右手扶住折叠的小垫子，并把折叠小垫子移动到平铺小垫子的右侧。然后就一直重复之前的动作，让小垫子在头顶上方画半圆，形似在头顶画"彩虹"。

练习作用：通过此练习，能让运动员充分地练习上肢力量以及一些腰腹类的核心力量，同时也让运动员练习了平衡能力等。

练习二：收放自如

a   b

图 2.102　练习二：收放自如

动作方法：运动员双肘撑于平铺的小垫子上，身体呈平板支撑的姿势，把双膝跪于折叠的小垫子上，并且脚不能触碰到地面。运动员通过收腹来把折叠的小垫子前移，使其移动到平铺小垫子的正下方，并贴在一起，然后再迅速后撤，到达躯干伸直为止，然后重复此动作。

练习作用：通过此练习，能让运动员充分地练习腰腹类的核心力量，同时也练习了臀部以及大腿前后侧的肌肉。

练习三：蠕动的毛毛虫

a   b

图 2.103　练习三：蠕动的毛毛虫

动作方法：两块折叠的小垫子前后挨着放置在一起，运动员双手撑于前面折叠的小垫子上，双膝也跪于后面折叠的小垫子上面，背部成弓形。然后双手向正前方推动小垫子，把背部伸直，之后收腹腿部前移，背部成弓形，把后面的小垫子也向前移动，形成最开始准备的姿态，让其看似一只毛毛虫在爬行。之后沿直线重复此动作。

练习作用：通过此练习，能让运动员充分地练习腰腹类的核心力量，同时也练习了臀部以及大腿前后侧的肌肉。

练习四：骑马行进

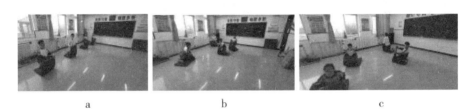

图 2.104　练习四：骑马行进

动作方法：运动员用一块小垫子，双腿跪于小垫子一半的折痕处，然后将小垫子的另一半用双手分别提拉两个上角，并且提拉到胸前握紧，然后用腰腹的力量使身体跳起，跳起的同时双手也随之提拉垫子的两个角并向前移动，之后连续做此动作。

练习作用：通过此练习，能让运动员充分地练习腰腹类的核心力量，同时也练习了上肢以及肩部肌肉。

练习五：腿部大摆锤

图 2.105　练习五：腿部大摆锤

　　动作方法：运动员双肘撑于平铺的小垫子上，身体呈平板支撑的姿势，一块折叠的小垫子放置于运动员脚的位置，上体保持不动的情况下，先右脚撑地，用左脚内侧踩住折叠的小垫子，并把小垫子移动到平铺垫子的左侧，然后再移动回到初始位置。然后左脚撑地，用右脚重复之前左脚的动作，在此过程中腿不能弯曲。之后重复之前所有的动作。

　　练习作用：通过此练习，能让运动员充分地练习腿部肌肉的力量，并且能让腿部进行拉伸，同时也辅助练习了腰腹核心力量。

　　练习六：闪电发射

a　　　　　　　　　　　　　　　　　　　　b

图 2.106　练习六：闪电发射

　　动作方法：学生平躺在一块小垫子上，头不能触碰地面，双手扶住小垫子下脚处，之后屈腿并且双脚踩在墙面上，然后按顺序迅速蹬腿、蹬脚腕，把身体像火箭发射一样蹬离前面，向头顶方向滑出。同学之间可以比一比，看看谁滑动的距离最远。

　　练习作用：通过此练习，能让学生们充分练习下肢力量以及脚腕的灵活性，同时也体验了腿部爆发力的感觉。

四、训练内容反思

1.通过新颖的游戏方式来训练，可以提高学生的训练激情与训练兴趣。

2.训练场地必须为光滑的地面。

3.房间空间有限，只可满足少数运动员的训练需求。

技术、技能、体能框架下如何构建学、练、赛

——以"韵律活动"一课为例

胡梦琪

一、案例背景

韵律活动是在音乐伴奏下培养学生身体基本活动能力的一种运动方式，其内容丰富，形式多样。它对培养学生正确的身体姿势，发展身体的协调性、动作节奏感和表现力，陶冶健康美的情操，促进友好文明的社会交往等都有积极的作用。本节课的授课对象是三年级学生，这个年级的学生在水平二阶段的韵律活动中，学习的动作简单、生动活泼、姿态优美、节奏感强、富有感染力。本节课选自水平二韵律组合（一）内容，目的是要让学生形成正确的动作姿势和良好的身体形态，培养学生的韵律感、表现力，发展身体的灵敏性、协调性。

二、案例呈现及设计意图

（一）准备部分

学生在音乐伴奏下踏步走，自由移动位置，从原有位置移动到新的位置上，学生利用帽子进行向上抛接动作——学生向上抛帽并拍手两次再接帽——学生向上抛接帽并蹲起一次——学生向上抛接帽随后以自编动作结束，按此顺序听教师哨音变换动作。

图 2.107　学生踏步走

学生做韵律热身操。

图 2.108 学生做热身操

设计意图：在培养学生反应与灵敏素质的基础上进行简单的热身活动，利用帽子增加热身的趣味性。而韵律热身操是辅助主教材所设计，在这里既能够让学生充分完成热身，又能够对主教材内容进行一次简单的渗透。

（二）基本部分

在该部分安排了四个环节，分别是教师完整动作示范与展示、分解动作学与练、提升难度学与练、感知音乐的能力拔高。

1. 教师完整动作示范与展示——"抓住眼球"

教师将本节课四个八拍的内容编排在一段完整组合动作当中，并结合精选出极具感染力的音乐向学生展示出来，并且在音乐的处理上做了特效，且教师面部表情丰富，韵律舞蹈感觉浓厚。

设计意图：韵律活动的学习，首先要给学生建立一个完整的"动作表现"概念，这里我更强调的是"表现"而不只是单一的"动作"，教师精彩的表现更能够吸引学生的注意力，但精彩不应该仅局限于教师的专项能力，而是应该在动作的整合与编排上下足功夫，我将本节课四个八拍的内容结合该阶段学生生理、心理的特点进行了二次设计并进行了精彩呈现，在课程导入中就把握住学生的兴趣，并建立了强烈的动作概念。

2. 分解动作学与练——"打好基础"

主教材韵律组合（一）共四个八拍的学习内容，主要包含踏步走、侧上举、侧下举、侧平举、前平举动作以及换位的动作。教师首先将四个八拍动作中重点动作挑出来，让学生进行各个平举动作的学与练，帮助学生理解不同平举的区别与技术连通的要点，例如，教师说动作名称"前平举"，学生大声喊"1，2"，并规定学生在喊"2"的时候将动作迅速到位。同样，将组合动作里换位动作提出来，专门练习换位，并让学生在队伍中自由选择身边的同伴来练习换位动作，培养换位感觉。

当学生们形成了一定的动作协调性之后，再次代入组合（一）动作，教师分拍分解动作，从第一个八拍着手，依次顺动作进入第四个八拍，且学习完每一个八拍之后，进行巩固与练习，下一个八拍的学习一定串联上一个八拍的动作。

a   b

图 2.109　分解动作学与练

设计意图：单一动作挑出来学习，帮助学生攻克难点要点，形成动作的协调感。分解分拍动作学习一定程度上降低了难度，增强了学生挑战动作的自信心。学生每完成一个八拍的动作，对后一个八拍的学习也起到了一个很好的促进作用，串联动作更是在学与练中加深与巩固。

3. 提升难度学与练——"强化技术"

当学生完成每个八拍学习之后，将四个八拍完整地表现出来，并对着"一点""三点""五点""七点"不同方向完成串联动作。

设计意图：熟悉韵律组合当中的八个方位，通过方位的变化，直接产生韵律组合动作当中走位与脚下动作的变化，让学生独立思考，考验学生的反应能力与动作的协调适应能力，既强化了学生的技术动作水平又促进了身体的协调性，更刺激了大脑的反应。

4. 感知音乐学与练——"融会贯通"

教师带领学生拍手打出节拍，一边拍手一边喊出节拍，找到节拍之后合音乐完成组合（一）动作，分小组进行练习，各小组进行比赛，评选出完成度最好的小组。

设计意图：培养学生的动作节奏感，提升听音乐的能力，让学生在音乐的律动当中体会韵律美，同时以赛促练，以比赛的形式促进学生的好胜心提高表现力，渗透团队精神，让学生在观赛的过程中取长补短。

（三）体能游戏——"帽子戏法"

学生坐在瑜伽垫上，双腿伸直，用脚夹住帽子，向后躺下，并直腿抬起，将脚尖落到头顶一侧的地面，松开双脚，将帽子放下，还原开始位置，双脚、双手支撑，调头转换方向，后一名学生用脚夹起帽子重复上一名学生动作。

图2.110　"帽子戏法"游戏

设计意图：体能是身体素质发展的基础，好的体能能够促进韵律活动动作的快速形成与发展，通过帽子这一生活当中的小器具进行体能练习，发展学生的腰腹力量和上、下肢力量，增强了趣味性，让学生更容易坚持，达到体能训练的最优效果。

（四）结束部分

教师带领学生在藏族舞蹈当中完成放松与拉伸，让学生感受丰富的民族音乐。

图 2.111　放松与拉伸

三、技术、技能、体能框架下学、练、赛的体现

我认为每个技能的学习与完成都需要一定的体能储备，体能是根基。对于这节韵律活动课来说，在案例中安排体能练习，就是"教与学"的完成技能达标，能够提高教师的技术教学的实效。运动技术是教与学的过程，动技能则是教与学呈现的结果。整节课在完整示范—分解动作—提升难度—强化拔高这一过程中体现了学与练，更是在比赛与评比中体现技能的掌握度。

以赛促学、以评导练

——以水平——"原地拍运球"一课为例

李雨情

一、案例背景

篮球是学生十分喜爱的体育活动，本课程依据"寓教于乐、因材施教和身心健康并重"的教学理念开展小学低年级篮球教学。改变现存学生单一刻板模仿的被动教学方法为主动尝试与探索的教学方法，通过"游戏情景教学法"，充分调动学生的学习热情，以"学中玩"的教学形式实现"玩中学"的教学目的。在引导学生熟悉球性，掌握拍球和运球动作要领，培养眼、脑、四肢协调能力和提高体能的同时，开展适当分组竞赛式教学和全程鼓励式教学，本次课中还渗透了行进间运球的教学，使学生对篮球的运用有一些了解，进而实现对学生"四个意识"的培养，即在集体运动中的合作意识、勇于争先的竞争意识，对抗运动中的包容意识和竞赛中的自信与自强意识。

二、案例呈现及设计意图

（一）准备部分

准备活动：教师带领学生跟随音乐做篮球模仿操，接着带领学生进行专项性准备活动，包含手指拨球、球绕环、向上抛球击三次掌等。

图 2.112　课前准备活动

设计意图：一般性准备活动——篮球模仿操是为了让学生热身，专项性准备活动是进一步热身的过程，并对本节课的教学提供便利，使学生更好地熟悉球性。

（二）基本部分

本节原地拍运球课运用三种游戏的方法完成学习，其中渗透了篮球的运用——行进间运球。以"学中玩"的教学形式实现"玩中学"的教学目的。

1. 十字拍球法（以右手为例）

学生左脚踩在数字 1 的位置，右脚踩在数字 4 的位置，使球落在数字 2 的位置。

教学中，教师首先让学生自主拍球，培养球感。然后教师讲解原地拍运球的动作方法（以右手为例），学生体会动作是学的过程；学生按要求体验是练的过程。

十字拍球法

图 2.113 "十字拍球法"游戏

设计意图：十字拍球法是为了规范学生正确拍运球动作，为教学奠定基础，使学生明确双脚的位置以及球落地的位置。

2. 小游戏"欢乐打地鼠"

规则：场地外有很多五颜六色的小标志贴，学生散点进行游戏。教师说颜色，学生运球到达相应颜色的位置上，使球砸在对应颜色的标志贴上。例如，教师说红色，学生运球去找红色的标志贴，使球砸在红色的标志贴上。此外，在拍运球的过程中，教师举起口诀提示板，学生立即念出提示板上的字。

在拍运球的过程中，教师举起口诀提示板，学生立即念出提示板上的字是学的过程；游戏过程中，教师组织学生到达相应颜色后，使球砸在对应颜色的标志贴上是练的过程；比一比哪位同学动作最标准是赛的过程。

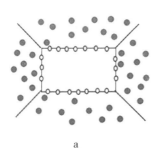

a   b

图 2.114 "欢乐打地鼠"游戏

设计意图：以游戏的形式促进学生学习动作，这样不仅可以进行渗透篮球的运动还可以使学生有趣味地学习，增强孩子的学习兴趣。在拍运球的过程中，教师举起口诀提示板，学生立即念出提示板上的字。这个环节有利于学生熟记口诀的同时，还能有效地解决学生低头看球的问题。

3. 游戏"抢占安全区"

规则 1：在场地内师生共同拍运球，教师运球追逐学生，学生运球躲闪。当教师喊到任意颜色，例如"红色为安全区"，学生迅速运球到红色标志贴位置，即为安全。

规则 2：在场地内师生共同拍运球，教师找了一个"小帮手"进行追逐学生，学生运球躲闪。当"小帮手"喊道"×色为安全区"，学生迅速运球到×色标志贴位置，即为安全。

游戏中，学生进行拍运球躲避老师为练的过程；找到安全区为赛的过程。

图 2.115　"抢占安全区"游戏

设计意图：在巩固学生拍运球动作的同时，为学习增加了趣味性，同时学生在躲避老师"小帮手"的时候，避免孩子们的眼睛一直看球，为篮球的运用奠定了基础。

（三）游戏"小小搬运工"

规则 1：学生四人一组，共分为七组，用小垫子运篮球后放入身后的呼啦圈，搬运数量多的组获胜。

规则 2：同样的分组方式，学生两人一组用小垫子将呼啦圈中的篮球运回球托上，最先完成的组获胜。

图 2.116　"小小搬运工"游戏

设计意图：组织全班玩大型游戏，将游戏元素引入本节课中，不仅满足了学生日益多元化的体育学习需求，而且培养了学生之间团结协作的能力，对于优化课堂教学具有重要意义。

（四）结束部分

在舒缓的音乐伴奏下，教师带领学生进行拉伸放松。

集合之后，教师提示学生动作的同时用问答的形式带领学生回顾本课所学重、难点。评价学生课堂表现，表扬团结互助、鼓励同伴的学生。

图 2.117　放松与拉伸

三、分析与反思

"学"是开展体育教育教学的开始，是体育教学中学生在教师讲解、示范引领下进行的相关运动技术的学习，是学生实现从无到有、从生疏到熟练的基本过程。"练"强调对正确技术的持久实践。"赛"是学、练的有效补充、缓解和调节，是检验学练效果的重要手段。

教师在本节课的设计上，充分体现了学生的实际获得。本节课中的学：学习原地拍运球的方法，学习相关技术运用的方法。练：是以游戏练习的形式呈现的。通过模仿练习、集体练习等形式，强化学生们的练习次数，而且运球形式并不单一，学生一直乐在其中。也有技术之间的融合，例如，原地拍运球—散点的原地运球—行进间运球。赛：游戏贯穿全课，融于各个环节的练习中，赛的是原地拍运球到行进间运球的方法是否熟练、能否运用所学技术到之后的学习中。

教学全程以"点"为核心，围绕"点"设计的小游戏"欢乐打地鼠"以及"抢占安全区"，使学生不但增加了兴趣，而且做到了玩中学，学中玩，更好地学习本课内容。最后教师组织学生一起运球。

在本次课中，教师利用"点"来设计游戏的形式，使学生对原地拍运球的兴趣增加。从原地运球到移动中运球，多次数的运球，更好地提高了学生的控球能力，让学生在课堂中学有所得。

体育教学中技术、技能、体能分析

——以脚内侧传球为例

王文强

一、教材分析

传球技术是足球比赛中运用最多的技术之一，也最为基本的技术之一，也是足球战术配合的基础。而脚内侧传球则是一项非常重要的传球技术，它也是在比赛中运用最多的传球技术之一。

足球是学生喜欢的一项体育运动，有很强的集体性和趣味性。足球活动能发展学生的多项身体素质，还能充分激发学生参与活动的积极性和主动性，培养学生竞争意识和团结合作的精神。本课中就是让学生在教师的指导下初步学会足球的简单传球技术。在教学中主要强调学生的自主练习，培养学生对足球运动的兴趣和爱好。

二、课的过程与设计思路

（一）准备部分

准备活动 1：音乐下，绕场地慢跑热身，在慢跑过程中找到自己的上课场地（U 字形排放的小垫，小垫间距 1.5 米），并站在对应的小垫子后面，每一个小垫后面站两人。

准备活动 2：两人围绕小垫子进行慢跑，每当音乐停下，模仿老师做的拉伸动作。（头、颈、躯干、四肢、膝、踝等）

准备活动 3：臀部肌肉激活，两脚开立与肩同宽，音乐起，开始双脚快频率踮脚，音乐停，学生做出快速踢垫子动作。

设计意图：准备活动 1 和 2，主要是学生在慢跑中，熟悉场地安排，并能够找到自己的场地器材，同时达到初步活动热身的目的。准备活动 3，对臀部肌肉激活，同时渗透本节课基本部分的知识，使学生对基本部分有一个初步的心理和技能准备。

（二）基本部分

1. 技术——单一技术的学习与掌握

（1）原地踢垫练习。两名同学一组，在垫子侧后方 15 厘米处放彩色小垫子，在垫子的左下角粘贴足球的图画，其中一名同学扶垫，一名同学左脚踩垫，脚尖指向踢的方向，右脚脚踝绷紧，脚掌与地面平行，脚弓踢垫，两人相互交换（图 2.118a）。

设计意图：学生初步掌握脚内侧传球的支撑脚与球的位置，和击球脚的技术动作，无球状态下，关注脚的技术动作。

（2）原地踢球练习。两名同学一组，在原地踢垫子练习的基础上，在踢垫位置，摆放足球，在控制动作的基础上，原地踢球练习。并提问学生，有球和无球练习体验的异同（图 2.118b）。

设计意图：在有球的情况下，体会脚触球的感觉，右脚绷紧，强化学生击球脚触球后的紧绷。让学生体验技术动作要点。

a   b

图 2.118　单一技术的学习

2. 技能——组合技术的学习与掌握

（1）行进间的踢球练习。助跑方向与出球方向成 45° 角，也可适当调整角度，斜向助跑，在最后一步中，支撑脚在球的侧后方 15 厘米处，击球脚保持原地击球的时的状态，击球腿大腿带动小腿，小腿加速摆动击球，踢直线球，要求小腿的摆动路线为直线，击球后摆动向前随摆。如图3。

设计意图：本环节彩色小垫，用于控制支撑脚与球之间的位置关系，辅助同学扶的小垫用于确定足球的出球方向，以及击球脚的随摆方向。

（2）两人传球练习。两人一组，面对面间距3米，中间摆放立起来的小垫子，两人相互传球，通过用小垫子支撑起来的小洞。两人相互观察对方动作，予以相互点评、指导。要求：传球动作正确，球稳定穿越小垫子（图2.119）。

设计意图：本环节在巩固技术的同时，进行技能的巩固与运用。中间的支撑垫子作用：①提高学生练习的趣味性，让学生更加积极地参与到两人传球的过程中去；②给学生制定传球的方向，促使学生更加准确地控制脚击球的技术动作；③指引学生在踢完球后的随摆方向，促使学生随摆方向正确。

a　　　　　　　　　　b

图 2.119　课前准备活动

（3）游戏：传球得分赛。两人一组，相互传球并移动，通过两个人的语言、肢体动作和球的移动方向，确定穿越足球场上任意一块支撑起来的垫子，在单位时间里穿过不同垫子的次数积分，一个支撑垫子一分，得分高者获胜。

设计意图：本环节在于对技能的运用，巩固动作技术。在两人的移动、语言动作中提高学生之间的合作和配合的默契程度。

（三）素质练习——体能

游戏1：穿山过洞

6人一组，四名同学并排俯卧撑姿势，两名同学在两侧进行传球练习，球要从4人俯卧撑的下面通过，单位时间内传球次数多的小组获胜（图2.120a）。

游戏 2：支撑传球

2 人一组，两人间距 3 米，成面对面或者左右并排的形式，做俯卧撑的姿势，两人用手进行传球，单位时间内传球次数多的获胜（图 2.120b、2.120c）。

a   b   v

图 2.120

设计意图：本环节在于巩固技术的同时，增强学生的上肢和腰腹的力量。增加足球的游戏方法，提高学生对足球的兴趣。

（四）结束部分

课堂小结：请同学完整示范脚内侧传球技术动作，请同学给予点评、评价。请同学对该技术动作进行分析，了解技术动作的重难点。

放松活动：在音乐下，进行拉伸放松，个人拉伸与两人合作拉伸相结合。

设计意图：本环节在于学生对脚内侧传球的知识理解，能够理论联系实际，促进学生对技术的真正掌握。在相互点评与合作放松中，提高学生的团队合作意识。

三、课后反思

体能是反映学生身体素质的重要指标之一。良好的体能，能有效地促进运动技能的形成和发展，促使学生在比赛和生活中娴熟运用；技术是技能的基础，技能的运用又能有效地促进身体体能的提高，三者相辅相成。在体育教学中，教师要将体能和技能结合起来，使学生学会并运用，达到技能自动化，使体能得到同步发展和提升。

　　体育运动中的技术，是单个存在的动作，是技能的基础。在脚内侧传球中，支撑脚的位置、击球脚的动作、摆动腿的摆动方向等，在本节课中的技术部分，利用彩色垫子、体操垫等进行一一练习。技能是对技术动作的组合。在技能部分，将技术的各个环节组合在一起，成为脚内侧传球的完整动作。利用两人传球游戏和传球得分的游戏，促使学生熟悉技能，并提高学生的学习兴趣。体能是一切运动的基础，在学习、练习、比赛中都能进行体能练习，在本节课游戏穿山过洞和支撑传球中，提高了学生上下肢和腰腹肌力量，同时又对技能再次巩固。

技术、技能、体能框架下如何构建学、练、赛

——以"障碍跑"一课为例

张光月

一、案例背景

　　"障碍跑"能发展学生速度、耐力、力量、灵敏等身体素质，参与障碍跑的练习，对于培养学生敢于竞争、不怕困难、坚持到底的意志品质有着积极作用。障碍跑与快速跑有相似之处又有明显区别，障碍跑是在快速跑的基础上增加了"钻、爬、跳、绕"的动作，并运用这些动作通过设置好的各种"障碍"，因此大部分障碍跑课需要提前准备大量的障碍物器材，增加了课前准备工作量。本案例教学中利用身体"搭建"障碍，减少器材的使用数量，降低课前准备工作量，同时注重学生体能的发展，结合教材内容特点设计搭建障碍，学生持续完成肢体动作，发展学生体能。本案例的授课对象为三年级学生，对于他们来说本节课通过障碍的方法是复习内容，如何搭建人体障碍则是新授内容。

二、案例呈现及设计意图

(一)准备部分

准备活动：学生首先跟随音乐完成图形跑，接着带领学生做运动模仿操，包含上、下肢拉伸，身体侧展，单双脚跳跃及放松性活动。

a   b

图 2.121　课前准备活动

设计意图：图形跑使学生熟悉练习场地，起到基础热身效果。模仿操是进一步热身的过程，并对本节课数学的通过障碍的方法提前进行渗透。

(二)基本部分

本节障碍跑课运用三种通过障碍的方法完成越过障碍的游戏挑战，三种技术在本节课均为复习内容。

1. 爬过山洞

教师引导学生利用身体"搭建"成拱形，满足同伴爬的练习，"搭建"拱形是本环节中学习内容。学生 4 人一组，第 1 名同学依次爬过同伴"搭建"的拱形山洞并跑回原位成拱形，第 2 名同学出发，返回后要爬过第 1 名同学的拱形回到原位，依次进行。

教学中，教师讲授用身体搭建拱形的方法，提示爬过拱形时四肢协调的爬，学生体会动作是学的过程；学生分组按要求体验是练的过程；最后组织爬过拱形"山洞"游戏是赛的过程。

a   b

图 2.122 "爬过山洞"游戏

设计意图：爬的练习发展学生力量、灵敏协调性，提高爬的能力；"搭建"拱形的同学持续做支撑动作，发展上、下肢及腰腹肌力量。

2. 绕过丛林

教师引导学生做侧平举动作，练习同学在同伴侧平举的手臂下跑绕过障碍，完成练习。在学生熟悉跑绕方法后，开始组织小组比赛，绕过障碍同学依次在侧平举同学的手臂下绕过，完成比赛。

过程中，教师组织学生侧平举成"丛林"，并提示学生降低重心的跑是学的过程；学生练习，体验在侧平举手臂下跑绕的环节是练的过程；最后绕过"丛林"的游戏是比赛过程。

a   b

图 2.123 "绕过丛林"游戏

设计意图：降低重心的跑绕可以发展学生奔跑能力，提高身体灵敏协调性；站立同学做侧平举动作，发展上肢力量同时可塑造优美身体形态。

3. 跳过路障

难度 1：教师引导学生坐姿后撑直腿蹦脚面形成"路障"，练习同学依次跳过同伴双腿完成练习。

难度 2：教师引导学生坐姿后撑屈腿抬脚成高"路障"，练习同学依然完成跳过练习。

学生熟悉动作方法后开始完成跳过"路障"游戏，6 人一组，第 1 名同学依次跳过"路障"，跑回原位做好"路障"姿势，第 2 名同学出发，依此类推，所有人完成 5 次跳过路障的练习。

本环节中，学生完成直腿和屈腿后撑成"路障"是学习过程，小组体验跳过"路障"是练习过程，组织跳过"路障"游戏是比赛过程。

a   b

图 2.124 "跳过路障"游戏

设计意图：跳的练习可以提高下肢力量发展学生跳跃能力。后撑成"路障"同学保持举腿动作发展腰腹肌力量。

4. 突破障碍王

在前面三种人体障碍的游戏中，学生已学会用身体搭建障碍的方法，掌握了通过障碍的本领，最后安排突破障碍王游戏，6 人一组，要求每组内至少搭建两种不同形式的人体障碍，学生按要求依次完成通过障碍。

a   b

图 2.125 "突破障碍王"游戏

设计意图：不同障碍的搭建要求学生迅速做出相应通过障碍的动作，提高反应能力；搭建障碍同学做侧平举、后撑举腿与俯撑成拱形动作，发展力量、柔韧、灵敏协调性等身体素质。

（三）体能游戏

本环节安排学生 2 人一组做俯撑石头剪刀布游戏，胜利者换手撑继续游戏，失败者用同一只手撑继续游戏。

a　　　　　　　　　　　　　b

图 2.126　体能游戏

设计意图：遵循身体全面发展原则，体能游戏安排上肢支撑类游戏，发展上肢力量，提高身体协调性，增强游戏趣味性。

（四）结束部分

教师带领学生在舒缓音乐下完成拉伸活动，配合呼吸，身心放松

a　　　　　　　　　　　　　b

图 2.127　放松与拉伸

三、技术、技能、体能框架下学、练、赛的体现

运动技术是完成动作的方法，掌握技术即掌握完成运动的方法，强调

171

正确技术动作的学习；运动技能指人体运动中掌握和有效地完成专门动作的一种能力，是在技术的学习、反复练习中逐渐形成的能力，体现在运动比赛或展示中对技术的运用程度，技能的形成需要经过泛化、分化、自动化过程，强调动作的熟练自动化；体能是人体的基本运动能力，指正确运用肌肉工作的能力，或动作持续的时间，受力量、耐力、心肺功能、平衡、柔韧等素质影响，教学环节中几乎所有环节都安排了体能练习，体能是完成学、练、赛的身体保障，而学、练、赛的开展有促进体能的提升。

案例中教师引导学生分别利用爬、绕、跳的动作通过障碍，每次练习前都讲解了如何用身体搭建障碍并提示通过障碍的方法是技术的学习过程；学生小组体验搭建障碍尝试通过障碍的练习是技术练习过程；游戏环节既是练习也是比赛过程。技术的学习包括了正确动作的讲解示范以及让学生掌握过障碍的方法和练习搭建身体障碍的环节；技能是通过正确动作的反复练习逐渐形成的。

以上环节中，体能首先起到维持技术学习的作用，即让学生搭建成拱形、做好长时间侧平举以及后撑屈膝举腿动作。第二，体能是支撑身体完成反复练习的基本，练习中学生多次体验通过障碍的动作都需要体能的支持，在技术学习，形成技能过程中，体能同样在不断"支持"身体完成练习，而在反复练习中体能又得到了相应提升，可以说，技术的学习是技能形成的基础，技能是在反复正确技术练习下逐渐形成的，而在这个过程中学生的体能也在随之提升，因此技术、技能、体能三者之间存在着内在递进关系。

"筋"彩飞扬之立定跳远

索超超

一、案例背景

跳跃是人体的基本活动能力。立定跳远是一年级跳跃动作的重点教材之一，是在简单的单脚、双脚跳跃练习基础上发展学生腿部力量和弹跳力，对培养学生跳跃的正确姿势有重要作用。结合一年级的学生具有活泼好动、兴趣广泛、好胜心、表现欲强、模仿能力强等生理心理特点，采用"变教为学"的方式让学生在游戏中掌握技术技能，培养学生争先竞争意识。

二、器材设计

皮筋是本次立定跳远课的辅助器材，使用颜色鲜艳的皮筋，能吸引学生注意力。根据教学需要将皮筋编制成 2 米长的皮筋，如下图所示。

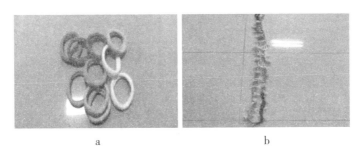

|a|b|

图 2.128　本课器材设计

三、教法策略

皮筋贯穿课的准备部分、基本部分、结束部分，用皮筋解决学生立定跳远学习中上下协调发力的动作难点，借助皮筋的弹力提高学生立定跳远上下肢摆臂的动作力度和高度，在立定跳远练习中被作为测量远度的标志卡和教学用具，让学生不断掌握立定跳远动作技能时逐步提高学生的立定跳远的远度，锻炼和增强了学生的上下肢协调能力。

四、教学过程

（一）准备部分

1. "兔子比舞"游戏

学生手中每人一根编制好的皮筋，教师放音乐带领学生做动感、有趣、针对性强的皮筋热身操，拉伸上肢、跳跃锻炼下肢力量。

图 2.129 "兔子比舞"游戏

教学意图：利用编制的彩色皮筋作为教学器材激起学生的好奇心和学习兴趣，利用拉伸、绕动皮筋等方法使学生充分热身，为立定跳远的学习做铺垫。

2. "照镜子"游戏

教师和学生一起做"照镜子"游戏。即皮筋两端握在手里、踩在脚下做上提前摆、屈膝后摆的动作以及上摆后摆原地跳起的动作，然后让前后两排学生合作做照镜子的游戏。

教学意图：皮筋作为立定跳远辅助练习中学生提踵上提、后摆下压动作的教学器材。在两人合作的上摆、后摆练习中提高上下肢协调能力，让学生原地初步体验立定跳远的动作，建立动作技能记忆。

（二）基本部分

1. "超级模仿秀"游戏

技术学习用图片。教师组织学生集体观看立定跳远动作图，观察并提问学生，鼓励学生根据图片提示模仿自学立定跳远动作。

a   b

图 2.130 "超级模仿秀"游戏

教学意图：利用挂图进行完整动作的讲解、动作过程的意象建立，发挥学生学习中的主体性和主动性。

2."勇攀高峰"游戏

技能提升三阶段。皮筋作为立定跳远动作练习远度的标尺，组织学生分组进行50厘米、100厘米、200厘米立定跳远动作练习，在不同远度练习中掌握摆臂动作、前脚掌轻巧着地的动作方法。

闯关游戏一（50厘米远度的立定跳远动作练习）：将200厘米的皮筋两次对折后竖放在脚前，教师组织学生两脚站立时皮筋在两脚之间，以提示学生两脚开立宽于肩的动作要领，这个远度练习利用皮筋规范学生的起跳姿势、摆臂动作、两脚掌着地情况等动作的学习和掌握。在此环节中教师组织学生集体练习为主要方式。

a　　　　　　　　　　　　　b

图 2.131　闯关游戏一

闯关游戏二（100厘米远度的立定跳远动作练习）：将200厘米的皮筋对折一次后变成"L"形。教师组织学生以横着的线为起点线进行立定跳远的练习，通过设定适当远度为目标，增强学生的下肢爆发力和跳跃能力，在此环节中学生单独练习为主要方式。

 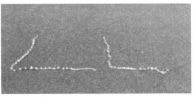

a　　　　　　　　　　　　　b

图 2.132　闯关游戏二

闯关游戏三（180厘米远度的立定跳远动作练习）：将200厘米长的皮筋变为长180厘米、宽20厘米字母"L"形。首先教师组织学生进行单人练习，学生用一个小卷纸卡片作为标记，然后教师组织学生两人一组的比赛练习，学生间相互标记跳跃的远度，通过生生比赛，调动学生的进取心、竞争意识。

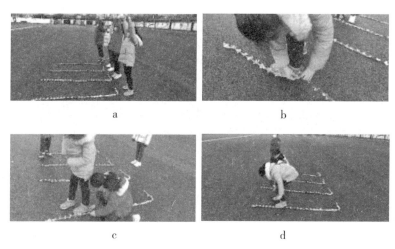

图 2.133　闯关游戏三

教学意图：利用皮筋教会学生立定跳远起跳点位置、立定跳远测量方法。通过三个不同远度的立定跳远练习，丰富了立定跳远动作练习形式，调动学生积极性。在不同距离练习中，针对学生摆臂上下肢不协调、落地未屈膝缓冲、两脚未能同时发力的大腿的情况进行纠正。

3. "齐心协力" 游戏

体能锻炼增障碍。在课课练环节将皮筋"变"成障碍物，利用变成的障碍跑道进行 4 人一组的接力跑比赛，发展学生的速度素质，与课堂主教材立定跳远的下肢、热身的上肢配合，达到全面锻炼的目的。

图 2.134　"齐心协力" 游戏

（三）结束放松

在进行高强度立定跳远练习后，学生感到疲惫，在音乐中拉伸腿部、背部、肩部等，让学生充分放松身心。

（四）分析与反思

本课引导学生学习立定跳远的双脚蹬地起跳、双脚轻巧落地的动作，要求学生上下肢蹬摆协调，使用单人原地蹬摆练习、单人原地跳起蹬摆练习、两人跳起蹬摆练习、单人跳跃练习、两人跳跃练习等多种形式进行练习，巧用皮筋帮助学生学技能、练动作、提远度、赛能力。教学中，教师使用皮筋器材进行立定跳远动作学习与练习，吸引学生的注意力、提高学生的兴趣，学生学习的主动性强，发挥学生的主体性作用，变教为学，以乐促学。

1.以赛促练，赛练融合

设立比赛的目的是为了激励、展示、进步。在自我比赛中，学生不断挑战自己的跳跃远度；在生生比赛中，学生之间互相竞争、学习、评价、交流。不同形式的比赛提高了学生练习的积极性。以赛促练是本次立定跳远课程的主要教学方式，教师抓住了学生的心理特点，在不同远度上赛练融合。

"学、练、赛"是体育课程教学实施模式的三个关键点。学中有练、练中有学、赛，赛中有学、练，以学为本，它们之间并没有固定的顺序。体育教师根据教学需要合理安排学、赛、练，可有效提高体育课堂的时效性、实效性、趣味性。

2.以练促学，掌握技能

本课设计了单人——合作练习、近距离——远距离挑战练习，首先利用皮筋让学生在上下肢蹬摆协调的基础上，借助皮筋图形的改变，练习双脚蹬地起跳。以立定跳远的动作练习为主线，通过反复多种形式的练习，巩固立定跳远技术动作，提高跳跃远度和下肢的跳跃能力。

第三章 辅助性体育器材与教育案例

曲折的变向跑

王文强 魏 敬

一、案例背景

跑的课程贯穿于水平一到水平三的教学中，是小学阶段非常重要的教学内容。变向跑一个看似简单且人人都会的运动技能，其实并不简单，要想提高变向速度、移动速度，对重心、脚、膝等有更多的细节要求。在日常教学中变向跑多采用标志桶作为变向标志，但是存在一定的问题，如变形单一、出现失误摔倒时容易出现危险、踢倒标志桶影响教学进度。根据标志桶存在的问题，设计了不影响课程进度并且危险系数低的小彩垫，在不同颜色的彩垫上粘贴数字贴，增加更多的变形形式，运用鲜艳的颜色和多变的场地器材，来吸引学生的注意力。

二、案例描述

案例描述 1：

记得在一次变向跑教学中，笔者用大锥形桶作为辅助器材进行变向跑的游戏。在变向跑的游戏中采用追逐的形式进行，主要为增加学生兴趣。在哨声响起后，六组学生同时开始，在比赛开始后，有的学生为了不被抓到完全不采用变向跑的技术和游戏路线；有的学生贪图跑得快撞到标志桶；有的学生被标志桶绊倒，场面异常混乱。比赛结束后，我看到学生的热情，都在积极寻找方法加快自己的跑动速度。我就问学生："你们想在游戏中跑得更快吗？"学生回答："想。"我又问学生："想想在比赛中都遇到了什么困难？"学生们说了自己遇到的困难。通过课后反思，我发现学生对变向跑的兴趣是非常高的，但是在游戏中大标志桶的运用存在一定的隐患。

教学策略：将大标志桶更换成小标志盘，小标志盘有效减少碰撞出现的事故情况，反复强调游戏路线，增加跑动规则。

案例描述 2：

在有第一次用大标志桶的经验后，改用小的标志盘。在游戏开始后，学生们积极地按照游戏路线跑动。突然，我听到"噗"一声，只见小的标志盘飞到了一边，又听到几声"啪啪"声，几个小的标志盘被踩扁，然后传来一阵阵的笑声。我问学生："你们笑什么？"他们说"老师，他把标志踢飞了""他把标志踩扁了""他把标志弄歪了，我没法跑了"……各种各样的回答，课上一片混乱。我发现孩子们还是很喜欢课上的小插曲的，认识到反复强调跑动路线与规则，起到了一定约束学生跑动的作用，同时也限制了学生的自由发挥。大标志桶更换成小标志盘，是起到了防止学生出现撞到、绊倒的情况，但是学生跑动起来对小标志盘的损坏和路线的破坏太严重，影响课堂进展。

教学策略：由于小标志盘易损坏、易移动等原因，更换成多彩的彩色小垫。这样避免了前两节课出现的问题，还可以更好地拓展学生的思维，尽情地展现自己，创新自己的跑动路线。

案例描述 3：

有了之前两次课的经验教训后，采用了彩色小垫。这节课一上课，孩子们看到器材后眼前一亮，就问："老师这是干什么用的，这么多颜色？"我回答道："一会你们就知道了。"学生们的兴趣顿时高涨起来，并产生跃跃欲试的表情和行动。本节课基本部分主要分成了三个环节。

第一环节：学习阶段采用限定路线。学生从起点跑动到第右侧第一彩垫，主要体会学习跑动中制动技术。要求：停得快、停得稳。技术要领：制动脚内侧触地、膝内扣、中心降低。启动技术的体会学习，从起点跑到第一彩垫后迅速启动到第二彩垫。要求：快速移动至第二彩垫。技术要领：重心快速移向跑动方向，制动脚内侧蹬地发力。熟练掌握，按照规定的"之"路线从起点跑动到终点。要求：快速通过制定路线，在制动时脚内侧触地、膝内扣、重心降低、启动时脚内侧发力、重心快速移动到跑动方向。

第二环节：尝试运用阶段。运用阶段仅规定跑动垫子的个数，跑动路线小组讨论决定。教师规定跑动 4（或者 5、6、7、8）块彩垫到达对面进行接力，用时少者获胜。要求：小组讨论统一路线、连续三块小垫不得在同一条直线，采用变向跑技术进行游戏。

第三环节：巩固与运用阶段。变向跑过程中不限制路线，不规定跑点个数。每位学生站在红、黄、蓝、绿四种颜色的小垫上，让同学们抬起右手任意指向另一名同学，不能两名同学相互指，教师任意选择一种颜色的同学并告诉其跑动方向，然后同学们开始按照指示跑动。

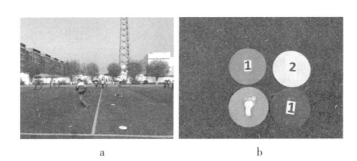

a   b

图 3.1 使用彩色小垫辅助教学

三、案例反思

本案例中，为达到教学效果，提高学生身体素质，一次次地更换辅助器材，最终采用了多功能彩色小垫。教师把学习的主动权完全交给学生，为每个学生提供体验、发现、交流的机会，促进个人全方面发展。

本节课辅助器材多功能彩垫适用于跑、跳、三大球等多种教学内容。本案例的重点在于介绍辅助器材多功能彩垫在变向跑中的应用。

多功能彩垫便携且变化多样适用于多种教材和教学环境。无论是在本校还是异地做课，多功能彩垫容易携带且布置场地简单易操作。多功能彩垫在教学实际中相比标志桶，易携带、变形多、不同颜色更容易吸引学生注意力，在跑动过程中不妨碍学生的跑动而且安全系数更高。多功能彩垫及可以节省课下课上场地变化的时间，而且教学效果优于一般的标志物。

小学阶段的学生对于陌生的器材产生很强的好奇心，对于颜色鲜艳的器材更容易集中注意力，产生跃跃欲试的动机，促进教学的有效性和学生生学习的效率，更容易让学生产生深刻的印象。跑类的教学内容相对是比较枯燥的，容易被反感的内容。但是在新的辅助器材和众多的游戏变形中，让学生忘记疲劳，全身心地投入游戏、比赛中，在游戏比赛中学习、巩固、强化、应用变向跑技术。此类辅助性的器材更容易让学生接受，吸引学生注意力，提高学生学习兴趣，提高学生的积极性、主动性，在快乐中，学习新知识、新技能。

一把尺子、一段距离，量出成绩亮出能力
—— 一节立定跳远课的感受

魏 敬

一、案例背景

立定跳远是小学体育常规内容，主要是发展学生的下肢爆发力，增强学生的弹跳能力。以往教学中，教师会设置各种情境，例如小青蛙、小兔子、大袋鼠，渲染课堂、示范动作，用比赛的方式激发学生的学习动力。本节课中，教师结合立定跳远教材和学情特点，设计了一个可以变形的尺子，即"变形尺"。以"变形"为契机，融入全课；以"变形"为引导，突出能力；以"变形"为亮点，层层深入，让学生在动态的教学中感受学习的乐趣。

二、案例描述

案例描述 1：一把尺子，一段距离

上课的铃声响起，教师与学生围绕场地上的器材，在欢快的音乐伴奏下有节奏地跑着。教师不失时机地问道："你们发现了什么？"学生们异

口同声地说:"有彩色的尺子!"教师继续追问:"有哪几种颜色?"学生们准确地说出尺子的颜色。一段图形跑拉开了全课的序幕,学生们来到自己的尺子面前,用彩色的尺子做起了热身活动。彩色的尺子在全体师生手中挥舞着,仿佛一条条彩色的飘带在飞舞着。

随着音乐节奏逐渐缓慢,师生结束热身活动。"变形尺今天要和大家一起来做游戏。孩子们,你们准备好了吗?"教师的话顿时激起孩子们的欢呼,于是教师组织孩子们开始做游戏的环节。首先,大家围绕自己的尺子沿顺时针方向慢跑,当听到"红色"时大家快速找到尺子上的这段颜色,并用双脚同时落地的方式快速到位。游戏开始了,孩子们紧张有序地慢跑着。突然,教师说:"绿色!"场地上一片喧闹,不一会儿大家就安静下来,并认真等待下一个口令……

教师漫步来到场地中间,对大家说:"刚才大家是找颜色,这次不光要快速找到颜色,同时还要做出两臂上举提脚跟或两臂下摆双腿弯曲的动作,你们能做到吗?"同学们大声喊道:"能!"游戏又开始了,有些同学能快速找到位置并迅速做出规定的动作,有些同学则显得手忙脚乱,场地上一片繁忙景象。

案例分析:

本案例中教师自制了一个可以变形的尺子,以此拉开全课的序幕,从热身操到专项准备活动,变形尺一直陪伴学生做各种活动。变形尺为四段式四种颜色,其中蓝色为起跳线。教师在准备环节以游戏的形式展开热身活动,融入快速反应的练习让学生充分体会两臂上举提脚跟及双臂后摆腿弯曲的动作要点,为主教材进一步学习立定动作做了铺垫。另外教师也结合尺子的特点让学生做出不同方式的双脚跳跃练习体会蹬、摆的动作技术。一把尺子,一段距离,教师有效地利用尺子的优势最大限度地发挥它的作用与价值。教师始终以游戏的形式推动教学的进程让学生有一种意犹未尽的感觉,享受课堂的乐趣。

案例描述 2:量出成绩,亮出能力

变形尺进一步施展它的魔法。教师示范了往返立跳动作,学生立刻开始行动起来!有的说:"太容易了!"有的说:"轻松一跃就能跳过去!"

教师及时质疑，"你们跳过了几种颜色？""两种！"学生们快速地答道。教师故意皱起眉头说："看来这段距离对大家已经构不成挑战了，如果变形尺再变化一段距离呢？"学生们迫不及待地把第三节向前打开，急忙进行试跳。老师来回巡视着发现大部分学生能跳到第三节尺子的末端，一小部分跳到第三节尺子的中间部分。"同学们，你们想知道自己成绩吗？你们跳了好多次了，只知道跳过几种颜色是不行的。"教师及时问孩子们。"老师，怎样测量自己的成绩呢？"一位小同学迫切地问道。"同学们，你们看，变形尺继续施展魔法了，请大家把尺子翻转180°！""哇！有刻度！"场地上一片沸腾，孩子们看到了刻度线，不约而同地试跳起来。队伍中立刻有人喊道："145、160、175……"

老师继续问同学们："老师给大家准备了一个标志贴，这个标志贴就是帮助大家记录成绩的，每次完成跳跃后贴在尺子的刻度上横向要对准自己的脚跟部位。"孩子们还没有听完教师的讲解就行动起来了，有的孩子贴好后还用小手使劲拍拍标志贴，生怕标志贴松动影响了自己的成绩。一次次跳跃，一次次超越，孩子们脸上流出辛勤的汗水，但这依然没有阻止他们相互比拼的热情，大家依然停留在相互比远的游戏世界里。

案例分析：

变形尺从两节到三节，从颜色评价到刻度评价，带给孩子们一次次新的挑战一次次焕发着孩子们的学习热情。课堂教学以变形尺的变化为契机设计多个练习，结合距离的变化同时教学还融入了评价的环节，利用标志贴进行准确的评价，使学生对自己立定跳远能力有了一个准确的认识。回顾课堂，评价的环节有学生自评和同伴的互评两种形式，教师给予学生更多的学习交流空间，通过相互评价，大家对自己对同伴的运动能力有了新的认识。教学是动态的，课堂中以评价为重点让学生相互进行比赛，在比赛中接受各种挑战培养了学生积极拼搏的精神。

三、教学反思

立定跳远这个项目，很多教师在低年级段都教授过，也是学生们非常喜爱的一项内容。本次教学突破传统的教学方式，注重学生运动能力的培养。全课以发展学生运动能力为核心，构建多个练习形式发展学生跳跃能力；以变形尺的变化为契机推动教学进程的开展，激发学生练习的兴趣。回顾课堂依然还存在一些问题值得思考。

（一）关注技能

立定跳远对于二三年级学生来讲是复习的内容。学生已知晓相关动作技术要领，但教学中如一味地追求跳远而忽视跳法，将是徒劳的，还应关注学生的基础动作是否到位，双脚同时蹬地、双脚后脚跟落地到前脚掌，等等。

（二）关注体能

一节课下来，孩子们累得满头大汗。从围绕尺子做游戏到完成各种变化的跳跃练习，学生们付出了很多努力，这个过程中学生是否具备充足的体能呢？课堂上看到随着尺子距离一点点加大，随着标志贴挑战赛的来临，有的孩子们显现出体能不足。所以教学中不能光顾尺子的变化，还要注意学生的体能变化。

传递领悟方法　奔跑探索奥妙

胡梦琪

一、案例背景

迎面接力跑技术是小学体育课堂教学的常见内容，前期学生们已经有了快速跑的基础，对于站立式起跑、途中跑基本技术掌握较好，而迎面接力跑技术对学生直线快跑和灵敏协调能力要求更高，且加入了传接棒技术和团队合作与配合，面对此技术学生们十分期待。在日常教学中，笔者发现学生在错肩跑、传握棒位置、传接棒时机等方面掌握得不够好，且在传接过程当中无法将注意力完全集中在接力棒上，这就导致学生出现掉棒、撞人现象，更无法保证在正确技术动作之下又快又好地完成接力。面对这一难题，教师通过反复实践，由浅入深，从简单到复杂培养学生建立正确技术动作的概念，帮助学生在正确技术动作之下找到传递的快感和奔跑的喜悦，在传递中领悟精髓，在奔跑中探索奥妙。

二、案例描述

"加油！加油！"一阵阵呐喊声在田径场上回荡，原来是四1班在上迎面接力课，学生们将要进行迎面徒手接力比赛，全班学生都激动不已、摩拳擦掌、跃跃欲试，我要求学生们在交接的时候右手拍击对面同学的右手，并错肩从对方的右边走出。一声清脆的哨音后接力比赛开始了，我发现有的学生忘记了拍手横冲而过，有的学生在匆忙中左右手不分，还有的学生完成了正确拍手的动作，却没有错肩走出，直接和其他同学撞到了一块儿……场面一片狼藉。比赛结束后，我对大家说："通过刚才的比赛，老师看到你们有强烈的竞争意识，都想为小组赢得胜利。你们积极向上、勇争第一的态度很棒！但是你们在比赛的过程当中把注意力全集中在争分夺秒的拍手上，一味追求速度却没有迅速判断对方的左右手，在错肩时方向自然也会混淆。这如何是好呢？"孩子们思考起来。我接着说："为了帮助大家解决这个问题，老师想让你们试一试新的方法，你们愿意吗？"学生们抬起头，炯炯有神地望向我，好奇又坚定地大声道："愿意！"

我把五角星（用金黄色胶带剪出一个个正好如学生手掌大小），分发给班上每一位学生，并让他们贴在自己的右手掌心处，再次接力时，孩子们的焦点明显集中在了"五角星"上，并且等待击掌的学生会早早地举起右手，更可观的是我会听到他们络绎不绝地大声喊道："右手，快拍右手，找星星！""右边，往我右边走。"通过金黄色"五角星"的强化，学生们迅速将"右手拍右手，从他右边走"的口诀刻化到大脑中，形成了条件反射，不再因为情绪突然高涨而忘记拍手，不再因左右不分、更不会因慌乱而跑错方向，学生们有效地解决了前面无法错肩的问题。

当学生们能够熟练地完成拍手和错肩之后，教师带领学生体验了持棒接力，这个环节学生们盼望已久。为了避免学生只顾快速跑而忽略传接棒动作；在跑动过程中手握接力棒上端不会及时调整握端；一味追求传接棒动作的标准，从传到接的一段距离当中一直伸臂立棒无法正常跑动等现象，我借用彩色小垫子给学生们划定动作区域。我对学生说："老师给大家都准备了多种颜色的小垫子，现在迅速到场地中央认领红色的小垫子。"学生们都十分欣喜，很快就站到了红色小垫子上，大家都十分好奇，我能从他们的神态和丰富的表情当中感受到那股迫切想了解接下来活动是什么的激动心情和完全愿意沉浸在游戏当中的喜悦。有几名细心的学生发现了不同，问道："老师，为何第一排红色小垫子右边都放着绿色的小垫子？"我反问学生："如果接棒人站在红色小垫上，迎面而来的传棒人错肩走红色小垫还是绿色小垫呢？"学生恍然大悟回答道："绿色！"紧接着学生又追问："老师，跑道上怎么唯独只有两个特殊的黄色小垫子一头一尾放置呢？"我会心地一笑说道："当传棒人在接力过程中正常跑动摆臂到黄色小垫子处迅速伸臂、立棒。在两个黄色小垫中间这一段空白距离是调整接力棒握端的区间，在这个区间你们应在跑动过程中将接力棒轻轻敲击身体换至下端。"伴随我说完，学生仿佛胸有成竹，通过几轮激烈有趣的接力练习，借助彩色小垫的标识，学生们熟练地掌握了迎面（徒手、持棒）接力技术。

最后，教师带着学生体会了俯卧接龙的游戏。这是一个不仅能够有效锻炼学生上肢能力同时还能培养团队凝聚力的游戏，让学生们按照蓝色小垫的摆放位置围成四个小圆圈，每个小圆圈分发一根接力棒，所有人以俯卧姿势准备，待小圆圈中每一名学生都传递完接力棒游戏结束。对于这个环节，会听到上肢力量不够的学生说道："不行，我坚持不住了！"这时候小圆圈内会有学生的另一种声音："加油，再坚持住，我们是最棒的。"学生们之间的相互鼓励无疑是一种最朴实又强大的力量，我发现很多中途想要放弃接龙的学生都咬着牙坚持下来，对于能力实在不够的学生，教师也会根据其自身情况让他起来做 5 个蹲起再接龙。

三、案例反思

（一）穿针引线，寓教于赛，竞争学习

在前期的教学中，笔者发现四年级学生在这个阶段竞争意识尤为突出，对于事理有了自己的评判，热衷于表现，集体感强烈，而迎面接力是一项

典型的集体项目，将技术的学习与有趣激烈的比赛相融合，比赛形式多样化——徒手接力赛、持棒接力赛、组内接力赛、组间接力赛、俯卧接力赛等，提高学生的课堂积极性，提升学习的兴趣，点燃学习的活力，使每一个比赛的设定与教学内容紧密衔接。

（二）由浅入深，层层递进，夯实基础

传接棒技术、传接棒时机和错肩走是迎面接力技术的关键，无论是徒手还是持接力棒都需要准确及时地错肩。通过前期徒手练习接力培养学生错肩感和左右方向感为后面手持接力棒奠定了基础，帮助学生解决在传接过程当中握端调整的问题，让身体产生条件反射，大大缩短了传接的时间，使接力效果达到最大化。

（三）颜色聚焦，强化重点，解决难点

用色彩去刺激学生的感官，让学生们在第一时间迅速做反出应，有效解决了在传接棒过程中传接时机把握的问题，对于迎面接力来说，凭空想象的技术比固有模式技术来得慢，把抽象的讲解与定义用色彩区间的划分来演绎，使迎面接力重点得以强化，难点得以简化，进而达到攻克难点的效果。

停中的困惑，起中的思考

陈 戚

一、案例背景

在前期的直线运球学习中，学生基本掌握了触球部位、球的落点和运球节奏，具备了一定手脚协同配合的能力。篮球急停急起运球技术，是小学篮球运球教学中难度较大的内容。在此基础上，急停急起运球要重点学习"起"与"停"的触球部位，难点是停得稳。学生在练习急停急起运球时，人和球不能同时停稳是一个普遍现象。而且突然急停与起动的意识也不够。通过反复实践，我创设了一个交通指挥的教学情境，自制了几种交通标志（"红绿灯"、直行、限高1米标志），再加上地面彩垫（充当地面"红绿灯"）。以交通标志的形式引导、帮助学生理解、学习、以游戏的形式帮助学生学习急停急起运球技术。

二、案例描述

（一）一声清脆的哨音，使我们走进了一堂篮球课

记得那次是四年级的"篮球——急停急起运球"课，我带领学生做"听我指挥"的游戏，让学生根据教师的手势和哨声来练习运球急停急起。学生们保持原地运球的状态看着老师。突然一声哨响、教师同时做出前进的手势，学生们快速地向前运球。此时，教师又"嘟嘟"紧跟着两声哨并做出停止前行的手势，再看看学生们：只见有的人停下来、球跑了的；有追着球跑的；有单腿向前跳了一段才停住的；还有的在喊"我的球，我的球！"；更有甚者用双手抱住球……少部分"幸免"的同学也仅仅是因为放慢了行进的速度，可谓出尽了"洋相"。于是我走到学生中间说："老师通过刚才的考察，发现你们都想做遵守交通规则的好孩子，但是你们带来的'小伙伴'却不太听话。老师要教你们如何与'小伙伴'有效沟通，建立感情，让它听你们的话，怎么样？"孩子们的脸上流露出迫不及待的表情。

（二）"石头、剪刀、布"游戏促进急停急起运球技能的形成

开场从学生熟悉的"石头、剪刀、布"游戏入手。第一种练习方法（图3.2a）相对简单：两人相向直线运球，相遇后急停且原地运球，用无球手击掌，同时说"加油"，然后快速起动运球到达对方的位置。游戏过程中，很多同学刚见面还没来得及拍手球就跑了。我马上告诉学生"两腿弯、重心降，反弹低，保护它"。我做出了降低重心、侧身原地运球的动作。学生们好像得到了启示，尽可能地降低了运球重心，压住了球的反弹高度，丢球的现象果然逐渐减少了。但运球起动的瞬间身体重心又马上起来了，这样的动作显然不利于启动加速运球。于是，我安排了第二个层次（图3.2b）的练习，"在上一个游戏的基础上，两人边原地运球，边用无球手玩石头剪刀布。赢的人要一手抱球，另一条手臂侧举、限制高度。"说完，我与学生进行了示范（输的人要连续运球通过我的手臂下方），这

次练习中，学生们有意识地加长了降低重心运球的时间。

a　　　　　　　　　　　　b

图 3.2　"石头、剪刀、布"游戏

（三）自制交通标志给予了学生无限挑战

为了让学生运球时不依赖眼睛，我拿出了课前准备好的自制"红绿灯"，以提问的方式告诉学生看见"绿灯"要直线运球，出现"红灯"要急停、原地运球；遇到"黄灯"要换手运球一次。游戏开始了！我不断变换着手中的红灯、黄灯、绿灯，让全班学生朝着我运球，并提示他们要相互谦让。学生们此时都专注地朝着我运球，却忽略了身边的小伙伴，有踢球的、有球砸人的、有人撞球的……场面十分火热。看到此种情况我立刻鸣哨对学生说："孩子们，咱们这么练我看不出你们的实力，大家拉开距离比一比怎么样？"学生们兴奋地说："好！"然后学生们站到了边线后。我出示了"绿灯"，学生们看着我向前运球，我迅速举起"红灯"，好几个学生的球跑了，还有一个球砸到了我身上……这次练习，丢球的人数又增加了。我故意皱皱眉头对学生说："老师发现很多人急停的时候把'小伙伴'弄丢了。"学生们害羞地笑了。我接着问："老师教你们急停时如何留住'小伙伴'，要'降重心，按前上，停稳后，按上方'。"学生们都迫不及待地去实践老师说的方法，急停的效果果然好了许多。通过观察，我发现学生们在急停与急起练习时有意识地降低了重心，这点非常好，美中不足的是突然性还不明显。于是，我走到大家面前问道："你们看看地面上的彩垫像不像'红绿灯'？""像！"学生们齐声说。此游戏与前者相似，不过每次起动运球的时候，要做到"快起动、按后上"。知道了方法，学生们沉浸到练习中（图 3.3）。练习过程中，我又发现一些学生无论是急停原地运球，还是变向换手运球都是在彩垫上完成的，没有越过彩垫的动作就体会不到启动运球的突然性了。我及时停止了训练，幽默地问学生："你们是不是打算把'红绿灯'砸坏，不遵守交通规则了呢？从现在起，砸到'红绿灯'的同学要扣分，还要'罚款'！"学生们小心翼翼地运着球，尽可能地在彩垫后做好规定动作，而后一次越过彩垫，生怕砸到"红绿灯"而被扣分。

a   b

图 3.3 "红绿灯"游戏

接下来就是综合能力提升了。我拿出了最后的"杀手锏"——自制交通标志（图 3.4），放在各组前面的任意一个彩垫上。"这是什么？""一个箭头、1m 代表什么？"学生们小声议论着。我笑着解开谜底，介绍了这些交通标志的含义，并讲解、示范了遇到不同交通标志的运球方法，例如，遇到限制高度一米的标志要侧身急停、原地低运球三次，然后再快速起动运球。于是学生们便投入到练习中……

a   b

图 3.4 游戏升级，巩固练习

三、案例分析

在"石头剪刀布"游戏的第一种练习中，学生相遇击掌时出现了丢球的现象，说明一是急停时重心高；二是手、眼不能协调配合。要通过练习让学生知道急停瞬间要做到人和球的双重停止，降低身体重心（便于再次起动）、侧身保护好球（防止被抢断），降低球的反弹高度（便于控制）、手指控制好球（增强手感）。

学生在看"红绿灯"运球练习中，再次出现了丢球的现象。一方面说明学生运球还在依赖眼睛。另一方面说明运球距离加长、速度加快以后，对学生急停时降低重心和手触球部位的掌握要求更高了。同时学生想要做到突然地急停与起动运球，也导致了丢球现象的频发。通过练习，要让学生知道手触球部位的变化与球的反弹角度的关系，衔接好重心的下降与急停手触球前上方的动作。同时注重抬头运球意识的养成。

在看交通标志练习中，个别学生依然存在低头运球、急停停不稳及丢球的现象，这是正常的，说明他们手对球的控制力还不够，还需要几次课的巩固与提升。从丢球到不丢球需要一个积累的过程，值得庆幸的是，学生们对交通标志很感兴趣，对于组合式的交通标志也愿意主动地学习与练习。在整个学习的过程中，提升的是学生的综合能力。

四、案例策略

运球"石头、剪刀、布"：最初的练习是让学生建立急停急起运球的概念。让他们在短距离内体验低速急停急起运球。相遇时的"停"与击掌后的"起"，让学生初步体验了"停"与"起"时，手触球部位的变化。无球手击掌、说"加油"，培养了同伴之间相互鼓励的习惯。熟练后的玩法，是通过限制高度的策略，让学生学会急停与急起时保持低重心。而后让学生依照此玩法，运球找不同的同伴做游戏，通过抬头运球寻找同伴，让学生养成运球观察场上情况的习惯。

运球"红绿灯"：手控"红绿灯"，是让学生在长距离运球状态下，看教师手中的"红绿灯"练习急停急起运球。培养学生抬头运球的意识。学生在掌握了低重心急停与急起的前提下，进一步学习了急停按球前上方、急起按球后上方的运球技巧。学生通过练习地面"红绿灯"，强化了急停与启动运球的突然性。增强了手对球的控制力。

"小小驾驶员"：在技能运用阶段，我设计了"小小驾驶员"游戏。是让学生在快速运球状态下，根据交通标志，选择相应的运球方式。此游戏分别对学生的观察、判断，控制身体高度，急停、急起运球等综合能力进行了考察。加深了学生对急停急起技术的理解与运用。培养了学生观察场上情况、做出相应对策的能力。

五、案例反思

（一）化繁为简，降低难度，抓住重点去教学

在急停急起运球教学中，我发现学生在急停时会出现急停停不稳的现象，要么停了一段距离才停住，没有体现出"急"停；要么人停住了、球跑了，失去了急停的意义。出现这种现象的原因是手对球的控制力不够。那么，教师在教授动作时就要讲究技巧了，急停的方法说起来简单、做起来不容易。拥有熟练运球技术的人，急停瞬间，是将球"吸"在了手上、稍做停留，在下一瞬间已经过渡到原地运球。这一切的做法是运球手自然而然的反应。而初学者没有那样的手感，也很难理解上述所说的内容。所以，教师选择了一种更容易理解、操作简单的说法：急停第一下运球按压球的前上方。学生练习时，记住这一点即可，急停的效果与熟练者急停的效果相似。再通过看交通标志的方式反复练习，巩固这项技术。待熟练后，他们也会有熟练者的运球感觉了。

（二）学习技术，培养能力，解决难点有趣味

学生学习原地运球、直线运球、急停急起运球技术，培养的是一种综合运用的能力，更是一种学以致用的能力。本节课，通过不同的感官刺激（有声音刺激、手势刺激、交通标志刺激等），让学生练习急停与急起，能更好地与篮球比赛接轨。运球手法都是相同的，所不同的是触球的部位。运球跑动过程中，按压球的不同位置会改变球的运行方向与速度。例如，急停急起运球时，急停按球前上方：停止了球向前运行；急起按球后上方：

让球向前运行。直线运球速度越快，手触球的位置越靠后。

（三）多元融合，实效课堂，实现亮点看效果

将交通标志应用到篮球课的全课中，是一次大胆的尝试。交通标志种类很多，选择适宜的融入教学中。例如，原地运球可用 P 标志；直线运球可用直行标志；急停急起可用限高标志……当然这些标志要简单、易懂。概念模糊的不可用，例如，最低限速 60，学生很难理解应该达到什么速度。在今后的篮球课中，教师可创设一个更加多元、复杂的"路况"，例如，安排去学校、商场等的路线，考察学生的观察、判断及运球等综合能力。让篮球课与生活接轨，营造出更加灵动、更有实效性的课堂。

实践后思考 运用中检验 解决旧问题 挑战新高度

——跨越式跳高单元教学案例

张光月

一、案例背景

跨越式跳高是小学田径教学中的重点内容之一，技术性强、极具挑战性，深受学生们喜爱。在学习之前，学生已具备了一定的单双脚跳跃的能力，这为跨越式跳高学习做好了铺垫。在平时的教学中发现配发的跳高架上课下课搬来搬去很不方便，练习中学生对金属的跳高杆存在恐惧心理，出现不敢起跳的现象，因此，教学中笔者运用小皮筋代替跳高杆，降低了学生的恐惧心理，又利用小皮筋完成多种有趣的跳跃练习，提高练习兴趣，较好地发展了学生的跳跃能力。

二、案例描述

（一）出现跳跃恐惧心理

第一次授课，在讲跨越式跳高课前，我搜集了器材室里所有的跳高架和跳高杆，费了九牛二虎之力把器材摆放到练习场地，一共才四组跳高架，这对于我这 32 人的教学班来说远远不够，只能安排学生 8 人一组循环练习了。经过开始部分的热身后，孩子们开始了跨越式跳高的学习。在金属的跳高杆面前，有几个学生助跑过去不跳就跑回来了。好几次都是这样，他们不敢跳。我马上鼓励他们："加油，你很棒！相信自己！"可根本无济于事。情急之下，我大喊起来："别停啊！冲过去，跳起来！"结果仍然起不到任何效果，不敢跳的孩子还是不敢跳……第一次课就在我的大呼小叫中结束了。

应对策略：采用小皮筋替代跳高杆，降低了练习"危险系数"，提高了练习兴趣，补充了器材的不足。

（二）出现确定跳跃高度问题

第二次授课，这次我给孩子们带来了一个小"法宝"，用彩色的小皮筋编制了一条长皮筋，这次课上用皮筋代替原来的跳高杆，我特意观察了上节课不敢跳的几个学生，他们今天的表现没有让我失望，在小皮筋上高兴得跳起来。紧接着开始升高跳跃高度，我安排学生找身体三个关节作为跳跃高度，分别是膝关节，膝关节与髋关节中点（股四头肌位置）以及髋关节位置，对于四年级的学生来说，这三个身体关节位置的高度大致是 40 厘米、60 厘米、80 厘米左右。说明方法后，同学们开始了练习，皮筋放到膝关节位置时还没有看出太大问题，当升到髋关节的时候发现孩子们撑起来的皮筋高度左右不一，这时我还在高声强调，把皮筋一定要放到髋关节的位置，保证左右两边皮筋高度一致！突然听到最后面的男生四人小组发出了争吵的声音，我急忙跑过去询问缘由，其中一个高个子的同学指着对面的同伴大声说，"老师，我放到髋关节位置了，可是他，他撑起来的高度不够！我们的皮筋总是撑不平！"说着还用手指着对面的同伴，眼里充满了埋怨。而对面的同学委屈地说："老师，我是按照您说的，把皮筋放到了髋关节的位置，只是我个子矮……"他一脸无助，还特意指了指自己髋关节位置上的皮筋。瞬间我恍然大悟，学生高矮不一身高有差异，撑皮筋的位置如果还要求相同的位置，拉起的高度必然不一样。我马上叫停练习，大声说："同学们，首先老师要说，我们要有集体意识，发扬团结友爱的精神，不能相互指责，有问题能及时提出来是好的，但不要把情绪带给你的同伴，刚刚是老师的错误，没有说明撑筋的要求，现在说明，撑皮筋的要求是就低不就高！高个子的同学降低你的高度，把皮筋撑平，好了，大家继续练习。"

应对策略：用配发的篮球曲线运球杆作为"跳高架"，在杆子上标记出准确的高度，学生两人扶杆撑起皮筋，两名同学跳跃，循环练习。

（三）呈现初步效果

第三次授课，这次课孩子们一下子被篮球杆吸引了，马上讨论了起来，"你猜这两根杆子是干什么用的？""看起来很不错，还有几个数字呢，很有意思。""这个是不是跳高用的杆子啊？""啊？！又要用杆子作为跳高杆吗？""老师，老师这到底是干什么的？"看到孩子们迫切地想知道答案的样子，我开始卖起了关子，"等下同学们要认真听讲，自然就知道啦"。就这样开始了我的第三次课，两根篮球杆上面用记号笔标记出来准确的高度刻度，分别有40、50、60、70、80、90厘米的高度，学生四人一组，撑皮筋的同学将皮筋套在篮球杆上，从40厘米开始跳跃练习，有了准确的刻度，这次左右两边的高度非常准确，再也没有听到有小组争吵的声音。

（四）拓展练习形式，改变跳跃规则

第四次授课，其中一个环节安排学生撑起六个不同高度的练习场地，有40、60、80厘米等不同的高度，要求同学们在每个高度上完成一次跳跃，然后和撑筋同学换位置，循环练习。练习开始了，每个高度上都有同学们在跳跃，个别高度场地遇到人多的时候同学们自觉排队，练习秩序井井有条，突然注意到一个身体微胖的孩子一直在低高度上反复跳跃，开始的几次跳跃他显得动作生硬，后来几次的跳跃熟练了很多，并且跳过皮筋时臀部离皮筋还有一定距离，说明他可以跳过更高的高度，但还是一直在这个低高度反复练习，分析是心理上的障碍，不自信不敢跳。我想过去鼓励一下他，突然又想，不如改变一下，看看他能不能自己克服。于是，我吹起了手中的哨子，终止了所有人的练习后大声说道："同学们，我们接下来改变一下规则……"

应对策略：改变练习规则，循环跳跃时为积分制跳跃，跳过低高度得1分，跳过次高度得2分，跳过最高高度得3分高，最后小组算分，促进学生主动去挑战更高的高度。

三、案例分析及策略

跨越式跳高是小学跳跃教材的主要内容，最接近生活中跑与跨跳结合的动作，动作结构可分为助跑、起跳、过竿和落地四个部分。这四个部分是相互联系的有机整体，不能分开，具有连续性和节奏性特点，技术性较强。

第一次课上，学生出现了跳跃恐惧心理，集中体现在对于金属制的跳高杆上。第二次课，采用小皮筋代替跳高杆，较好地缓解了学生对跳高杆的恐惧心理，同时又出现了如何确定跳跃高度的问题。起初设想学生找身体三个明显关节作为跳跃高度，但学生高矮不一，相同位置高度不同。第三次课用带有准确刻度的篮球杆撑皮筋，解决了确定高度的问题，并且利用器材的特点，将远端皮筋放到标志杆30厘米位置，近端皮筋放到标志杆70厘米位置，撑起后对于跳跃的同学来说形成了前低后高的练习场地，练习起来，使学生主动做到提髋提重心，解决了臀部过杆，接着远端皮筋放到70厘米位置，近端皮筋放到标志杆70厘米位置则形成了前高后低的练习场地，让学生做到了双腿依次高摆的动作重点，效果明显。第四次上课，在循环练习环节出现了少数学生只停留在低高度上跳跃，不敢去挑战更高高度，经分析，这部分学生具有以下特点，一是身体条件相对差，能力不足，二是心理方面的制约，但主要还是心理因素影响严重，因此多鼓励给孩子增加信心必不可少，第二就是改变跳跃记分规则，跳得高得分高，跳得低得分低。在这样两种"刺激"下，学生由被动跳跃变为主动跳跃，效果明显。

四、案例策略

（一）针对学生恐惧心理及器材不足的策略

在常规的跨越式跳高教学中，器材的搬来搬去是问题，器材的数量不足是问题，学生对金属的跳高架及跳高杆有恐惧心理是问题，用小皮筋代替跳高杆，首先弥补了器材的不足，其次是克服了学生跳跃的恐惧心理，并根据皮筋特点创设了多种有趣的练习方法，提高了练习兴趣，降低难度，促进了学生跳跃能力的发展。运用了小皮筋教学后，原来不敢跳跃的学生勇敢地跳了起来。

（二）针对跳高中没有标准高度的策略

利用两根 120 厘米长，直径 5 厘米的 PVC 管子，用彩色胶条贴出具体的高度，小皮筋放在标准的刻度上，方便学生升降高度。学生在跳跃过程对于自己的跳跃高度一目了然，方便评价。利用自制的小杆子，将远端皮筋放到标志杆 30 厘米位置，近端皮筋放到标志杆 70 厘米位置，撑起后，对于跳跃的同学来说形成了前低后高的练习场地，这样练习起来，使学生主动做到提髋提重心，解决了臀部过杆的环节；后反过来，远端皮筋放到 70 厘米位置，近端皮筋放到标志杆 70 厘米位置则形成了前高后低的练习场地，很好地解决了双腿依次高摆动的动作重点，在练习中效果明显。

（三）针对个别学生不敢跳，不敢挑战更高高度的策略

在第二、第三次教学中，均发现了有几个学生一直在低高度上跳，不敢去挑战更高的高度。究其原因，一是学生身体素质可能存在差异，二是自信心不足。这个时候，老师的鼓励是必不可少的，但更主要的是安排行之有效的教学方法，诱导孩子跳起来，敢去挑战。学生两人利用自制的跳高杆将杆子举过头顶，练习的同学助跑单脚起跳后用头触碰高处的皮筋，这样使学生主动跳了起来；第二，在循环跳跃不同高度的练习时，给每个高度制定了不同的分值，低高度分值低，高高度分值高，促进学生去挑战更高高度效果明显。

五、案例反思

在日常的教学中对于某些教学内容，我们发现有些器材的数量或功能难以满足现在学生学习的需求，比如本案例列举的跨越式跳高课，跳高杆数量有限以及他给学生造成心理恐惧问题等，所以在教学前要深度思考，怎么化解问题，选择既安全又有明显作用的器材来达到预期的教学效果很关键。

（一）器材的选择

本案例中列举的自制跳高杆和小皮筋就弥补了器材数量不足的问题，且材料简单、容易准备。而用小皮筋代替了金属的跳高杆则消除了学生原有的跳跃恐惧，原来不敢跳跃的学生现在可以跳起来了。

（二）器材功能的拓展

在没有标准高度刻度的时候，学生用手撑皮筋，第一容易抓不稳脱落，由于皮筋的弹性导致对面同学被皮筋抽打到；第二没有明确的刻度造成学生跳跃高度不明确，两边高度不好平衡，于是想到了用 PVC 管子并在管上标记刻度，学生操作升降简单，跳跃距离明确，也不会脱手造成危险；而通过两端高度不同的皮筋又创设出了前低后高和前高后低的练习场地，对于学生掌握双腿依次高摆腿提重心过杆起到了较好的效果。

（三）器材应用中的衍生问题

运用篮球杆做跳高架，学生两人撑皮筋尤其是低高度时，篮球杆上下拉力不均匀，下端拉力大，出现杆子下端上抬现象造成皮筋脱落，所以在上课前做好了撑筋同学之间的距离标记，控制了撑筋距离；另外规定了握杆的手形，一手按住杆子上端，一手牢牢抓住杆体，保证杆子底部不会上抬，防止皮筋脱落。

在学习跨越式跳高前，学生具备了一定的单双脚跳以及双脚快速起跳的能力，这为学生掌握助跑与踏跳紧密结合做好了铺垫，单元授课中出现了一系列问题，都在仔细分析和研究后逐一破解，大到器材的选择，练习形式的拓展，小到撑皮筋的手形和位置乃至撑筋同学之间的距离，都会经过重新布局合理设计，这些都为跨越式跳高的有效学习奠定了扎实基础。

碰撞的启迪 实践的智慧

——小学篮球直线运球课例谈

陈　戚　魏　敬

一、案例背景

篮球直线运球技术是小学篮球课堂教学的常见内容，前期学生已经有了原地运球的基础，对于原地运球的触球部位、运球手型、用力顺序，学生掌握得比较好。而直线运球技术对学生手控制球的能力、运球时手脚协调配合的能力要求更高，面对此项技术学生们十分期待，在日常教学中我发现学生在球的落点、两步一运的运球节奏、运球直线性等方面掌握得不够好，而且抬头运球的意识在短期内很难形成，这就促使学生不能连续地进行直线运球。面对这一难题，教师通过反复实践，利用自制圆纸片和"红绿灯"帮助学生练习并能有效掌握直线运球技术。

二、案例描述

记得在一次四年级的直线运球课上，我带着学生做123木头人游戏，让学生运着球做游戏。当老师回头时，学生要立即蹲下用手指弹拨运球。游戏开始了，学生们争先恐后地向前运球，突然，我一个急转身，有的同学运球跑动的时候球丢了；有的是停的时候人停住了球跑了；有的是前后两人相互碰到了一起……场地上一片"狼藉"。游戏结束后我对学生说："通过刚才的游戏，老师看到了你们想极力控制住球，但此时的球就是不听你们的'话'，为了帮助大家解决问题，老师设计了几个新方法，你们想不想试试？"一听到做游戏，学生们兴奋极了，异口同声地说"想！"看着他们期待的眼神，我又平添了几分自信。

首先进行第一个游戏：越过"飞碟"（自制圆纸片），第一种玩法要越过单个"飞碟"，让学生在"飞碟"后原地运球，越过"飞碟"时要按压球的后上方一次通过。练习时我发现不少学生在围着"飞碟"转来转去，我连忙走到他们身边说道："要让你的球从'飞碟'上方越过，并且脚和球不能触碰'飞碟'。"在教师的几次示范后，大家立刻就懂了。当学生们掌握了越过单个"飞碟"的游戏后，我紧接着让学生体会了连续越过多个纵向排列的"飞碟"游戏，让学生真正地跑起来运球。说着容易做起来难，有运球翻腕的、球过肩的、脚踢球的、追着球跑的……问题接踵而来，在之后的几次练习中针对每一个问题逐个攻克。通过语言提示、篮球规则的普及和动作方法的讲解，以上问题均做到了"对症下药"。例如，通过告诉学生运球时，若球的反弹高度超过肩膀就会被判罚球过肩违例，失去球权！从而让学生自己重视这个问题。再如，通过强调球从"飞碟"上面越过，人从"飞碟"侧面走来，明确球的落点和行进路线，避免了脚踢球的现象。还有通过讲解运球时运球手的手心永远不朝上，来解决翻腕问题。

当学生能够较熟练地完成直线运球后，我带着学生体验了地面"红绿灯"游戏，根据地面上自制圆纸片的颜色（正反两面红绿两色）来做急停急起运球，当遇到"绿灯"时正常越过"飞碟"，当遇到"红灯"时停一停，在"飞碟"后原地运球三次后再越过"飞碟"。练习中多数学生急停时人停了球停不下来，遇到这种情况我先教学生急停的方法，急停时身体重心下降同时大力地按压球的正上方，若还停不下来可以按压球的前上方。我耐心地对学生说："身体重心下降是为了把人停下来，同学们都能做到这一点，现在关键是让球也停下来，想想咱们之前学习的哪种运球是原地不动的？""原地运球。"学生说。"原地运球时，手按压球的哪里呢？"我接着问。"正上方。"学生一起回答。"那咱们试试按压球的正上方球能不能停下来。"学生们学会了这个小妙招都欢天喜地地试了起来，还对我说"老师，我的球停下来了"。当学生能够利用地面上的"红绿灯"完成急停急起练习后，我带学生体验了手控"红绿灯"游戏，让学生根据教师出示的"红绿灯"选择直线运球或急停运球。学生边运球边抬头看"红绿灯"，球就运不稳了。我说："孩子们，抬头运球不是完全不让你们看球，咱们可以用余光偷偷地照看你的球，当然最主要的是用你们的小手去和球培养感情，让球离不开你们的手。"渐渐地，学生们小心翼翼地开始与球培养感情。

最后，我带着学生体会了"为你加油"游戏，这是一个合作游戏，是让学生快速地直线运球到指定地点，然后二人边用无球手击掌边用语言给对方加油，而后交换位置从对方来时的路线直线运球返回。对于语言加油这个环节很多学生刚开始有点不好意思说，我及时指引："篮球运动讲求合作精神，语言是最直接有效的加油方式，不要害羞，大胆地表达你的想法。"通过几次练习再加上小组比赛的催化作用，学生们很快适应了这种表达方式，我能感受到他们的加油声是自发的、是从心里说出的话。

三、案例分析

运球技术是篮球运动中使用率最高的一项技术，小学教材更是将运球技术列为必学内容。小学一二年级学生就开始学习原地拍按球、拍运球，三四年级开始学习行进间运球、急停急起运球，五六年级再将行进间运球与其他技术结合使用。运球技术贯穿整个小学阶段的篮球教学，其中行进间运球起到了承上启下的作用，对于直线运球的教学，我有针对性地设计了一些教法，利用"飞碟"分步骤教学，让学生由易到难、由简到繁、由浅入深地学习直线运球技术，巧用"飞碟"解决教学重难点。

和原地运球相比，直线运球的触球部位发生了变化，想要运球向前移动，就要按压球的后上方，让球向前下方运动。以上是指触球部位。有节奏地连续按压球的后上方，球就能随着人向前运动。以上是指运球节奏。但学生要同时做到以上两点并让球落在身体的斜前方，确实有难度。

直线运球技术在比赛中的运用比较广泛，一般是向前场推进时使用，若想运用直线运球技术过人，最简单、实用的方法就是急停急起运球，利用时间差过人。但急停急起运球对学生手控制球的能力要求较高，要让学生知道手触球部位的变化对球的反弹角度的影响。在掌握急停急起技术的同时，要注重培养学生抬头运球的意识，只有看见场上的情势，才能合理有效地运用所学技术。

直线运球最大的特点就是快，要让学生抓准时机，在规定范围内以最快的速度去完成某项任务，这样的游戏方法更加贴近比赛。同时篮球是一个集体项目，需要队员之间的团结合作，无论是平时的训练，还是比赛场上，都需要队员之间能相互帮助、鼓励和加油。

四、案例策略

（一）"巧用飞碟"

针对触球部为、运球节奏和球的落点可利用越过"飞碟"游戏帮助学生学习直线运球技术。在越过单个"飞碟"，游戏中要求学生的球不能触碰"飞碟"是让学生初步体验按压球的后上方的感觉，从而明确直线运球时手的触球部位。要求脚不能触碰"飞碟"是让学生提前体会脚的前进路线与球的行进路线不同。连续越过"飞碟"时是让学生进一步掌握直线运球的触球部位。同时通过观看老师的示范明确直线运球的运球节奏。要求学生的球从"飞碟"上面过，人从"飞碟"侧面跑，是让学生体会球的落点在身体的斜前方。通过越过飞碟游戏，学生基本掌握了正确的触球部位和运球节奏。

（二）"红绿灯"

针对急停急起技术，我设计了运球"红绿灯"游戏。地面"红绿灯"游戏是让学生根据地面上的"红绿灯"选择对应的运球方式，此种玩法除了让学生进一步巩固直线运球的触球部位、运球节奏和球的落点以外，还能深化直线运球的直线性，让学生逐渐掌握直线运球的精髓。同时在学生的头脑中初步形成急停急起运球的概念。为了培养学生抬头运球的意识，养成运球不看球的习惯，我带领学生尝试了手控"红绿灯"游戏，学生根据教师手中的"红绿灯"选择不同的运球方式，此种玩法可以进一步强化学生直线运球的技术动作。同时，还能培养学生运球不看球的好习惯，从而提高运球手的控球能力。

（三）"为你加油"

为了让学生体验快速直线运球，并学会为同伴加油，我设计了"为你加油"游戏。这个游戏是让学生快速直线运球到指定地点，然后两人面对面边击掌边说"加油"，从语言的"加油"和行动的"击掌"来培养学生的团队意识。

五、案例反思

（一）小器材大作为，一物多用，物尽其用

在之前的教学中我发现学生学习、掌握直线运球技术的速度很慢，对于触球部位、球的落点以及运球节奏等重、难点的把握不够准确。针对这一现象，我设计了辅助器材"飞碟"，它既能当球托，又能当障碍物，且球落在上面也不会影响反弹效果，还能当"红绿灯"，起到了一物多用的作用。整节课利用并围绕"飞碟"设计了多个游戏，游戏难度逐级递增、联系紧密，有效解决了教学的重点、难点，学生的学习效率明显提高，体现出以学生为主体，一切设计都是为教学服务的理念。

（二）层层递进，不断挑战

运球手法是学好运球技术的关键，无论原地还是行进间运球都必须使用正确的运球手型。触球部位决定了球是否能随人动，急停急起全靠手的控制。运球节奏决定了动作是否协调。快速直线性决定了过人时能否抓准时机。抬头运球决定了学生的视野，决定了学生能否较好地完成任务。主教材内容紧紧围绕以上关键点，逐渐增加难度，不断向学生提出挑战，一步步将课堂氛围推向高潮。

（三）游戏闯关，解决重点，攻克难点

本案例共设置了三个关卡，每一关都运用了"飞碟"，随着游戏难度的不断增加，学生逐一攻破重、难点，最终掌握了直线运球的技术。

按压球的后上方是保证球向前运行的前提，我设计的第一关游戏越过"飞碟"正是针对这一重点进行的练习，尤其是越过单个"飞碟"环节主要解决学生的触球部位和球的落点。运球节奏是学习直线运球的难点，第二步连续越过"飞碟"主要帮助学生体会两步一运球的节奏。运球能力主要通过手控制球来表现，为了提高学生手控球的能力，我设计了第二关游戏：运球"红绿灯"，第一步地面"红绿灯"是为了让学生体会急停急起运球时手触球部位的变化，从而控制小篮球。第二步手控"红绿灯"，是在上一步的基础上培养学生抬头运球的好习惯。直线运球的两大特点是直线性与快速性，第三关游戏"为你加油"让学生体验到了连贯、快速的直线运球方法。

篮球击地传球的思考

王 鑫

一、案例背景

小篮球的击地传球技术是小学篮球课堂教学的常见内容。前期通过实践，学生已经掌握了胸前传球的方法。而击地传球对学生的出手速度与地面击球点的掌控能力要求更高，面对此项技术，学生们十分期待。在篮球教学过程中，发现学生在做击地传球的时候很难找到地面击球点的位置，并且远距离的击地传球很难完成，这就导致学生不能成功地把篮球传递到队友的手中，面对这一难题，利用圆胶垫与小铃铛来辅助学生练习，通过反复实践，解决传球距离近和篮球击地点位置的问题。

二、案例描述

记得有一次在上击地传球课的时候，我开始让学生两人一组面对面站好，两人用一个篮球，先复习之前学的胸前传球。通过复习胸前传球再让学生体会巩固双手持球的方法和蹬腿伸臂的动作技巧，然后再引入击地传球。课上，我说："同学们你们想一想在篮球比赛中除了用胸前传球的方法传球外，还可以用什么传球的方法？"学生们争先恐后地说道："击地传。""好！接下来，老师讲解一下击地传球的方法，击地传球与胸前传球的方法很像，只不过击地传球是传球者把球先击到地面反弹到队友的手中，注意一点我们的双臂是向斜下方用力，并且球的落地点是两人之间距离传球者三分之二的位置，看老师示范！"然后我就让学生两个人一组先进行尝试性的练习。刚开始练习，就乱成"一锅粥"了，叫声连连、篮球乱飞。紧接着我让学生们停止练习，抱怨声也立即传来："老师，某某某故意把球传到我的脚上。老师！那谁不好好传球，球戳到我的手指了。"……

　　为了平息了这场"风波"，认真思考了起来，这些问题的出现就是因为学生刚接触击地传球，运动技能还没有完全掌握技巧，找不准篮球的击地点的位置。针对这个问题，我把课堂从篮球场转移到了直线的跑道上，这次借助跑道的白线来进行练习，我把学生分成两人一组面对面在跑道的白线上站好，两人之间相隔两条白色跑道线，传球者把球传到距自己远端的跑道线上反弹给接球者，通过反复的练习，学生传球成功的次数有很大的提升。篮球运动的所有技术都是要通过反复的练习来提高的，但是对于小学生，总是重复地练习一个动作难免会出现乏味，失去兴趣等问题。果不其然，没练一会我就发现了几名同学又开始心不在焉，更有甚者还蹲在地上休息。我问道："你们都已经把动作掌握了吗？"学生说道："老师，传来传去老是这一个距离，我觉得没有意思。"听完学生的话我瞬间明白了，从始至终都是相同距离的传球学生肯定会觉得没有意思，但是如果增加或者减短传球的距离就不能利用跑道线了，这样对于刚开始练习击地传球的学生来说，就不能顺利地找对篮球的击地点了。

　　此时，我突然灵光一闪，击球点可以利用圆形胶垫，这样就可以随意调整传球的距离了。我把胶垫找了出来，每小组发两个胶垫，相同小组的小胶垫颜色不统一（红色或黄色）。然后让学生根据自己的掌握技能的程度来调整篮球击地点的位置。这样不仅提高了学习的兴趣，也让所有的学生都能体会成功的喜悦。此外，我还让各个小组自由找地方，体验不同场地的地面带来不同反馈的感受。就在我以为这节课就可以在自由练习中度过的时候，新的问题又出现了。几个学生好像是争吵起来了！当我跑过去查看情况的时候，学生跟我说："老师，我想换组，我不想和她一组了！"旁边的几个同学也说道："老师我们想换组……"

　　了解完我才知道，原来是因为学生们都想挑战自己，把传球的距离增大，但是距离加大后有的同学无法把球以击地的方式传到同伴手里，所以发生了矛盾。我也观察学生的动作，发现了其中的问题所在，问题就出在了学生不能快速地伸臂出手把球击打到地面上，很多同学都是双臂下砸，这个错误的动作导致无法给篮球足够的力量，无法顺利地完成击地传球。随后我把学生集中起来再次讲解示范，并且一起做徒手练习。

学生再次练习的时候虽然有所改善，但效果不太明显。正当我为此烦恼的时候，一名女生的手链吸引到了我。在她每一次击地传球出手的时候，手链上的小铃铛都会发出清脆的声音，出手的速度快铃铛的声音就越大。我在想如果每一位学生都发一个小铃铛的手链，会不会能对提高出手速度有帮助呢？紧接着我把这位女学生的手链借过来，依次给那些出手速度存在问题的学生进行尝试。我说："你们比一比，看看谁能提高出手速度让小铃铛的声音最大，并且能顺利地完成击地传球！"学生们异口同声地道："好！"

小铃铛果然对出手的速度起到了很大的作用，提高了中长距离击地传球成功的概率，让每一位学生都体验到了不同距离击地传球成功的喜悦，增加了学习击地传球的兴趣。

众所周知篮球是一项团队合作的体育运动项目，不能局限于两人互传，所以随后我设计了让三名同学或者四名同学一组进行胸前与击地的传球练习。不仅能复习之前课程中学习的内容，也巩固了本次课学习的新内容，最重要的是培养了学生团结合作的意识。

在课的最后，我带领学生进行了游戏搬运接力赛，这是一个合作游戏，将所有学生分成四大组，每组两人用体操棒抬一颗篮球由 A 点运到 B 点，随后返回，以体操棒为传接棒的形式交给同组的下两个人再次抬球运输，最先把球运完的小组获胜。

三、案例分析

传球技术是篮球运动中使用率最高的一项技术。小学教材更是将运球技术列为必学内容之一。传球技术贯穿整个小学阶段的篮球教学，例如，胸前传球、击地传球等。其中击地传球起到了承上启下的作用。对于击地传球的课程，我设计了一些教法，利用彩色橡胶垫与小铃铛层层递进，巧妙地解决了教学重点、难点问题。

和胸前传球相比，击地传球更难以判断击球点的位置，也不容易控制传球的力度。击地传球不像胸前传球一样直接把球传到队友手中，而是间接通过地面的反弹力把球传到队友手中，在此之中有很多多变的因素在里面，需要长时间的练习才能做到准确无误，在小学阶段很难做到。

击地传球技术在篮球比赛中的运用比较广泛。在篮球竞赛中，持球者在传球时，为闪躲防守队员而将球经击地后传给队友，或在无人防守时为求稳妥而将球经击地后传给队友，击地传球是篮球技术里面一种实用且不易被断的传球技术。比赛中，只有看见场上的情势，才能合理有效地运用所学技术。

四、案例策略

（一）"彩色击球板"

针对学生找不准篮球的击地反弹点的位置，利用"击球板"来确定击地反弹点的位置，并且可以根据学生对击地传球的技术动作掌握的不同程度来移动"击球板"。在教授的过程中以游戏比赛的方式进行练习，同组的两名同学进行比赛，看看谁能在一定的练习次数规定下用球击打"击球板"的次数最多，多者获胜，这样在练习的同时也增加了学生学习的动力。

（二）"小铃铛"

针对学生在传球过程中的出手速度慢导致不能顺利传球的难题，我设计了采用铃铛抖动时发出的响声大小，来辅助帮助孩子有意识地去加快出手的速度，从而完成击地传球的技术动作。

五、案例反思

（一）"小小胶垫，大大力量"

在课堂刚刚开始的时候，在篮球场上只是两人一球盲目地练习，就如篮球落地反弹点的问题，笔者只是讲解与示范，学生很难通过球感或者目测找准篮球落地点的目标，从而导致很难掌握击地传球的技能。为了解决找不准击球点位置的问题，笔者把课堂从篮球场移到了直线跑道上，借助跑道的线来确定球落地反弹点的目标，从而基本解决学生找不到球落地反弹点的问题。但是随着时间推移，又发现了新的问题，一直借助跑道线太过"局限性"对于掌握击地传球技术好的学生传球距离过近，但是对于个别没有很好的掌握击地传球技术的学生来说距离又远，使学生很难完成。

207

对于这个问题笔者又采用了圆形彩色橡胶垫，这样学生就可以根据自己对击地传球技术动作的掌握程度来确定击球点的距离了。学生的学习效率明显提高。

（二）"快速出手，铃铛作响"

出手速度是传球技术动作的重中之重，没有足够的出手速度，很难把球安全有效地传递到队友的手中。在课中我发现大多数女生和个别男生，出手存在很大的问题，很难做到快速挥臂。因为学生没有意识让自己做到快速出手，对于这个问题，我采取了在手腕上带上小铃铛，出手的速度越快铃铛的声音就越大，给学生一个意识，让学生做到快速出手。

特殊的运动会

——开学第一节体育课

魏　敬

一、指导思想

以健康第一为指导思想，突出学生的主体地位，构建健康和谐的学习氛围，让学生体验运动的乐趣。注重以体育育人的教育，让学生在运动中逐渐建立自主参加体育锻炼的行为习惯，结合特殊时期进行健康教育，理解与认识身心健康的特殊含义。

二、教学内容分析

本节课选定的主题突出，"健康伴我行"，针对室内课特点设计以疫情为背景的拍手歌作为热身活动，以熟悉身体关节为反应内容的游戏，以疫情运输物资为背景的素质游戏等内容，运用主题式的教学活动构建教学内容，从教学内容上做好开学前的衔接与过渡。

教学目标：

1. 以室内运动会的形式构建全课内容，让学生在欢快、和谐、健身的氛围中体验运动的乐趣。

2. 以游戏的形式发展学生灵敏、力量素质，提高学生运动能力。

3. 以体育人，创建开放式的教学环境让学生积极主动参与，突出学生的主体意识。

三、学情分析

学生刚刚结束居家学习，走出家园回到了期盼已久的校园。此时学生各项身体机能还有待恢复阶段，不适宜进行大负荷运动安排，开学第一课是一个很好的教育契机，针对疫情期间学生居家锻炼的情况，本节课充分考虑学生此时身体、心理状况，安排适宜的游戏活动。

四、教学策略分析

（一）主题式设计

构建室内运动会的形式，开展教学活动。运动会中呈现了以疫情防控、锻炼为背景的内容，以学生喜闻乐见拍手歌、游戏等形式进行，同时构建居家锻炼展示环节，进一步激发学生团队强烈的表现欲与竞争意识。

（二）游戏化设计

本节课充分考虑了学生居家的情况，结合体育学科开学第一课的特点，设计了趣味化游戏教学，既实现了开学第一课的目标，又让学生体验到体育运动的乐趣。

五、资　源

视频、大屏幕、A3 纸、自备器材。

六、教学过程

（一）运动会开幕式

教师宣布运动会相关比赛内容及要求。比赛内容：大会集体热身操；

游戏"找关节";游戏"传递物资";居家学习展示。

学生集体学习运动会各项内容及比赛要求。各代表队出示本组口号、队旗（A3 纸片）。

设计意图：通过设计口号及队旗培养学生团队意识。

（二）第一项比赛内容

比赛项目：大会集体热身操"抗疫拍手歌"。

教师语言引导，运动会前要做好热身。

教师播放视频，学生起立与教师一起做拍手操。

> 你拍一，我拍一，疫情防控要牢记。
>
> 你拍二，我拍二，勤洗小手病毒怕。
>
> 你拍三，我拍三，重点防护口鼻眼。
>
> 你拍四，我拍四，口罩戴对才管事。
>
> 你拍五，我拍五，咳痰不能随地吐。
>
> 你拍六，我拍六，喷嚏打在胳膊肘。
>
> 你拍七，我拍七，消毒开窗常换气。
>
> 你拍八，我拍八，多吃果蔬拌沙拉。
>
> 你拍九，我拍九，运动锻炼要节奏。
>
> 你拍十，我拍十，良好习惯要坚持。

设计意图：通过进行抗疫拍手歌的活动，使学生达到热身的目的，同时也加深对抗疫防控知识的掌握。

（三）第二项比赛内容

游戏一：找关节

方法：学生左右相邻二人一组，一人发令，一人用手去触摸相应位置，正确得一分，每人十次。（主要是关节）

教师讲解游戏方法及要求，检查各组学生分组情况。学生二人一组开始体验游戏，然后二人轮换。学生各组统计得分情况，并做好记录。

此时学生可能会佩戴口罩，不建议摸脸部。

设计意图：通过做各种触摸练习，提高学生快速反应能力及熟悉了解身体各个关节位置。

游戏二：传送物资

方法：以纵向每组学生为一组，教师发令后从每组第一位同学开始双手向后传递实心球或捆好的书籍。

规则：必须是双手；必须是手递手。

教师语言引导，抗疫期间做好物资筹备，下面进行运送物资游戏。教师讲解游戏方法与规则，组织学生开始进行游戏，游戏共进行三次。教师宣布比赛结果，并为各个代表队加分。

设计意图：通过语言引导让学生明确疫情当前，一方有难八方支援。在游戏过程中传递重物发展学生上肢力量，培养学生相互合作的精神。

（四）第四项比赛内容，居家学习成果展示

教师语言引导：疫情期间学生居家锻炼，内容丰富，各个代表队集体展示居家锻炼所学的内容。

全班共计六个代表队，每大组（两个组）同时展示，时间 2~3 分钟

备注：展示内容为学校抗疫期间安排的素质热身操、拉伸操、跳跳操、素质练习等内容。

教师及各组裁判代表为各个代表队加分。

设计意图：通过展示检验学生居家锻炼情况，培养学生集体荣誉感和竞争意识。

（五）赛场欣赏

教师组织各组学生观看视频，回顾抗疫期间大家锻炼的情况。

结合自身锻炼情况，学生自由发言谈谈抗疫期间居家锻炼的心得与体会。

结合开学第一课，教师布置新学期体育课任务，提开学要求。

设计意图：通过回顾与反思，让学生牢记健康的重要意义，锻炼要养成习惯，要自觉地参与锻炼。

（六）运动会闭幕式

教师组织各个代表队参加闭幕式。

宣布最佳表演奖、团队奖、合作奖、健康运动奖。

设计意图：积极肯定学生比赛的成绩，让学生建立拼搏进取的精神，

培养学生荣誉感及团队意识。

老师，我要跟您回家！

梁 婧

一、案例背景

　　跳跃是人体活动的基本能力，单双脚跳跃练习着重培养学生用前脚掌轻巧蹬地跳起和落地。通过课堂学习，进一步发展学生身体的灵巧性和动作的协调性，增强学生的下肢力量。低年级学生神经系统对肢体的交替支配能力较弱，在前期的学习中学生可以用单脚或双脚跳，但是单、双脚交替跳与连续的单双脚跳则比较困难。学生年级低、年龄小。这样的实际情况导致学生在课堂中不能够长时间地集中注意力听讲、对于游戏规则不能够准确地把握。因此本课运用情景教学，创设了一个充满童趣的情景氛围，利用游戏激发学生学习兴趣，使学生在玩儿中学、学中玩儿。

二、案例描述

　　欢快的音乐伴随着课堂，许多的"小青蛙"在场地中蹦蹦跳跳。这是一节低年级体育课，笔者在教授学生单、双脚跳的运动技能。为了使学生灵活的运用单双脚跳，笔者充分抓住低年级学生活泼、好奇的特点，在每一个练习的环节中都适时巧设情景游戏。

　　有一个游戏叫"登陆安全岛"，学生扮演"小青蛙"，笔者扮演"捕蛙人"。"小青蛙"单脚或者双脚围绕自己的荷叶做连续跳跃，突然听到警报声音时，所有"小青蛙"要快速双脚跳回到荷叶上，因为当警报声响起时"捕蛙人"就要开始捕获"小青蛙"了，而荷叶才是"小青蛙"的安全岛，跳上荷叶才能躲避"捕蛙人"的追捕。

　　"捕蛙人"的行动悄悄地开始了，第一次出击就捕获到一只"小青蛙"。捕蛙人看到这只小青蛙后故意摇摇头，将"小青蛙"放了回去，于是开始了第二次的登陆安全岛的游戏。随着第二声哨响笔者扮演的"捕蛙人"又抓住了一只"小青蛙"，这时教师定眼一看，咦！怎么还是上一次被捕获的小青蛙呢？此时这位小男生被抓住后满脸却是得意扬扬的笑容，望着老师问道："老师，被抓住的小青蛙有什么惩罚吗？"稚嫩的语气里透出了满满的对"惩罚"的期待。这时教师已经意识到了，原来这位小男孩是故意被老师抓到的。笔者当时也没有过多思考什么，只是在想："这个孩子怎么这么淘气！这不是给我添乱嘛！"同时只想着让这个学生快速回到荷叶上进行下面的游戏，不要耽误课堂进度。于是简单地回答了一句："谁被抓到谁就中午跟老师回家！"。接着游戏继续进行着……

在后面的几次游戏中小男孩听到哨声后却开始在荷叶边上徘徊等待"捕蛙人"来抓捕，小男孩早已把游戏规则与课堂学习内容放到了一边，他的乐趣变成了被捕蛙人捕获。小男孩的行为以及教师当时的处理方式导致多数的学生开始模仿，在游戏中听到哨声不能够双脚跳到荷叶上，而是都在荷叶的周围徘徊着，这样一徘徊，把单双脚跳的技术动作统统都徘徊没了，只剩下学生与老师玩追捕游戏的侧并步移动与等待着被老师扮演的"捕蛙人"捕获。课堂教学陷入一片混乱……

面对这样的情况作为教师很是着急，但是办法总比困难多。于是教师灵机一动想到了一个解决办法——修改游戏规则。教师首先组织"小青蛙"们都回到自己的荷叶上，然后告诉这些"小青蛙"我们脚下的荷叶不仅仅是我们的安全岛，还是我们的能量桩。每只"小青蛙"每轮跳跃完毕听到哨声要立刻双脚跳上荷叶触动自己的能量桩来补充能量，否则你会能量不足无法跳跃……

一个小小的"充电桩"又成了孩子们新的注意目标。孩子们就是这么简单可爱。"捕蛙人"再也没有捕获到"小青蛙"。一节体育课又回到应在的轨道上了，老师也深深地松了口气。下课铃响了，一节体育课结束了，当教师收拾完体育器材回到办公室时发现那个课上总被老师抓到的小男生一直在等着老师。于是教师问道："这位同学，你有什么事吗？"这小男生却萌萌地回答了一句："老师，我课上被您抓到了，我要跟您回家！"

三、教学反思

（一）简单游戏，装满无限智慧

低年级的学生最大的特点是：注意力不能够长时间集中在教师的身上，听教师讲解动作技术；酷爱做游戏。笔者紧紧地抓住低年级学生的这两个特点设计了单、双脚跳的教学设计。在教学设计中教师尽量减少单纯的讲解动作技术环节，而是设计了许多与教材学习相关的小游戏，使学生在整堂课中的学习轻松愉快，在不知不觉中、在游戏中就掌握了一项体育技能。但是在实际的课堂中小男生反复主动被"捕蛙人"抓住的这种现象很是值得笔者思考的，教师设计游戏的学习方式是一个好的初衷，但是更应该多加考虑游戏的合理性。开始时，教师只把荷叶设计成学生的安全岛，其作用仅仅是保护小青蛙的安全，小青蛙无论什么时候上到安全岛都可以，只要不被"捕蛙人"捕获。小青蛙在被捕蛙人捕获的一瞬间上到安全岛才更刺激。在反复出现同一人被捕蛙人抓到的情况时教师更改游戏规则，将安全岛变成了充电桩，这样一来，比的是双脚跳上荷叶谁在荷叶上的时间长，小青蛙们就会在听到哨声后第一时间双脚跳上荷叶。对于低年级教学，教师在每实施一项措施或者游戏时要做到尽可能地全面预设，减少游戏漏洞的出现，这样一来才能更好地保证课堂的质量。在本堂课中，教师在教学反思时是感谢这个"淘气"的小男孩，他的出现才让笔者更全面地思考自己的教学设计。

（二）三思慎言，巧对萌娃

一直以来，我都认为体育教师只需要把体育课上好，注重学生体质锻炼就可以了，但是今天，在一节体育课后的教师办公室门口碰到这位要同我回家的小男孩，我忽然明白，我先是教师再是体育教师。即使操场空旷，即使我的课堂没有"之乎者也"，但是我的一言一行都被这些萌娃铭记在心中。一句"被抓到的学生跟我回家"，在教师心中仅仅是快速组织学生学习的策略，是没有经过深思的，但在学生心中这就是教师设定的游戏规则，是必须要遵守的。

作为一名教师，无论是在什么情况下都要严格要求自己，在课堂中说的每一句话都要谨慎，因为这些孩子们最听老师的话。

（三）积累智慧，呈现精彩课堂

有人说："变化是计划中的一部分。"我认为这句话用到体育课堂中也很恰当。在这节单双脚跳的课程中，教师认为自己的教学设计已经比较全面了，实施的价值也很大，课堂的开始一切都按着教学计划进行着，直到这个不跳上荷叶的男孩出现，教学计划被打断了。教师最开始的处理方式是：谁被抓到谁跟教师回家。事实证明这样的处理方式并没有达到教师的预期效果，反而使更多的学生开始模仿这个小男生不跳上荷叶。教师这样随意的处理方式可见没有真正了解学生的心理特征。体育教师多数都是男老师，作为少有的女体育教师给孩子们带来不一样的感受，使学生自然而然地愿意与教师亲近。所以这样要把被抓住的学生带回家正合这些孩子的意愿。同时这也显示出了教师在课堂中的稚嫩，在课堂中出现教师没有想到的情况教师第一次的处理方式不够机智，第二次的处理方式有效解决了学生出现的问题。这说明教师的课堂应变能力不足，不能在课堂中及时快速解决出现的问题。这次的课堂小插曲告诉笔者想要提升教师在课堂中的应变能力就必须加大自身平时的积累，这样才会有量变到质变的出现，才能呈现出精彩的课堂。

对小学篮球传接球课的思考

魏　敬

传接球技术，是篮球运动中一项最基本，且运用最多的进攻、防守技术。篮球场上的比赛，几乎所有的进攻均始于传接球。传接球技术是队员有目的的组织进攻的方法，是队员之间相互联系的纽带。在一场篮球比赛中，传接球的次数可以达到上百次、上千次。传接球课也是小学篮球的一项教学内容回顾，以往教学方法只重视技术学习而忽视技术的运用，针对这些，笔者有意识尝试增加教学中运用的策略，帮助学生学习传接球技术改变传统教学模式。

一、案例描述

这是一节小学四年级的篮球胸前传接球课，上课伊始，随着欢快的音乐教师与学生一起做起了篮球操，然后学生在教师的带领下逐步体会原地自抛球、手指拨球等动作，随着热身活动完成后学生们进入本节课的主要学习内容环节——双手胸前传接球。首先，教师进行完整示范，结合挂图讲解动作方法，学生二人迎面近距离做无球模仿，然后学生做近距离传接球，最后延展到中距离传接球，经过多次练习后教师安排学生进行二人一组的传球计时练习……

二、案例分析

（一）技术学习与技能运用

技术的学习是动作技能形成的基础，动作技能的熟练掌握又得益于实践中得到运用。一节课中一味强调单一技术学习会极大束缚学生学习篮球动作的热情。回顾整节课的过程可以了解到，以讲授式技术学习为主的教学占据了课堂的"制高点"忽视了学生主体性的发挥，导致学生只能机械重复地枯燥练习。长此以往使学生失去学习的乐趣，因此在技术学习中还应以多元化的运用促进技术学习帮助学生进一步掌握技术，只有在多种方式的运用中才能更好地巩固技术，形成熟练的技能。

（二）固定的区域与项目的特点

案例中的教学组织把学生始终处于一个稳定的学习"地域"，把学生牢牢地限制在一个固定的区域内，这样的课堂便于教师组织教学让学生始终都在教师事先预设的教法内完成"任务"，这却束缚了学生之间的交流与合作。篮球技能是开放型技能，把开放型技能限制在固定的区域内学习同篮球运动项目特点不符，应该结合项目特点设计灵活开放的教学环境，变固定区域为活动区域。给学生在学习过程中一个开放的空间，让学生在运动的环境中感知和同伴之间传接球的力度、距离及因位置的变换传接动作的调整等。

（三）"配方"统一与能力综合化

从教法来看学生都在统一的"制式化"的教学过程中学习，对于学生个体能力提升欠缺思考。整齐划一的教学模式已经不符合时代的发展了，课堂教学是动态发展的运用，统一的教法是满足不了学生个体的需求的。传接球技术在实际篮球比赛中更应强调传接球的准确性、快速性、隐蔽性等，一味机械地练习势必缺少实战背景下的体验。传接球也是比赛中常用的动作技术，在教学中还应结合不同的动作技术组合如运球＋传接球、传接球＋投篮等，不局限于单一动作技能的枯燥式学习，着眼于动作的组合式应用，只有这样才能促进学生篮球技能的提升。

三、教学建议

在日常小学篮球胸前传接球教学中，新授课中可以考虑一下让学生在运动中学习、在运动中合作体验的教学策略，进一步帮助学生掌握技术技能，提高学生的篮球运动能力。

方法 1：全班学生以 36 人为例，学生分成 18 人无球，18 人有球的形式。无球人散点在场地内（篮球场）跑动，有球人在场地内自由运球，当听到教师一声哨响后，学生立即二人一组自由结合（一人无球、一人有球），原地进行双手胸前传接球练习。教师要互换二者的角色使学生均衡练习，此时教师针对在刚才的传接球游戏中出现的问题进行讲解示范指导，学生学习原地双手传接球技能。

教学思路：通过游戏让学生在运球与自然跑动中提高场上观察能力，并能迅速找到伙伴提高快速反应能力，为下一步学习传接球奠定基础。转变传统学习模式，让学生在复习巩固运球技能的同时提升传接球技能，让学生在动中学，在学中动。

方法 2：全班学生以 36 人为例，在方法 1 的基础上，学生分成 24 人无球，12 人有球的形式。无球人散点在场地内（篮球场）跑动，有球人在场地内自由运球，当听到教师一声哨响后，学生立即多人一组自由结合（三人无球、一人有球，每组四人结合），原地进行双手胸前传接球练习，培养学生相互团结友爱，谦让的品质。

教学思路：通过进一步深化游戏，改变有球无球人数比例，提高学生在场地上快速组合能力提升学生观察与合作能力，也进一步巩固传接球技能。

方法 3：在方法 1、方法 2 基础上，当学生学习双手胸前传接球时，全班以 36 人为例，每大组六人分成三对三的形式，其中一组行进间运球传球，进行三对三传接球对抗，另一组进行抢断防守，以计时的形式进行统计，看哪个小组在规定的时间内传接球次数最多。

教学思路：

通过采用小组对抗的形式提升难度，增强学习的挑战性，进一步提高学生小组配合能力巩固提升传接球能力，培养学生小组合作能力和勇敢顽强精神。

第四章 辅助性体育器材与教学论文

探讨在小学体育课堂教学中有效运用辅助器械的研究 [①]

魏　敬　张光月　陈　威　王文强　张健波

小学体育课堂中根据具体的教学内容，制作辅助器械符合学生特点，符合教材内容要求的器材，运用到教学中能弥补器材的不足，激发学生的学习兴趣提高课堂教学的实效，还可以丰富学生学练的内容拓展学生的练习方式，有效提升体育课堂教学质量。因此本文主要立足于在小学体育课堂教学中辅助性器械的有效运用策略做进一步探究。

一、研究目的

目前在小学体育教学和训练中所使用的体育器材，很多都是金属、木质及硬质塑料制成的。这些器材除保证安全、坚固、耐用外，有的则根据运动项目的特点和器材的自身性能，在制造过程中就已经科学地增设了必要的自身保护设施，以保证练习者的安全及消除恐惧心理。但仍有一大部分体育器材，根据运动的需要及练习者的水平，在体育教学中仍有必要增设防护设施如小学低单杠教学。另外小学体育教学内容技能丰富由于学生自身能力差异较大不能很好掌握运动技能，所以在体育课堂中利用辅助性器械大大提高学生学习进程。为了加强教学改革的进程，不断提高教学水平在常用体育器材上施加必要的辅助设施，经过教学与实践验证，对提高

---

① 陈岩.“自制小器材”在小学体育课堂教学中运用的实践探索 [J]. 当代体育科技，2017，7（21）：86-87.

体育教学质量帮助学生学习运动技能，解除学生恐惧心理起到积极作用①。

二、研究对象与方法

（一）研究对象

漷县镇中心小学五年级学生 300 人。

（二）研究方法

1. 访谈法

2. 文献法

本文相关文献材料主要为搜索中国知网、首都体育大学图书馆资料以及查阅《教育心理学》《中国学校体育》等书籍获取而来。

3. 比较分析法

将辅助器械运用的内容、实施方法、作用、组织与操作、教学意图等进行对比分析，分析总结辅助器械在体育教学中的实施策略

4. 统计法

对研究中收集的数据通过 Excel2007、SPSS17.0 软件进行数据整理、比较、分析。

三、结果与分析

（一）漷县镇中心小学在体育课堂中实施辅助器械的实践过程研究

1. 体育课堂中辅助器械运用的内容

表 4.1　辅助器械运用的内容

类　别	教学内容	辅助器械
低单杠	双腿挂膝悬垂	保护带
跳跃	助跑起跳摸高、跑动中单脚跳	弹力踏板
投掷	持轻物掷准	会变形的沙包
足球	正脚背射门	大体操垫
指导	讲解演示	活动人挂图
武术	冲拳、弹踢	流星
游戏	上肢力量、合作练习	旱地滑车、横幅

① 胡兰萍，刘江. 浅谈体育器材辅助设施的作用 [J]. 哈尔滨体育学院学报，1999（3）：80-81.

如表 4.1 所示，列举了在日常体育教学中经常使用的一些辅助器械，从低单杠到游戏教材，可见在小学体育教学中辅助器械运用的范围还是十分广泛的。实验中体育教师集思广益，充分发挥自己的创造力，制作了各种辅助器械运用于教学中，从讲解到示范，从纠错到保护帮助，从评价到练习，面面俱到。

2. 体育课堂中辅助器械运用的组织实施与教学意图

表 4.2　辅助器械运用的实施方法、作用、组织与操作

教学内容	辅助器械	解决教学重难点情况	教学意图
双腿挂膝悬垂	保护带	有效解决双臂拉杠悬垂，为穿臂挂膝打下基础。	通过使用保护带，降低了难度，减轻了心理压力，对学习有很大帮助。
助跑起跳摸高、跑动中单脚跳	弹力踏板	能有效解决助跑与踏跳的紧密结合	通过教学实施，极大提高了学生练习兴趣，可以帮助学生充分体会空中动作。
持轻物掷准	会变形的沙包	有效解决快速挥臂	通过教学实施，减少了很多器械，一物多用，一物巧用。
正脚背射门	大体操垫	能有效体会绷脚面、脚趾指地，便于体会提膝蹦脚。	由于使用大体操垫，每次可以满足一个大组学生同时练习，密度明显提升。

表 4.3　辅助器械的教学意图

教学内容	辅助器械	使用方法与作用	组织形式与操作
双腿挂膝悬垂	保护带	悬挂杠上帮助双臂拉杠，承担身体重量	2 人一组，悬挂于杠上，使用简便
助跑起跳摸高、跑动中单脚跳	弹力踏板	利用弹力踏板帮助学生完成快速起跳，充分体会助跑与踏跳的紧密结合	使用方便，学生 4 人一组。
持轻物掷准	会变形的沙包	利用宽皮筋带进行缠绕形成沙包，还可以打开做抽鞭练习。	学生个人练习
正脚背射门	大体操垫	利用体操垫的厚度帮助学生体会绷脚面，利用体操垫的宽度体会射门	学生 6~8 人一组

从表 4.2、表 4.3 可以看出辅助性器械在日常体育教学中得到广泛的使

用，从实践发现辅助性器械的使用主要体现在保护与帮助阶段、强化动作的重难点、帮助学生体会重点动作等教学意图明显，效果显著。

（二）在体育课堂教学实验中有效运用辅助器械策略

1. 辅助性器械运用符合技能运动的过程

人体进行运动是一个复杂的过程。在日常教学中有些教师为了解决或者强化某一问题往往会选择利用辅助器械去处理，然而在运用中由于忽视技能的运动结构及运动过程而产生"画蛇添足"的效果，这样做的结果对教学只是一种"装饰"而不能解决实际问题。

案例1：例如足球脚内侧传接球课中，一位教师为有效解决正确的触球部位，利用一个纸板自制一个小型乒乓球拍然后固定在触球脚内侧，当触球时用这个"拍"来击球以此达到体会正确的触球部位。

案例分析：脚内侧传接球技术是小学足球一项基本技术，在练习中支撑脚与触球脚的稳定落位直接影响着触球部位的准确性。由此，日常教学中教师非常关注正确的触球部位，案例中教师为了强化正确触球部位利用小型"乒乓球拍"作为标志物，帮助学生练习体会动作。经过实践发现，第一"乒乓球拍"的大小、材料质地都要严格控制，否则严重影响脚实际触球的感觉；第二，"乒乓球拍"怎样固定在触球脚内侧上也是很复杂的。

案例策略：日常教学中，可以借助大型背越式跳高垫子。垫子平放，让学生围绕垫子做支撑摆腿脚触垫练习，另外还可以在垫子的中间位置张贴小足球标志。

2. 辅助性器械运用能有效解决教学重难点

各种辅助性器械的制作和运用在教学中要基于动作技能的重难点为出发点。要深入剖析动作技能的结构特点，切实从实际出发，认真设计制作符合动作技能的辅助性器械，对有效解决动作技能重难点有突出效果。

案例2：前滚翻课中教师摆放小垫子成"斜坡"状，然后让学生分组依次练习体会"斜坡"状态下前滚翻完整动作，但在滚动过程中由于"斜坡"出现各种"故障"，大多数学生滚到一半未能顺利完成前滚翻动作。

案例分析：前滚翻教学中采用"斜坡"辅助法是大家经常用的一种练习形式，此项练习主要解决滚动圆滑帮助学生快速滚动，但在日常教学中会暴露出一系列的问题。"斜坡"由小垫子简单搭建而成,"地基"较松软,当学生滚动时重心压在"斜坡"最松软的地方形成一个"软坑",顺势间延缓了滚动的速度,不能达到斜坡助力的效果。

案例策略:案例中暴露出"斜坡"搭建的问题,因此实际教学中要认真"建设"好"斜坡"。可利用大块中等厚度的体操垫做斜坡主体,然后在大垫子一端底下连续铺垫小体操垫,注意要平行铺放,成三二一的形式进行铺放,同时选择小体操垫时要利用质地硬的垫子以免过度松软影响斜坡的效果。

3. 辅助性器械运用过程要经久耐用

案例 3:一节武术课中,一位教师利用儿童充气锤和马桶搋子组合自制了"不倒翁式"的武术靶,一开始课堂上学生兴趣盎然练习兴趣浓厚,不一会出现充气锤破损现象,课堂上一片哗然……

案例分析:本案例中教师非常有创意地利用充气锤和马桶搋子组合"不倒翁式"武术靶,创意很有亮点,但实际教学中没有充分考虑到器材的损耗程度,儿童充气锤主体材料较薄,当学生用脚连续弹踢时很容易破损,严重影响了教学的效果,因此在选材时还要考虑辅助器械材料的耐用性。

案例策略:本案例中存在材料不坚固的原因致使教学中出现失败环节,为此在制作辅助器械选材环节是至关重要的,确保教学过程的稳定实施。首先选质地比较厚实的充气囊固定在金属杆上,然后把金属杆与大弹簧进行焊接,最后把弹簧再焊接在脚踏的底座上。每次练习时,练习人脚踏底板(弹簧与底板焊接固定),然后开始做冲拳练习。若进行弹踢练习时,可让同伴帮助或重物压住底板。

4. 辅助性器械运用过程要关注学生技能的掌握。

案例 4:一节持轻物掷准课上,教师制作了多种投掷靶。有圆圈的、有圆框的、有口袋的,形式多样,学生一次又一次地投入到掷准比赛中。此时,教师却发现孩子们投掷的动作并不标准,有的捏着沙包、有的眯着眼睛在瞄准、姿态多样。

案例分析:案例中教师为提高学生掷准的兴趣制作了多种形式的投掷靶,符合学情特点,也能提高学生掷准的能力。但过于关注辅助性器械的使用，忽视了学生技能的掌握，这样做往往本末倒置。

案例策略：辅助性器械的运用始终都是围绕主要教学内容为出发点的，以重点解决教学中存在的问题或者重点环节为目标的，在教学中起辅助性"角色"。所以日常教学中，应先强调动作技术的要求、规范。让学生用正确的技术动作来完成各种游戏竞赛，在运用辅助性器械过程中，还要时刻关注学生动作技能掌握的情况。

（三）实验结果分析

1.实验前后调查学校日常体育器材制作创新开发教学效果的对比分析

表 4.4　日常体育器材制作创新开发教学效果的对比情况

情况	学习兴趣（%）	学习效果（%）	学生参与（%）
对照班	42.4	58.7	51.4
实验班	74.5	83.4	80.3

通过调查分析得知，实验前后学生们的学习兴趣、学习效果、对体育教学活动的参与程度都有明显提升，两个组实验数据差异显著，可见开发创新体育器材对学习兴趣，学习效果的提升有一定的积极作用，达到了优化器材资源的目标。

2.实验前后调查学校体育辅助器械开发综合运用对体育教学影响分析

表 4.5　体育器材开发综合运用对体育教学影响情况

情况	实验班（%）	对照班（%）
现有体育器材的使用	62.4	44.5
帮助学生解决教学重难点	62.7	32.6
学生学习兴趣	72.8	35.5
学生参与学习的动机	63.7	23.4
体育器材的功能性开发	56.6	26.6
对体育器材数量不足的补充	45.6	32.6
现有体育教学练习方式的改变	62.9	26.7

　　从表4.5对比分析得知我校的学生在学习兴趣、学习动机，以及弥补器材的功能、创新练习方式、有效解决体育重难点等方面，都有很大的提升。

四、结论与建议

　　通过在体育器材上增加辅助设施的教学实验结果表明，在教学中，对体育器材采取必要的辅助性措施，不但可改善教学、训练条件，也可消除学生的心理障碍，减少外伤，对提高教学质量有积极促进作用，是一项可行的教学措施。

（一）结　论

1. 建立正确动作表象

　　动作表象是学生通过各种感官接收信息后对动作的综合形象。教师通过示范动作给学生以正确的视觉表象，正确的动觉表象则要经过反复的练习才能得到。动作的主要阶段是动作练习的核心和关键阶段，是下丘脑位觉神经与骨骼肌肉一起建立动作反射弧的阶段，如前滚翻的翻转阶段等以往的课堂教学中，这一阶段正确动作表象形成滞后，往往到了动作的改进提高阶段才基本上能达到视觉表象与动觉表象的统一利用。辅助滚筒能使建立正确动作表象的时间前移，这是因为利用滚筒可以在动作的主要阶段练习之前，就能体验完整的、正确的动作过程，且体验动作过程可快可慢，还可"停格"，这样学生对前手翻动作时空特性，如动作的方向、力量的大小、动作幅度、速度等就会有一个全方位的认识，形成正确的动作表象，加速完整动作概念的建立，提高学习效果[①]。

2. 保护与帮助

　　通过在体育器材上增加辅助设施的教学实验结果表明，在教学中，对体育器材采取必要的辅助性措施，不但可改善教学、训练条件，也可消除学生的心理障碍，减少外伤，对提高教学质量有积极促进作用，是一项可行的教学措施。运用这些辅助器械能较好地解决在教学中所存在的人力所

---

① 景胜岗，王长青，张美江等. 体操教学辅助器械教学效果研究 [J]. 北京体育大学学报，2010（3）：92-94.

不能及的难点问题，克服非技术因素在某阶段引起的错误动作及不良影响，使学生尽快地掌握所学动作，从而达到加快教学进程，提高教学质量的目的。

（二）建　议

建议有条件的学校可不断改革创新，从多方面研制一些辅助教学器材，以适应新时期教学改革的发展与需要。

潹县镇中心小学开展体育家庭作业的实践研究

魏　敬　张光月　索超超　陈　威

小学生放学以后在家期间，可供他们自由支配的时间非常丰富，由于远离了学校体育锻炼的氛围，远离了教师的监督指导，缺乏主动锻炼的意识和科学锻炼的内容、方法，往往把在校期间养成的良好体育锻炼习惯和健康的生活方式丢了，出现运动技能生疏、体质下降的现象，这不利于小学生健康成长。从 2013 年 8 月 22 日起，教育部新拟定的《小学生减负十条规定》颁布后，学生有了一定的课余时间，但是据调查发现，这些课余时间的利用内容是看电视、玩电脑，学习文化课程的内容等已近乎占据所有学生的生活。本文通过文献法、访谈法、比较法以及统计法对本校四年级学生体质健康状况的改变进行观察与研究，发现有很大一部分学生在仅有的课余时间选择上网、玩游戏、看电视等打发时间，而缺乏合理的学生体育锻炼活动，导致了学生的身体素质明显下降，近视率提升较快；要想有效地增强学生的身体健康，仅仅靠课堂教学的有限时间是远远不够的，于是体育家庭作业的实施显得尤为重要。

一、研究目的

体育课后作业是体育课堂教学后学生对所学内容的延伸与巩固；是学生在校期间课外活动内容较少或活动时间不足时的一个重要补充。学生在课后承担的课业负担较大，课余时间往往用于参加体育锻炼的人次较少。

通过体育课后作业的安排，是培养学生养成体育锻炼习惯的有效形式之一，完成作业的过程本身也是身体不断锻炼和感受体育的过程。每天坚持完成一定量的体育家庭作业对学生体育锻炼习惯的形成有积极的作用。

二、研究对象与方法

（一）研究对象

漷县镇中心小学四年级学生。

（二）研究方法

1. 访谈法

对漷县镇中心小学四年学生及家长进行访谈，获得学生课余时间具体安排情况。

2. 文献法

本文相关文献材料主要为搜索中国知网、首都体育大学图书馆资料以及查阅《教育心理学》《中国学校体育》等书籍获取而来。

3. 比较法

以漷县中心小学三年级学生两年来体质健康状况纵向对比；以本校四年级学生体质健康状况与其他完小四年级学生体质健康状况横向对比。

4. 统计法

对研究中收集的数据通过 Excel2007、SPSS17.0 软件进行数据整理、比较、分析。

三、结果与分析

（一）我校体育课后作业的实践过程研究

1. 体育课后作业的内容

体育家庭作业是根据学生的年龄特征、心理特征、身体条件、家庭条件、学生兴趣，教师与学生共同设计，组织学生在家中完成的体育活动任务。学生的体育家庭作业本质是组织学生开展家庭体育健身活动，制定学生的作业。我校在实验期间的体育课后作业根据不同季节、不同的实验阶段制定了周作业、季作业、寒暑期作业等，部分体育课后作业内容如下：

表 4.6　体育课后作业统计表

序号	分类	活动形式
1	游戏交往类	两人三足、跳绳、捉尾巴、老鹰捉小鸡等
2	教学巩固类	床上前滚翻、肩肘倒立、仰面下桥、劈叉等
3	技能应用类	羽毛球赛、乒乓球赛、篮球赛、足球赛等
4	素质增强类	折返跑、仰卧起坐、楼梯负重的练习、跑步等
5	娱乐休闲类	纸飞机、钓鱼、爬山、郊游、背同伴等
6	乡土特色类	花棍、腰鼓、铁环、陀螺等

2. 体育课后作业的实施方法

体育课后作业的完成可分为个人独立完成和家人监督或合作完成，每周的作业是周一、周三、周末，共三次，每次的作业时间最少为 20 分钟。每次作业是在每堂体育课后或周一、三、五放学时班主任布置，它的完成都要有家长对家庭作业单的签字后次日交予班主任进行检查，同时对于体育课后作业的内容进行体育课堂的随堂考核、组织竞赛、亲子运动会等。

体育家庭作业的监督与检查是改进作业保证作业质量，促进学生持续开展家庭作业活动的重要环节。家庭作业单要求学生如实记录活动的过程效果，以此增强任务的可信度。下表为我校学生体育家庭作业"游戏类家庭作业"的作业单。

表 4.7　xx 周学生体育家庭作业游戏交往类家庭作业单

三年级 × 班　　　　　姓名　　　　　时间

周次	内容	时间	次数	
第 × 周	跳长绳			老师对我说★★★
	两人三足			
	老鹰捉小鸡			家长对我说★★ 家长对体育作业单的建议：
	踩影子			
	捉尾巴			

家访调查：定期到学生家中检查或电话联系，了解学生家庭实际开展情况，家校合力联合督促。

（二）体育课后作业的实践效果研究

1. 身体素质的提高

体育课后作业是体育课堂的延伸，是体育教学内容的补充，同时也是学生体质发展和提高的新路径和重要方法，实验前，对我校实验组、对照组的 50 名学生的身高、体重、一分钟跳绳、仰卧起坐、50 米跑、坐位体前屈进行检测，得出所有项目的 p>0.05，表明两组学生身体素质情况相似，可以保证整个实验具有较高的效度。

表 4.8　体育课后作业实施情况

	身高		体重		一分钟跳绳		仰卧起坐		50 米跑		坐位体前屈	
	男	女	男	女	男	女	男	女	男	女	男	女
实验组	132 ± 3.8	131.5 ± 6.1	30.3 ± 8.3	31.2 ± 8.9	82.8 ± 25.7	101.0 ± 36.3	30.9 ± 9.8	27.5 ± 6.4	9.9 ± 1.1	10.5 ± 0.9	8.5 ± 3.2	11.84 ± 4.3
对照组	131.6 ± 6.6	131.6 ± 6.3	30.3 ± 7.1	27.5 ± 4.5	97.9 ± 21.3	101 ± 36.3	29.0 ± 5.1	27.4 ± 5.3	9.7 ± 0.7	10.8 ± 1.1	7.6 ± 4.8	11.0 ± 3.7
p	P=0.5	P=0.9	P=0.71	P=0.71	P=0.06	P=0.9	P=0.4	P=0.9	P=0.6	P=0.2	P=0.4	P=0.4

在组织实施体育课外活动实验结束后对实验组和对照组的学生体质情况进行测量，测试结果如表 4.9 所示：一方面是一学期后，对照组在参与体育课、课余体育活动后，体质测量成绩略有提高，另一方面是在一学期后，实验组既正常参与体育课、课外活动等，同时受体育课后作业的干预下，一分钟跳绳、仰卧起坐、50 米跑、坐位体前屈四个项目较对照组 p<0.01，差异较显著，成绩明显增高，同时在身高、体重方面，p>0.05 的差异性较小，但也有所变化，由此我们可以看出我校的体育课后作业在身体素质提高方面可行且效果大。

我们分析如下：在一分钟跳绳方面，男生提高 13 个，女生提高 18 个；仰卧起坐方面，男生提高 6 个，女生提高 5 个；50 米跑方面，p<0.01，差异较显著，男女生速度均提高了 0.2 秒；坐位体前屈方面，男生的距离增加了 2.4 厘米，女生的距离增加了 3.2 厘米。

表 4.9　学生身体素质测量表

	身高		体重		一分钟跳绳		仰卧起坐		50 米跑		坐位体前屈	
	男	女	男	女	男	女	男	女	男	女	男	女
实验组	134.0 ± 3.9	133.2 ± 6.1	31.1 ± 7.0	32.0 ± 7.1	110.0 ± 16.7	120.0 ± 20.6	36.8 ± 8.0	34.7 ± 5.4	9.6 ± 0.8	10.0 ± 0.7	11.0 ± 2.6	14.5 ± 3.3
对照组	131.6 ± 6.6	131.9 ± 6.5	31.508 ± 7.9	28.2 ± 4.7	97.9 ± 21.3	102.8 ± 17.3	30.2 ± 4.4	30.0 ± 4.9	9.8 ± 0.6	10.8 ± 1.1	8.6 ± 3.9	11.3 ± 3.3
p	P=0.4	P=0.6	P=0.8	P=0.5	P=0.018	P=0.004	P=0.002	P=0.002	P=0.431	P=0.003	P=0.008	P=0.00

以上看出体育课后作业对提高学生的身体素质起到了重要的辅助作用，同时对实验组的实验前后体质测试成绩按《2014 年国家体质测试评价标准》进行评定，如下表所示：实验前学生体质测试评价的排名是及格、良好、优秀、不及格，试验后学生体质测试评价的排名是良好、及格、优秀、不及格。通过对比看出，实验后学生体测成绩评价比例最高的良好，及格次之，优秀的比例上升，不及格的比例为 0%，侧面反映出我校体育课后作业的有效性和科学性。

表 4.10　学生体质测试统计表

人数（50）	实验前人数	实验前比例	实验前人数	实验前比例
优秀	4	8%	9	18%
良好	11	22%	31	62%
及格	34	68%	10	20%
不及格	2	4%	0	0%
总数	50	100%	50	100%

2. 亲子关系的加深

体育课后作业的顺利实施跟家长的配合和支持有着较大的关系，家校一体的机制有效促进体育课后作业的顺利进行。一位家长说："带着孩子完成体育家庭作业，不仅减轻了孩子在家看电视玩电脑，越长越胖的担忧，对家长也是一种健身督促，是亲子活动很好的形式"。通过一学期家长的监督、参与，学生的身体素质如上表得到了提高，家长也有受益，在实验中期，学校组织班主任开班会，将体育课后作业作为班会主题，家长们相互间进行讨论、交流，通过访谈和班主任调研得知，大多数家长认为幸福感提升了，在体育课后作业实施中，家长监督、主动参与锻炼、与孩子的交流增多、家庭较以前充满笑声等，有极少数的家长由于工作繁忙等主客观因素，未能较好做到监督和配合，但在身体素质提高的同时，亲子关系更加紧密，体育课后作业也发挥了一定的作用。

3.学生主动参与体育锻炼意识的增强

学校的体育活动是终身体育得以形成的基础，是终身体育观念得以深入实现的思想摇篮；经过了一年的体育家庭作业的实践，在作业的内容和形式上进行了不断地改进和增加，从只是完成跳绳、仰卧起坐、踢毽子等活动内容，逐渐拓展到，家庭内亲子活动或者是跟附近小伙伴一起完成的形式，学生每天回家做起家庭作业真是不亦乐乎，有一部分学生都已经不需要家长的监督，自己就能很好地主动完成，让"每天锻炼一小时"有了保障，促进学生体育素质的提高。在实验结束后一个月再次对实验组、对照组做课余时间用途调查显示：实验组课余时间排名前三：主动体育锻炼、看书学习、与父母交流；对照组课余时间排名前三的是：上网游戏、主动锻炼、看书学习。虽然两组前三中均有主动参与锻炼，但比例相差甚大，同时我们关注到与父母的交流，这在学生成长和心理发展历程是重要的环节，因此，通过体育课后锻炼，增加家长和孩子之间的交流，使学生拥有健康的生活和心理。

4.11 实验后学生课余时间参加活动统计表

	主动体育锻炼	上网游戏	与父母交流	看书学习	其他
实验组	20%	5%	11%	13%	1%
对照组	9%	20%	5%	9%	6%

四、结论与建议

（一）结　论

通过一学期合理地布置体育家庭作业，使本校实验年级学生整体体质成正态发展趋势，学生一分钟跳绳、一分钟仰卧起坐、50米跑、坐位体前屈等体侧项目成绩均有显著提升。

体育课后作业的实施促进了学生与家长之间、家长与学校之间的沟通，建立起"家校"之间的一座桥梁。通过家长共同参与锻炼，加大家长与孩子之间的交流，使学生拥有健康的生活和心理。

体育课后作业的实施，对课堂教学起到关键作用，其中含有的作业内容很大一部分源于体育课上安排的教学内容，学生在练习的同时既增强了体质又能巩固和掌握体育教学技能，达到双赢效果。

体育课后作业中含有娱乐休闲类作业内容，例如，钓鱼、爬山、郊游等。学生既开阔了个人视野，又发展了自己的社会适应能力。

（二）建　议

建议在完成体育家庭作业的形式上多样化，有一定的趣味性，由一个家庭涉及多个家庭，形成多个家庭共同参与、互动完成增强活动兴趣。

建议完善体育家庭作业的监督与评价机制，使学生在完成的数量与质量上得到相应评价，完善管理措施，增强学生在实施过程中的兴趣，从而更加有效地增强学生体质，进而为终身体育打下坚实基础。

学生既要完成教师设定的家庭作业，学生还要根据家庭环境、家长能力自选安排一些有家庭特色的作业。

体育作业布置，如果要求学生在一定的时间内完成单一的内容，这就忽视了学生的差异和个性特点。为此，在教学中尝试实施作业的分层布置，力争让每个学生在适合自己的作业中都取得成功，获得轻松、愉快、满足的心理体验。针对学生体育能力有差异的客观实际，要为他们确定相应的目标，设计难易有别的作业。

参考文献：

[1] 骆及农.建立中学生体育家庭作业制度可行性研究 [J].绍兴文理学院学报：哲学社会科学版，2001（11）.

[2] 卢琼.从未来家庭结构的变化 分析体育家庭作业的作用 [J].中国学校体育，2006（8）.

[3] 吕梅.小学生体质健康发展趋势及对策研究 [J].内江科技，2012（12）.

[4] 左峻，谢卓锋."体育家庭作业＋体育创新项目"模式 [J].中国学校体育，2009（3）.

基于多元化教学策略提升小学生篮球运球能力的研究

陈 戚 魏 敬 王文强

多元化教学策略是指利用篮球游戏激发学生学习运球技术的兴趣，运用生活常识引导学生学习篮球运球技术，以任务驱动为动力引导学生学习篮球运球技术的教学方法。

本文对 300 名研究对象进行了实验研究。通过实验得出结论，基于多元化教学策略的实验组对篮球运动的兴趣更浓了，且手对球的控制能力，边运球边观察场上情况的能力、保护球的能力等方面明显优于对照组的研究对象。

一、研究目的

经过多年的篮球课堂教学，发现小学生由于年龄小、认知能力有限。所以，在学习篮球运球技术时，难免会出现这样或那样的问题。例如，很多学生刚接触篮球时，兴趣很浓，但时间长了以后，就会失去新鲜感。究其原因，是小学生的兴趣点不能保持太久，需要不断地刺激。再如，在学习技术方面，学生对运球手形、球的落点、运球节奏等细节掌握得不够准确。那么，对小学生就要采取一些能够规范动作的方法进行教学。通过前期的教学实践，笔者已经探索出了一些适用于小学篮球教学的策略。本文是将这些篮球教学策略运用到实验组的课堂中，与传统篮球课进行对比研究。从学生的兴趣、运球动作的规范程度、控球的熟练程度等几方面进行对比分析，得出结论，基于多元化教学策略的实验组对篮球运动的兴趣更浓了，且手对球的控制能力，边运球边观察场上情况的能力、保护球的能力等方面明显优于对照组的研究对象。

二、研究对象与方法

（一）研究对象

本次实验以北京市通州区漷县镇中心小学一、三、五年级学生为研究对象，各年级抽取 100 人，三个年级共 300 人，研究时间为两年。两年内无转学、退学情况。

（二）实验方法

1.实验研究法

为了激发学生篮球兴趣、提升学生篮球运球能力，笔者将学生分为了实验组和对照组。对实验组的 150 名学生，笔者基于策略进行篮球运球教学，对对照组采用常规篮球课的教学。利用实验结果验证在提升小学生篮球运球能力方面，基于策略进行篮球教学优于常规篮球课的教学。

2.文献资料法

查阅了与提升篮球运球能力相关的书籍、文献和网上资料，为策略教学实验组的研究对象服务。

3.问卷调查法

实验前，邀请了几位北京市市级体育骨干教师、通州区体育骨干教师对所发放的问卷进行指导，并提出了修改意见，经修改后对研究对象进行了问卷调查，共发放问卷 300 份，有效问卷 297 份，有效率为 99%。

实验后，对研究对象进行问卷调查，发放问卷 300 份，有效问卷 294 份，有效率为 98%。

4.数理统计法

对两年内实验前、后所收集的数据以及测试结果进行整理、比较，并做出分析。

三、结果与分析

（一）实验前对学生篮球运球能力进行调查

实验前对 300 名研究对象的实际篮球运球能力进行了测试。对一年级研究对象进行了原地运球的测验，三年级进行了直线运球的测验，五年级进行了曲线运球的测验。并根据测试结果，结合年级、性别、学习兴趣、运球能力进行平均分组，以保证实验结果的准确性。

表 4.12　实验前学生篮球运球能力的调查

情况	一年级	三年级	五年级
正确的运球手形（%）	3	14	26
准确的触球部位（%）	4	12	22
球的落点准确（%）	2	12	28
对运球节奏的把握（%）	1	11	24
抬头运球的意识（%）	1	10	21
良好的护球能力（%）	2	9	19
良好的控球能力（%）	1	12	20

从表 4.12 可以看出，通过对三个年级学生的原地运球、直线运球和曲线运球水平的现状调查，发现学生在运球手形、触球部位、球的落点、运球节奏、抬头运球的意识、护球能力、控球能力等方面的水平普遍偏低。

（二）有效开展多元化篮球教学策略

通过多年的实践与总结，要想有效开展小学篮球教学，就要做好对教材的处理、教学方法的选择与教学方式的组织，以及学习评价的把握，让课堂富有趣味性，使学生体验到篮球运动的乐趣，从而提高学生的学习兴趣，实现技术与身体锻炼并进、运动参与与社会适应同得的效果。下面展示策略教学实验组挑选的几个游戏案例。

1. 策略一：利用游戏激发孩子的学习兴趣

基于少年儿童的生理及心理特点，在篮球课堂的组织教学中，游戏教学法显然更能激发孩子的学习兴趣[①]。

表 4.13　游戏案例 1、2

案例	游戏案例 1：时钟报时	游戏案例 2：地球围着太阳转
适合年级	小学低中年级	小学中高年级
游戏方法	四名同学围成正方形并面向中心持球准备，按顺时针方向分别代表 3 点、6 点、9 点和 12 点。游戏开始后，右手原地运球，当教师说出以上四个点中的任意一个时间点时，代表该时间点的学生迅速原地低运球五次后恢复高运球，等待教师下一次的指令。	学生两人一组，同时向前运球，一名同学扮演"太阳"做急停急起运球，另一名同学扮演"地球"做行进间运球，当"太阳"遇到红色圆纸片急停进行原地运球时，"地球"围着"太阳"运球一圈，然后两人继续向前运球。
游戏规则	高、低姿运球动作要标准。被挑中的"时间点"要按数量完成低运球。若丢球，应迅速捡回继续游戏。	"地球"始终跟随"太阳"运球，若有一方出现失误，则另一方要原地运球等待。
游戏目的	进一步巩固高、低运球的基本技术动作，提高学生反应能力。	通过多种方式的运球提高学生行进间运球的能力，培养学生抬头的意识以及身体协调性。并运用游戏竞赛的形式激发学生的求知兴趣，在游戏中培养学生团结互助的合作精神。

2. 策略二：运用生活常识，巧妙引导学生学习篮球运球技术

在实际教学中，如果按部就班地进行运球技术教学，有的学生就会因为运球的枯燥而降低对篮球的兴趣。笔者在多年的教学实践中发现，如果采用一些与日常生活相关的内容，会大大增加学生的学习兴趣，能有效提高篮球运球的教学效果。笔者从交通标志中挑选了一些常见的标志，将体育课中的篮球运球技术与这些交通标志巧妙结合在一起进行教授。此种教学法不是单纯地让学生学习交通标志或者运球技术，而是生动地将学生的运球状态比作"小型机动车"，让学生边巩固运球技术边学习交通标志知识，了解交通规则[②]。

① 陈威，魏敬. 巧用篮球做游戏 [J]. 中国学校体育，2017（10）.

② 魏敬，陈威. 运用交通标志体验多种方式的运球 [J]. 体育教学，2017，37（2）：66-67.

表 4.14 游戏案例 3、4

	游戏案例 3	游戏案例 4
适合年级	小学低中年级	小学中高年级
游戏方法	运球技术包括身体姿势、手臂动作、球的落点和手脚协调配合四个环节。当教师出示 **P** 标志时，迅速让学生体会原地运球技术，**P** 代表停车位，在学习原地运球时，将车位化成"田字格"。	学生右手持球开始 ⬆ 直线运球，然后 ⚠ 做出体前变向技术，然后继续 ⬆ 直线运球，紧接着 ⚠ 做出体前变向技术，最后看到环岛行驶标志时绕过（标志桶）返回，交给下一位学生继续练习。
游戏规则	左 1 右 3 球落 2；左臂护球朝前看；五指张开空着按；指尖指球要压腕。	看到对应标志，选择对应运球方式。
游戏目的	初学阶段要求学生明确脚的站位，身体的基本姿势和球的落点。为了让学生打下良好的动作基础，我设计了田字格运球法，通过田字格规范学生的运球基本姿势，进一步帮助学生理解动作的各个点环节，同时结合口诀明确动作的方法。	通过看交通标志来练习直线运球和体前变向换手运球，不仅能提高学生的运球技术，同时还对交通标志有了更深的印象。一举两得。

3.策略三：以任务驱动为动力引导学生学习篮球运球技术

传统的体育教学有着很多的弊端，体育课效率不高，而任务驱动式教学法是将传授知识为主的传统教学转变为以解决问题、完成任务为主的多维互动式的教学，适用于学习操作类的知识与技能。任务驱动式教学方法注重以学生为主体，有利于真正培养学生的创新能力、自学能力、实践能力，增强学生独立意识和合作精神，从而有效提高教学效果。那么对于直线运球的教学，笔者通过教学实践采用了任务驱动的形式引导学生进行学习。笔者利用小"飞碟"（彩色双面圆形纸片）进行任务驱动教学，让学生由易到难、由简到繁、由浅入深的学习直线运球技术。巧妙解决教学重难点，从而有效地完成教学任务[①]。

① 龚琦安. 任务驱动式教学在体育课堂教学中的运用 [J]. 职业，2011（14）：167-168.

表 4.15　游戏案例 5、6

案例	游戏案例 5：越过单个"飞碟"	游戏案例 6：连续越过"飞碟"
适合年级	小学低中年级	小学中高年级
游戏方法	在"飞碟"后原地运球，越过"飞碟"时按压球的后上方一次通过，反复进行练习。	在越过单个"飞碟"游戏的基础上连续越过多个"飞碟"。
游戏规则	运球越过"飞碟"时，脚与球不能触碰"飞碟"。	连续运球越过"飞碟"时，球从"飞碟"上面过，人从"飞碟"侧面走。
游戏目的	此游戏要求学生的球不能触碰"飞碟"是让学生初步体验按压球的后上方的感觉，从而明确直线运球时手的触球部位。要求脚不能触碰"飞碟"是让学生提前体会脚的前进路线与球的行进路线不同。	此种玩法可以让学生进一步掌握直线运球的触球部位。同时通过观看老师的示范明确直线运球的节奏。要求学生的球从"飞碟"上面过，人从"飞碟"侧面走，是让学生体会球的落点在身体的斜前方。

（三）实验后对学生篮球运球能力进行调查

采用不同教法及形式的实验组和对照组，利用相同的时间学习同一内容，在实验末期，再次对两组学生的运球能力进行调查。

表 4.16　实验后学生篮球运球能力的调查

情况	实验组	对照组
正确的运球手形（％）	98	49
准确的触球部位（％）	94	47
球的落点准确（％）	96	46
对运球节奏的控制（％）	91	39
抬头运球的意识（％）	95	41
保护球的能力（％）	96	47
控制球的能力（％）	97	42

从表 4.16 可以看出，通过两年的篮球课堂教学，实验组研究对象的运球手形、触球部位、球的落点、运球节奏、抬头运球的意识、护球能力、控球能力等方面的提高远远超过了对照组。

（四）对实验前后学生篮球兴趣进行调查

实验前对全部研究对象的篮球兴趣进行了调查，并统计了数据。实验过程中，两组采用不同教法及形式的教学，利用相同的时间学习同一内容。实验后，再次对两组学生的篮球兴趣进行调查，并与实验前的数据进行对比。

表 4.17　实验前后学生篮球兴趣调查表

调查项目	评价指标	实验组（频数）		对照组（频数）	
		实验前	实验后	实验前	实验后
是否喜欢篮球	a. 喜欢	148	150	149	74
	b. 不喜欢	0	0	0	66
	c. 不知道	2	0	1	10
喜欢篮球的原因	a. 富有时代感	35	36	34	23
	b. 比赛趣味性强	70	70	71	33
	c. 健身	43	44	44	18
不喜欢篮球的原因	a. 动作技术教学过多	1	0	0	27
	b. 动作难度大，不易学	1	0	1	39

从表 4.17 可以看出，实验前大部分学生喜欢篮球运动，主要基于篮球运动富有时代感、趣味性强以及健身的功能，且两组学生实验前对篮球运动的喜好比例基本一致。实验后，实验组学生喜欢篮球的人数有所增加，而对照组则明显下降，主要原因是技术教学过多，以及动作难度大、不易学。由此可见，同样的教学内容，选择的教学策略不同，对学生的兴趣影响效果也是不同的。从而，说明多元化教学策略能够提高学生对篮球的兴趣，从而提升运球能力。

四、结论与建议

（一）结　论

有效提升学生的学习兴趣。俗话说，兴趣是最好的老师。小学阶段的篮球教学亦是以培养兴趣为主。前文提到的策略之一就是利用游戏激发学生的学习兴趣，让学生在玩中学、学中练，既提高了兴趣，又学会了篮球运球技术，从而提高学生的运球能力。

提高运球的综合能力。以兴趣为出发点，去体会多种形式的练习方法，有贴近生活的游戏，有任务驱动的游戏，学生通过练习来巩固并提高运球能力。例如，在看交通标志选择不同运球方式的游戏中，首先学生要抬头运球，然后再按照标志去完成相应的运球，既培养了学生抬头运球的意识，又提高了学生的控球能力。

增强了学生的合作意识。篮球游戏多以团队合作类型为主。学生参与到游戏中来，不只是提高了篮球运球能力，更重要的是培养了许多优秀的品质。在游戏中，学生学会了勇敢、顽强、拼搏的精神，懂得了守规则、讲秩序，明白了只有互帮互助才能共同进步，只有团结合作才能让队伍更加强大。

（二）建 议

根据学生实际接受能力，灵活运用教学策略。前文提到的几种策略没有先后顺序，可单一使用，也可叠加使用。这取决于所教班级学生的整体运球水平、接受新鲜事物的能力等。在实际教学中，可能会出现个别同学跟不上的现象。遇到这样的问题时，教师要灵活变换策略，换种方式让学生提高运球能力。

对于小朋友，要更多关注。不得不承认，不同年龄的学生对语言的理解、对篮球运动的理解是存在差距的。同一年级的学生，对同一事物的理解也是千差万别的。同一教学内容，有些学生你说三句他就懂了，有些学生你说十句他也是模模糊糊的，这对篮球运球教学的开展有一定阻碍。针对接受能力不强的这类学生教师要多关注、多关照，让他们尽可能跟上大家的进度。

对于"困难生"，要更多鼓励。学生身体素质参差不齐，几乎每个班都有几个"小胖子"，他们中的多数都是动作缓慢、身体不灵活的类型。在课堂教学中，有些篮球动作，其他同学都能达到标准，但对于他们来说却是十分困难的。如果每次都完成不了任务，久而久之，他们就会对篮球这项运动失去兴趣。针对这类学生，教师可以适当降低他们所要完成动作的难度，这个难度是需要他们付出努力才能达到的标准，多鼓励他们，让他们也能体会到成功的喜悦。

基于核心素养下提升通州区中小学体育器材开发创新的策略

魏　敬　陈　威　王文强

一、研究目的

《义务教育体育与健康课程标准（2011 年版）》在实施建议中明确指出："积极开发和利用课程资源是顺利实施课程标准的重要组成部分，因地制宜地开发和利用各种课程资源，可以发挥课程资源应有的教育优势，体现出课程的弹性和地方特色。"开发体育课器材资源是实施体育课程的基本保证和必要前提，是提高体育教学的重要手段。

当前，学校体育器材配备与国家体育器材配备标准相比，有一定差距，完全达标的学校很少，且成人化、竞技性器材较多。在现有学校体育教学中，由于人为因素和经费不足，导致体育器材不足，从而使教学组织形式单一、乏味，学生对体育课的学习兴趣被削弱，课堂教学失去了生命的活力。

因此本文采用问卷法、调查法、实验法对通州区中小学部分学校体育器材设施的现状和开发创新影响因素进行调查与分析，旨在探讨通过开发创新体育器材，可以丰富体育教学内容，教学的形式和方法得到良好改善和提高，使学生真正感受到体育课带来的乐趣。因此在欠发达地区和农村中小学，体育教师更要关注体育教学的自制化，以教学实际为出发点，因地制宜地对器材、生活物品进行开发和利用，为课堂教学服务，满足学生的体育活动需求。对欠发达地区和农村中小学来说，更具有重要的课程价值和意义。

二、研究对象与研究方法

（一）研究对象

通州区农村及城区 10 所中小学，600 名学生。

表 4.18 研究参与学校情况一览表

单位	学校类型	测试年级	学校分布
漷县镇中心小学	小学	小学 4 年级	乡镇
张家湾镇中心小学	小学	小学 4 年级	乡镇
永乐店镇中心小学	小学	小学 4 年级	乡镇
东方小学	小学	小学 4 年级	城区
史家小学通州分校	小学	小学 4 年级	城区
第二中学	中学	初中 2 年级	城区
第四中学	中学	初中 2 年级	城区
永乐店中学	中学	初中 2 年级	乡镇
运河中学	中学	初中 2 年级	城区
觅子店中学	中学	初中 2 年级	乡镇

（二）访谈法

对市级专家、骨干教师进行了访谈，对北京市通州区中小学部分学校进行了调研，获得各校在 2014 年至 2016 年体育器材的配备情况、使用情况、器材开发创新情况。

（三）问卷调查法

针对北京市通州区中小学教学器材现状、创新器材开发现状及学生学习动机情况设计了问卷。在查阅大量文献资料和询问专家意见的基础上对问卷进行相应的修改，确保问卷的合理性、科学性。本文分别设计了两种问卷：《教师问卷调查表》《学生问卷调查表》。

表 4.19　问卷效度检验表

问卷对象	效度类别	非常合理	比较合理	一般	较低	不合理
教师问卷	总体设计	2	7	1	0	0
	结构设计	3	5	2	0	0
	内容设计	3	6	1	0	0
学生员问卷	总体设计	4	5	1	0	0
	结构设计	3	5	2	0	0
	内容设计	2	7	1	0	0

　　对问卷采取二次测试。经过重复检验，两次问卷在结果上具有高度一致性，因此，本次问卷调查的结果具有较高的信度。

（四）实验法

　　笔者将通州区 10 所中小学校分为实验组和对照组，在 5 所小学中随机抽取 2 所、在 5 所中学中随机抽取 3 所，组成实验组，其余 5 所为对照组。实验组从小学随机抽取四年级两个班，中学随机抽取初二两个班级共 10 个班级 287 人。对照组以同样的抽取方式共 313 人。本次研究的自变量为开发创新的体育教学器材，因变量为体育教学效果。在本实验中，对两组学生安排相同的教学内容，进行同等练习的次数，但实验组采用新开发的体育器材，对照组采用常规体育器材。

三、结果与分析

（一）通州区中小学体育器材配备使用现状

表 4.20　通州区中小学 10 所学校体育器材配备使用情况

单　位	配备情况（达标率%）	使用情况（使用率%）
漷县镇中心小学	91.5	48.0
张家湾镇中心小学	93.5	45.5
永乐店镇中心小学	94.5	32.5

单　位	配备情况（达标率 %）	使用情况（使用率 %）
东方小学	91.0	49.2
史家小学通州分校	99.5	52.7
第二中学	98.5	54.6
第四中学	94.5	46.7
永乐店中学	96.7	47.6
运河中学	95.4	48.6
觅子店中学	93.7	37.8

由表 4.20 表明，目前北京市通州区中小学校体育器材配备充足，各种器材均已按照国家最新标准配备。从使用情况看，器材的使用率不高。调查得知器材使用率受学校体育安全、恶劣天气以及师资水平等因素导致部分器材未能充分发挥作用，甚至被闲置。

表 4.21　通州区中小学学校配发体育器材各个体育项目使用情况

体育项目	经常使用	偶尔使用	基本不用
篮球	√		
足球	√		
排球		√	
体操垫	√		
跳高架		√	
单杠			√
实心球		√	
跳绳	√		
跳箱			√
小垒球	√		
刀、棍			√

通过运用情况分析得知，各校使用器材较多的是跳绳、篮球、足球、小体操垫等，而那些危险的跳箱、单杠等都远离了课堂，教师们把这些危

险器材"保护"起来，因此，对全面发展学生身体素质势必产生了影响。

（二）通州区中小学体育器材开发创新

表 4.22　日常体育教学中各种辅助器材的开发与利用情况

情况	自制器材（%）	改造废旧器材（%）	辅助器材（%）
偶尔使用	23.5	13.4	20.3
基本不用	12.4	8.7	10.4

由表 4.22 得知：各校自制和改造器械的数量较少，在一些日常教学或训练中为解决某一项内容重难点时，偶尔会制作或者改造一些器材，当体育器材破损时多以遗弃的方式处理掉。

（三）通州区中小学体育器材开发创新中存在的问题

1. 学校体育器材管理因素

目前一些学校缺少器材管理员，造成器材疏于管理、损坏现象严重。每个学校都有一些闲置的器材像平梯、跳箱、山羊等体操类器材因为担心安全问题而不敢使用。

2. 体育器材功能性因素

体育器材一般都具有多种功能，日常教学中体育教师未能转换视角和思维方式，没有开发常用器材的新功能，所以没能使有限的体育器材达到最大的练习效果，不能满足不同项目对器材的要求。

3. 体育器材安全因素

受"无风险教学"在各级各类学校体育教学中的影响，从学校领导到任课教师均怕出伤害事故。因此，教学时对那些技术有难度、危险性大、会造成伤害的器械不敢启用。部分体操器械和田径运动中"三铁"或跨栏等项目甚至直接从教学课程中删除。

（四）提升通州区中小学体育器材开发创新的策略

1. 利用辅助器械帮助学习调动学生学习兴趣——小器械大作为

采用传统的教法手段讲练的形式，会让学生感到很枯燥乏味，失去学习的动力。只有不断改变教学手段，变换练习方式，让学生产生学习兴趣，才能有效地开展教学活动。

案例　　　　　　　　　　保护带

单杠教学中存在一定的风险，影响学生学习的态度。针对这种情况可借助保护带，对学生进行保护与帮助。如学习双腿挂膝悬垂动作时，受学生上肢力量的影响，部分学生在做杠下屈腿挂膝时很困难，不能多次重复练习。为了解决教学中的难点，在教学中利用保护带托起练习者腰背部两端连接于单杠，当屈腿穿杠时身体重量完全由保护带"承担"，减轻了学生上肢的压力，可以多次在杠上进行穿臂挂膝的练习。

图 4.1　用保护带辅助教学

2.利用自制器械拓展练习方法唤醒学习动机——巧制作　多用途

学生在体育学习过程中对技能和动作的掌握有快有慢、有好有差。因此，教师应采取科学、合理的方法，通过有效的教学手段，并借助一定的自制体育器材，来解决实际教学中的重点和难点。

案例　　　　　巧制弹力发声踏板，解决教材重难点

弹力踏板，利用床垫的废旧弹簧制作，充分发挥踏板的弹力功能。弹力踏板具有很强的弹力，可以帮助身体向上有力地弹起从而完成一些弹跳的动作。

　　　　　　　a　　　　　　　　　　　　　b

图 4.2　弹力发声踏板

3.利用常规器械功能拓展保持学习兴趣持久力——功能多兴趣浓

常规的体育器材和用法学生都非常熟悉，有时会影响学生练习的积极性。为了提高学生的兴趣和积极性，作为体育教师必须开发一些适合学生练习的新器材，并设计一些适合学生身心发展的练习方法来激发学生的兴趣。

案例   投掷靶的多功能利用

固定靶。在投掷靶的背面有两个小木条，当其横向放置时可以阻止靶心转动即固定靶。此时学生可进行一定距离的投掷练习，靶为双面可以两个组同时进行固定靶投掷练习。

旋转靶。把投掷靶后面的阻挡木条搬回垂直状态，靶心即可旋转，为旋转靶。学生可按图示的方法进行旋转靶掷准练习。

移动—旋转靶。利用车轮使投掷靶沿一定的方向进行直线运动即移动旋转靶。教师可以手推靶行进，也可以用一根长绳进行牵拉行进。

图 4.3　多功能投掷靶

（五）体育器材开发创新的教学效果检验

1.实验前后调查通州区中小学 10 所学校日常体育器材制作创新开发教学效果的对比分析

表 4.23　日常体育器材制作创新开发教学效果的对比情况

情况	学习兴趣（%）	学习效果（%）	学生参与（%）
实验学校	74.5	83.4	80.3
对照学校	42.4	58.7	51.4

通过调查分析得知，实验前后学生们的学习兴趣、学习效果、对体育教学活动的参与程度都有明显提升，两个组实验数据差异显著，可见开发创新体育器材对学习兴趣，学习效果的提升有一定的积极作用，达到了优化器材资源的目标。

2. 实验前后调查通州区中小学 10 所学校常规体育器材、自制体育器材、辅助体育器械等运用分析

表 4.24　常规体育器材、自制器材、辅助体育器械等运用情况

情况	常规器材（%）	自制器材（%）	辅助器械（%）
实验学校	62.4	48.7	41.4
对照学校	44.5	3.4	3.3

由实验中分析得知，对照学校采用常规配发的器材单一使用的方法，这样枯燥的使用单一种类器材对学生的学习效果产生了一定的影响。实验学校针对不同教学内容开发制作、创新组合使用多种器材，这样运用器材资源弥补了器材的功能性，达到了优化组合，发挥多种器材资源的综合效果。

3. 实验前后调查通州区中小学 10 所学校三种体育器材开发综合运用对体育教学影响分析

表 4.25　三种体育器材开发综合运用对体育教学影响情况

情况	实验学校（%）	对照学校（%）
现有体育器材的使用	62.4	44.5
帮助学生解决教学重难点	62.7	32.6
学生学习兴趣	72.8	35.5
学生参与学习的动机	63.7	23.4
体育器材的功能性开发	56.6	26.6
对体育器材数量不足的补充	45.6	32.6
现有体育教学练习方式的改变	62.9	26.7

实验后，对比分析得知实验学校的学生在学习兴趣、学习动机，以及弥补器材的功能、创新练习方式、有效解决体育重难点等方面，都有很大的提升。

4.实验组与对照组在体育教学中应用器材开发创新整合优化前后情况对比分析

表4.26　小学生参与家庭体育活动的主要项目对比分析情况

项目	男生			女生		
	正常日（%）	双休日（%）	寒暑假日（%）	正常日（%）	双休日（%）	寒暑假日（%）
篮球	2	5	9	2	0	3
足球	4	3	12	5	4	3
羽毛球	4	12	41	5	11	12
乒乓球	3	20	21	6	4	12
慢跑	3	8	15	2	3	19
走步	4	9	6	1	3	2
骑行	6	7	12	7	2	4
登山	8	3	12	3	5	9
游泳	8	9	12	4	0	5
跳绳	3	1	5	9	2	12

四、结论与建议

（一）结　论

结合教学目标、任务、教学内容及教学对象整合开发创新器材资源

1.优化器材

在体育教学中，当针对某一个具体的教学内容时，从客观上有许多种器材可以使用，应从优选角度考虑选择简易性、实用性、可靠性与高效性。优选体育器材时应考虑在相同功能的前提下就简弃繁；其次，择少弃多。运用最少的体育器材资源去达到体育教学目标，即以最少的资源取得最佳的效果。

2. 功能拓展

各种体育器材都有其特点、独特的教学功能和特定的作用。因而不同的器材会表现出各不相同的功能，同时也会呈现功能方面的差异性。为此体育教学中需要通过各种器材相互互补而协调一致，才能充分发挥器材的整体功能，达成教学的目标。这就需要体育教师遵循体育器材的功能互补规律。

3. 综合运用

体育器材一般需要根据体育教学目标、教学任务、教学内容及教学对象等综合运用多种器材资源。无论是复杂的技术动作还是简单的技术动作，都应从技术动作的结构认真分析考虑。从体育技术动作的学习过程来看，根据动作技能形成的规律，可分为三个阶段，各个阶段都有不同的体育器材资源的利用，只有将这三个阶段的器材资源巧妙地安排利用才能形成一个整体。

（二）建 议

1. 体育器材开发与创新中安全因素是重点

体育器材的安全性在一定程度上决定了体育课上安全事故发生的概率，因此在开发利用运动器材时，首先要考虑体育器材的安全性，这就要求教师在制作体育器材和指导、引导学生自制器材时，应充分考虑到学生的不同年龄特点。

2. 体育器材多重功能的开发和利用是难点

体育器材多重功能的开发和利用，是当前体育课教学的重要组成部分。现今很多体育课新教材中，都明确指出体育器材多重功能的开发和利用，要将体育器材多重功能的开发与教学实际联系起来，以促进体育教学质量的增长为最终目的。

3. 体育器材开发与创新在体育教学中的实用性是亮点

场地器材的开发利用是为了课程目标的有效达成。因此，教师必须明确课程目标，认真分析各种场地器材资源，认识和掌握其各自的性质和特点，根据教学实践进行合理地开发和利用，才能保证实效性。如果引入教学活动的场地器材资源，意图不明确，不容易操作，不仅达不到预期的教学目标，反而可能加重学生的学习负担。

参考文献：

[1] 北京教育科学研究院基础教育教学研究中心．学科能力标准与教学指南：中小学体育与健康 [M].北京：北京师范大学出版社，2015.

[2] 杨文轩，季浏．义务教育体育与健康课程标准（2011 年版）解读 [M].北京：高等教育出版社，2012.

[3] 王娟．浅谈开发和利用体育课程资源的原则 [J].西安体育学院院报，2007（4）.

[4] 马秀珍．体育课程资源开发利用 [J].宁夏教育，2008（6）.

[5] 田菁，杜欣，杨银田．体育课程内容资源改造的理论研究 [J].上海体育学院学报，2007，31（5）.

[6] 曹卫民．小学体育小型器材常用功能表 [J].中国体育学校，2002（增刊）.

核心素养下篮球游戏对小学生身体素质及锻炼态度影响的研究

陈　威　魏　敬　王文强　王海涛

一、研究目的

本文通过分析比较趣味篮球对小学生身体素质及锻炼态度的影响，旨在积极寻找小学生端正学习态度的干预和培养手段，找到积极提高学生学习兴趣的方法，从而促进学生身心健康全面发展，为学生端正锻炼态度，提高身体素质起到积极作用。

二、研究对象与方法

（一）研究对象

本次实验以北京市通州区漷县镇中心小学一、三、五年级学生为研究对象，各年级抽取 100 人，三个年级共 300 人，研究时间为两年。两年内无转学、退学情况。

（二）研究方法

1.实验研究法

为了激发学生运动兴趣、提高学生身体素质，笔者将学生分为了篮球游戏实验组和对照组，对篮球游戏实验组的 150 名学生采用篮球游戏的方法，对对照组采用正常体育课的教学。利用实验结果验证篮球游戏的方法对小学生身体素质及锻炼态度有着积极的影响。

2.文献资料法

查阅了与身体素质训练相关的书籍、文献和网上资料，同时查阅了大量游戏类文章，结合身体素质训练的方法创作篮球小游戏，为篮球游戏实验组的研究对象服务。

3.问卷调查法

实验前，邀请了几位北京市市级体育骨干教师对所发放的问卷进行了指导，并提出了修改意见，经修改后对研究对象及其家长进行问卷调查，共发放问卷 300 份，有效问卷 297 份，有效率为 99%。

实验后，对研究对象及其家长进行问卷调查，发放问卷 300 份，有效问卷 294 份，有效率为 98%。

4.数理统计法

整理、比较两年内实验前后所收集的数据、测试结果，并做出分析。

三、结果与分析

（一）实验前对学生学习篮球的兴趣进行调查

实验前对 300 名研究对象学习篮球兴趣的情况进行了调查，并以此为依据将学生平均分组，以保证实验结果的准确性。

表 4.27　实验前学生学习篮球兴趣的调查

调查项目	评价指标	频数	百分比（%）
是否喜欢篮球	a. 喜欢	286	95.3
	b. 不喜欢	6	2
	c. 不知道	8	2.6

调查项目	评价指标	频数	百分比（%）
喜欢篮球的原因	a. 富有时代感	89	19.7
	b. 比赛趣味性强	76	16.8
	c. 健身	99	22.0
不喜欢篮球的原因	a. 动作技术教学过多	3	1
	b. 动作难度大，不易学	3	1

从表 4.27 可以看出大部分学生喜欢篮球运动，主要基于篮球运动富有时代感、趣味性强以及健身的功能。根据调查结果将学生平均的分配到各实验小组中，避免因组间差异而造成实验结果不准确的现象。

（二）开展篮球游戏课课练的实验内容

小学一、二年级每周 4 次体育课，三至六年级每周 3 次体育课。篮球游戏实验组学生每次体育课利用十分钟时间进行篮球游戏，利用篮球游戏发展学生的身体素质，以下是篮球游戏实验组两年来实施的篮球游戏。

表 4.28　篮球游戏实验组学生两年内的实验内容

年级	游戏名称	体能目标	游戏方法	运动负荷
一年级至二年级	1. 抛"西瓜" 2. 小火车 3. 手拉手 4. 节奏大师 5. 照镜子 6. 后浪推前浪 7. 时钟报时 8. 保卫萝 9. 运球砸影子 10. 地滚球接力	目标一：发展学生手脚协调能力，提高灵敏性 目标二：培养学生快速移动能力 目标三：发展学生上、下肢力量	游戏1：将篮球抛给同伴后到对面组队尾排好 游戏2："火车头"运球折返，每次增加一个"火车头" 游戏3：两人手拉手运球折返，右侧学生运球 游戏4：随音乐节奏运球 游戏5：模仿同伴的运球动作 游戏6：根据教师手势运球蹲起 游戏7：根据教师指示，做高、低运球 游戏8：两人边运球边断球 游戏9：运球砸同伴的影子 游戏10：地滚球接力	游戏1：中等强度 游戏2：较大强度 游戏3：较大强度 游戏4：中等强度 游戏5：中等强度 游戏6：较大强度 游戏7：中等强度 游戏8：较大强度 游戏9：中等强度 游戏10：较大强度

年级	游戏名称	体能目标	游戏方法	运动负荷
三年级至四年级	1. 运球抛物		游戏 1：运球抛沙包	游戏 1：中等强度
	2. 砸地鼠	目标一：提高学生快速反应能力，发展灵敏素质	游戏 2：运球砸同伴露在方格外的影子	游戏 2：中等强度
	3. 运球"红绿灯"		游戏 3：看到绿灯向前运球，遇红灯原地运球	游戏 3：较大强度
	4. 火星四射		游戏 4：运球砸星	游戏 4：较大强度
	5. 交换阵地	目标二：提高学生协调能力及速度素质	游戏 5：两人原地运球五次后交换阵地继续运对方的球	游戏 5：中等强度
	6. 运球抱团	目标三：发展学生上肢力量	游戏 6：学生围成圆圈顺时针运球，老师说数字，相应人数的学生站到一起	游戏 6：较大强度
	7. 你追我赶		游戏 7：运球者前后移动，接球者跟随移动准备接球	游戏 7：较大强度
	8. 如影随形		游戏 8：运球者左右移动，其他三人跟随移动，传球后到队尾跟随前面同学移动	游戏 8：较大强度
	9. 夺球大战		游戏 9：三人传接球，一人防守	游戏 9：较大强度
	10. 贪吃蛇		游戏 10："蛇头"运球吃"食物"，被吃的"食物"变成蛇的身体	游戏 10：较大强度

年级	游戏名称	体能目标	游戏方法	运动负荷
五年级至六年级	1. 俯卧运球	目标一：锻炼核心肌群，增强肌肉力量	游戏1：俯卧在垫子上，上肢与腿抬起运球	游戏1：较大强度
	2. 仰卧起坐运球		游戏2：在垫子上边仰卧起坐边运球	游戏2：较大强度
	3. 运球对抗		游戏3：两人边运球边相互挤对方	游戏3：中等强度
	4. 单臂支撑运球	目标二：发展速度及柔韧素质	游戏4：单臂支撑，另一只手运球	游戏4：较大强度
	5. 快乐翻倍	目标三：发展学生耐力素质	游戏5：双手同时运球接力	游戏5：较大强度
	6. 左右开工		游戏6：双手交替运球接力	游戏6：较大强度
	7. 见线就回		游戏7：运球见线折返	游戏7：较大强度
	8. 抢救伤员		游戏8："救护者"运球营救"伤员"回到指定地点	游戏8：较大强度
	9. 软梯传接球		游戏9：在软梯上做灵活脚步，同时与同伴传接球	游戏9：较大强度
	10. 运球接力		游戏10：用篮球代替"接力棒"，运球接力	游戏10：较大强度

（三）实验效果

1. 实验前后学生对身体素质训练的态度

实验采用了两种不同的方法对研究对象进行了身体素质训练，目的是提高学生的综合运动能力。实验前后统计研究对象的身体素质、训练态度，通过分析找到一种更适合小学生的训练方法，能更好地激发学生的运动兴趣，从而培养他们自觉参与体育运动的习惯，最终达到提高身体素质的目的。

表 4.29　实验前后学生对身体素质训练态度的统计表（%）

	篮球游戏实验组		对照组	
	实验前	实验后	实验前	实验后
非常喜欢	9	32	10	9
一般	33	43	35	37
不喜欢	18	16	17	18
抗拒	40	9	38	36
P 值	< 0.01		> 0.05	

从表 4.29 可以看出实验前大部分学生对于身体素质训练持中立态度，而实验后，两组学生的态度发生了变化。从 P 值可以看出篮球游戏实验组学生实验前后对身体素质训练的态度存在明显的显著性差异，"非常喜欢"和"一般"的比例明显增高，而相对"抗拒"的比例明显降低。对照组 P 值大于 0.05，无显著性差异。说明篮球游戏更能激起学生的练习欲望，相比一般体育课更有趣味性。

2. 实验前后学生肺活量水平变化

肺活量是反映人体发展水平的重要机能指标之一，在一定意义上可反映出呼吸机能的潜在能力。这与体育运动有着密切的联系。因此，本文对研究对象进行了肺活量的跟踪调查，发现实验前后学生的肺活量指标有明显变化。

表 4.30   实验前后学生肺活量水平变化统计表（％）

	篮球游戏实验组		对照组	
	实验前	实验后	实验前	实验后
优秀	6	51	8	36
良好	52	36	52	32
及格	38	12	37	30
不及格	4	1	3	2
P 值	< 0.01		> 0.05	

从表 4.30 可以看出，随着年龄的增长全部学生的肺活量水平均有所增长。根据 P 值大小可知，实验前后篮球游戏实验组学生肺活量水平存在显著性差异，说明篮球游戏方法对提高学生肺活量水平具有促进作用。

3. 统计实验前后学生 BMI 指数变化

相比其他学生，体型超重及肥胖的学生想要提高身体素质难度更大，由此可知，提高身体素质首先要降低体重。针对这一问题，降低超重及肥胖学生的体重显得十分重要。下表以五年级学生实验数据为例。

表 4.31   实验前后学生 BMI 指数变化情况（％）

	篮球游戏实验组		对照组	
	实验前	实验后	实验前	实验后
营养不良	0	0	0	0
较低体重	4	4	5	5
正常体重	55	73	55	58
超重	18	17	17	18
肥胖	23	6	23	19
P 值	< 0.01		> 0.05	

通过实验发现，两组学生正常体重的比例均有所提高。从 P 值可以看出，篮球游戏实验组实验前后存在显著性差异，其中肥胖学生的比例下降最明显。说明篮球游戏实验组的训练方法更能激发超重及肥胖学生的运动

兴趣，体重下降再配合篮球游戏训练，能更好地提高学生的身体素质。

4.实验前后学生耐久跑能力变化

耐久跑对学生速度及耐力的要求都比较高，因此，想要提高耐久跑的能力必须先提高学生的各项身体素质。以五年级 50 米 ×8 折返跑为例。

表 4.32　实验前后学生耐久跑能力变化情况

		测试人数（人）	最大值（s）	最小值（s）	P 值
篮球游戏　实验组	实验前	50	1'43"21	2'22"45	< 0.01
	试验后	50	1'25"56	1'57"11	
对照组	实验前	50	1'43"08	2'19"89	> 0.05
	试验后	50	1'39"67	1'48"51	

从表 4.32 可以看出，两组学生耐久跑的成绩均有所提高。根据 P 值变化规律可知，篮球游戏实验组学生耐久跑成绩提高的幅度更大，优秀比例明显增高。说明运用篮球游戏提高学生的身体素质效果更加显著。

5.实验后篮球游戏实验组学生学习情况

表 4.33　实验前后篮球游戏实验组学生学习情况调查

题项	选择项选择人数	
	A	B
1. 你是否喜欢篮球游戏?	150	0
2. 通过篮球游戏身体是否得到了锻炼?	150	0
3. 篮球游戏后是否感到疲劳?	143	7
4. 通过两年的练习灵敏性是否有所提高?	144	6
5. 通过两年的练习做动作是否更协调了?	141	9
6. 通过两年的练习短跑成绩是否有所提高?	136	14
7. 通过两年的练习耐力是否有所增强?	131	19
8. 通过两年的练习力量是否有所增长?	123	27
9. 你是否学会了篮球游戏的方法?	150	0
10. 你是否愿意在课余时间利用篮球游戏锻炼身体?	137	13

（A：是　B：否）

从表 4.33 可以看出，通过两年的练习，篮球游戏实验组的绝大多数学生身体素质均有所增强。学生对篮球游戏也十分喜爱，多数学生愿意利用课余时间从事篮球游戏活动，说明利用篮球游戏发展学生身体素质的方法可行，它不仅能增强身体素质、提高篮球技术，还能端正锻炼态度、培养学生终身体育的意识。

6. 实验前后家长对学生体质健康关注行为表现的调查

表4.34　实验前后家长对学生体质健康关注行为表现的调查比较

问题		实验前		试验后	
		人数	%	人数	%
1. 您家孩子平时参加体育锻炼的时间是多少？	10 分钟	72	24	48	16
	30 分钟	108	36	105	35
	40~60 分钟	75	25	87	29
	60 分钟以上	45	15	60	20
2. 您家孩子参与学校组织体育活动的情况如何？	经常参加	63	21	105	35
	偶尔参加	132	44	138	46
	从不参加	105	35	57	19
3. 您经常跟孩子一起参加体育锻炼吗？	经常	66	22	150	50
	有时	165	55	96	32
	从不	69	23	54	18
4. 孩子《标准》测试反馈后，您是否能督促孩子参加体育锻炼？	能	66	22	195	65
	有时能	198	66	84	28
	不能	36	12	21	7

从表4.34可以看出，通过本次实验，不仅对学生终身体育意识的培养有所促进，对学生家长的影响也不小。根据调查结果可以看出学生家长更加关注孩子的体质情况，更多的家长愿意督促孩子参与体育锻炼，并能抽出时间与孩子共同进行身体锻炼。

四、结论与建议

（一）结　论

从 P 值可以看出篮球游戏实验组学生实验前后对身体素质训练的态度

存在明显的显著性差异，据调查篮球游戏实验组学生会利用课余及假期间进行单人或多人的篮球游戏。说明篮球游戏更能激起学生的练习欲望，相比一般体育课更有趣味性。

随着年龄的增长全部学生的肺活量水平均有所提高。根据 P 值大小可知，实验前后，篮球游戏实验组学生肺活量水平存在显著性差异，说明篮球游戏方法对提高学生肺活量水平具有促进作用。

通过实验发现，实验对象中没有营养不良的学生，两组学生较低体重的比例无变化。篮球游戏实验组的学生肥胖比例明显减少，正常体重的比例明显升高。说明篮球游戏实验组的训练方法更能激发超重及肥胖学生的运动兴趣，体重下降再配合篮球游戏训练，能更好地提高学生的身体素质。

以五年级学生为例，发现两组学生耐久跑的成绩均有所提高。根据 P 值变化规律可知，篮球游戏实验组学生耐久跑成绩提高的幅度更大，优秀比例明显增高。说明运用篮球游戏提高学生的身体素质效果更加显著。

通过两年的练习，篮球游戏实验组学生对自我身体状态有了新的认知，大部分学生能够感知到自身的某一项或某几项身体素质都有所提高，灵敏、协调、速度、力量、耐力等。学生对篮球游戏也十分喜爱，多数学生愿意利用课余时间从事篮球游戏活动，说明利用篮球游戏发展学生身体素质的方法可行，它不仅能增强身体素质、提高篮球技术，还能端正锻炼态度、培养学生终身体育的意识。

通过本次实验，对学生家长的态度也起到了一定的促进作用。调查结果显示，家长更加关注孩子的体质状况，更多的家长愿意鼓励并督促孩子参与体育锻炼，有些家长还能抽出时间与孩子共同参与到体育锻炼活动中。

（二）建　议

实现家校合作，在校体育课时间有限，更多的要靠学生自觉，同时也离不开家长的配合，假期父母陪孩子进行篮球小游戏，既可以加深父母与孩子的感情，又能提高孩子的身体素质，锻炼他们的体魄，让每一个孩子都能健康茁壮地成长。

教授学生体育技能（例如，篮球），提高他们的运动兴趣，通过长期的篮球游戏提高学生身体素质，端正锻炼态度，培养他们终身体育的意识。

　　大范围地实施篮球游戏提高身体素质的方法，让更多的孩子受益，尤其是超重及肥胖的学生，改掉他们懒惰的心理与习惯，养成锻炼身体的习惯，培养他们自觉参与运动的意识。

　　真正教授给学生锻炼身体的方法，在平时的篮球游戏教学中，不仅要让学生会做游戏、爱做游戏，还要培养他们举一反三的能力，让他们学会自己创造更多的游戏方法，从而投入到体育运动中去。这比单纯地教会一种游戏方法更有意义。

参考文献：

[1] 陈雁飞 . 小学体育教师专题强化与技能拓展 [M]. 北京：高等教育出版社，2012.

[2] 魏敬，陈威 . 篮球运球方格游戏 [J]. 体育教学，2016（9）：71.

[3] 魏敬，陈威 . 方格教学法在篮球运球教学中的运用 [J]. 体育教学，2016（1）：60-61.

[4] 李广有 . 体育专项游戏 [M]. 兰州：甘肃科学技术出版社，1994.

[5] 少年儿童业余训练《篮球》教材编写组 . 少年儿童业余训练教材 . 篮球 [M]. 北京：人民体育出版社，1980.

[6] 张元文 . 少儿篮球适宜教学体系的研究 [D]. 苏州：苏州大学，2007.

[7] 王本陆 . 课程与教学论 [M]. 北京：高等教育出版社，2006.

[8] 叶海辉，张巧莉 . 课课练体能游戏之"与篮球教材相结合" [J]. 青少年体育，2006（11）.

[9] 北京教育科学研究院 . 体育与健康教师用书 [M]. 北京：北京出版社，2014.

[10] 钟晓婷 . 运用趣味教学法提高篮球运球教学效果 [J]. 新课程（教师版），2011（2）.

快速伸缩复合训练干预对通州区农村小学生体质健康影响的研究

王文强 魏 敬 陈 威

快速伸缩复合练习是功能性训练的组成部分，功能性训练更加注重增强全身的肌肉整体工作能力和效率，提高核心部位小肌肉群的辅助能力，提高神经的控制能力的一种新型的训练方法。

本文通过文献资料、数理统计法和实验法，对我校五年级的学生进行不同的练习内容，一组进行快速伸缩复合练习，一组进行常规练习。经过一年的练习得出以下结论：实验组和对照组经过一年体育锻炼后，在常规训练和快速伸缩复合训练都对促进农村小学生身高增长起到一定作用，而且对农村小学生身体形态的改善有一定积极作用，且快速伸缩复合练习效果略优于传统的锻炼方法。实验组和对照组经过一年的体育锻炼后，在运动能力上有显著的提高，快速伸缩复合练习效果明显优于常规的训练方法。快速伸缩复合练习更加有效提高学生纵跳能力，经过一年训练实验组提高19.1厘米，远高于对照组增长15.3厘米。为促进学生身体健康全面发展提出以下建议：快速伸缩复合练习可以促进腿部肌肉神经的快速发展，但是过度的训练或者不科学的跳跃训练可能会对身高等身体形态产生负面影响。快速伸缩复合练习可以有效提高学生的运动素质，因此在课堂教学中可以更多地引入快速伸缩复合练习，增加课程的趣味性、多样性、实用性。快速伸缩复合练习可以有效提高学生的纵跳能力，因此在篮球、排球等需要跳跃的运动项目中加入适当的训练方法，可以更有效的提高教学效果，促进学生身体的全面发展。

一、研究目的

青少年是祖国的未来，是国家未来的主力军，青少年的身体健康状况直接影响国家的发展进程。我国从1985年开始对青少年的身体健康状况进行测评，在接下来的六次测试中，中国青少年的体质在速度、耐力、柔韧等方面都出现了不同情况的下降，肥胖和近视率逐年增高，严重影响了青少年的身体健康，更加影响了国家的发展战略。国家根据测试结果出台了一系列的促进青少年体质健康的措施并起到一定作用，但目前小学生体质仍然比较差，因此结合我校现实情况逐步开展快速伸缩复合练习，快速伸缩复合练习主要就是提高动作速度和整理力量，快速伸缩复合练习与高效的灵敏性、协调性、稳定性和柔韧性相结合，有利于提高运动经济性。本研究目的是通过分组对学生在教学中进行快速伸缩复合训练，获得快速伸缩复合训练在运动的反应速递、爆发力等方面的影响，为促进学生的全面发展、学生运动员成绩的提高、提高教师教学水平和学生训练水平提供理论参考。

二、研究对象和方法

（一）研究对象

选择我校五年级 300 名学生作为测试对象，选择协调性、变向能力、爆发力等指标作为实验对象。

（二）研究方法

1. 文献资料法

本文在确定选题和论文研究之前，进行了大量国内外文献的检索，阅读大量相关快速伸缩复合练习和运动训练的相关文献，并对论文中所需要器材运动的文献进行查阅，为论文的选题、实验设计、实验展开和实验数据分析提供可靠依据。

2. 实验法

本文通过对五年级学生按班随机分成两组，对两组进行不同的训练，经过一年的训练，前后对两组学生进行 FMS 测试、身体素质测试等测试，通过最后结果的分析探讨快速伸缩复合训练对身体素质的影响。

3. 数理统计法

本文获得的数据首先用 Excel 进行简单的统计，然后运用 SPSS18 进行详细的 T 检验，获得差异性结果，$0.01<P<0.05$ 为存在显著性差异，$P<0.01$ 为存在高度显著性差异。

三、结果与分析

（一）快速伸缩复合训练对 FMS 测试结果的影响结果与分析

FMS 测试是运用 7 个检测性动作对人体的各个方面进行检测，如对称性、弱链、局限性等。通过对身体的检测查找身体运动存在的问题，进行专门性的训练，从而提高运动员的运动成绩。FMS 测试共 7 个动作，分别为：深蹲、过栏架步、前后分腿蹲、转动稳定性、肩关节灵活性、直腿上抬、控体俯卧撑。每个动作的评分档次分别为：3 分——毫无疑问地具有执行一个动能动作模式的能力；2 分——具有执行一个方能动作模式的能力，但可注意到一定程度上的补偿动作；1 分——不具有执行或完成一个功能动作模式的能力；0 分——疼痛。在 FMS 测试中总分 14 分为临界值，如果低于 14 分的情况下进行训练，那么出现运动损伤的可能性很大。如果高于 14 分，那么出现运动损伤的可能性减小。

表 4.35　FMS 测试实验前后组间测试结果一览表

测试指标	实验前		P	实验后		P
	Ⅰ	Ⅱ		Ⅰ	Ⅱ	
深蹲（分）	2.38 ± 0.65	2.42 ± 0.50	0.804	2.58 ± 0.50	2.54 ± 0.51	0.77
过栏架步（分）	2.21 ± 0.42	2.25 ± 0.44	0.738	2.74 ± 0.45	2.58 ± 0.50	0.27
前后分腿蹲（分）	2.33 ± 0.48	2.38 ± 0.50	0.769	2.65 ± 0.49	2.71 ± 0.64	0.68
转动稳定性（分）	2.21 ± 0.42	2.58 ± 0.50	0.70	2.67 ± 0.48	2.70 ± 0.47	0.84
肩关节灵活性（分）	2.38 ± 0.50	2.38 ± 0.50	1.00	2.52 ± 0.51	2.78 ± 0.42	0.07
直腿上抬（分）	2.50 ± 0.51	2.29 ± 0.46	0.146	2.54 ± 0.51	2.83 ± 0.38	0.03
控体俯卧撑（分）	2.42 ± 0.50	2.29 ± 0.46	0.376	2.67 ± 0.48	2.75 ± 0.44	0.54

由表 4.35 可以看出，在训练之前实验 Ⅰ 和实验 Ⅱ 组在深蹲、过栏架步、前后分腿蹲、转动稳定性、肩关节灵活性、直腿上抬、控体俯卧撑七个动作上均不存在显著性差异（P>0.05），说明在训练之前两组不存在显著性差异。经过训练之后也仅直腿上抬出现了显著性差异（P<0.05）。

由表 4.36 可以看出：实验 Ⅰ 组在深蹲、过栏架步、前后分腿蹲、转动稳定性、肩关节灵活性、直腿上抬、控体俯卧撑七个动作上增值分别为 0.2 分、0.53 分、0.33 分、0.12 分、0.14 分、0.04 分、0.25 分，增值率为 8%、24%、14%、21%、6%、2%、10%。实验 II 组在深蹲、过栏架步、前后分腿蹲、转动稳定性、肩关节灵活性、直腿上抬、控体俯卧撑七个动作上增值分别为 0.12 分、0.23 分、0.32 分、0.46 分、0.40 分、0.54 分、0.46 分，增值率为 5%、10%、14%、5%、17%、24%、20%。通过 T 检验：实验 I 组在实验前后在过栏架步、前后分腿蹲、转动稳定性均出现显著性差异（P<0.05），实验 II 组在前后分腿蹲、肩关节灵活性、直腿上抬、控体俯卧撑出现了显著性差异（P<0.05）。

表 4.36　FMS 测试实验前后组内增值情况一览表

测试指标	组别	实验前	实验后	P	增值	增值（%）
深蹲（分）	I	2.38 ± 0.65	2.58 ± 0.50	0.203	0.2	8
	II	2.42 ± 0.50	2.54 ± 0.51	0.417	0.12	5
过栏架步（分）	I	2.21 ± 0.42	2.74 ± 0.45	0.00	0.53	24
	II	2.25 ± 0.44	2.58 ± 0.50	0.057	0.23	10
前后分腿蹲（分）	I	2.33 ± 0.48	2.65 ± 0.49	0.031	0.32	14
	II	2.38 ± 0.50	2.71 ± 0.64	0.029	0.33	14
转动稳定性（分）	I	2.21 ± 0.42	2.67 ± 0.48	0.00	0.46	21
	II	2.58 ± 0.50	2.70 ± 0.47	0.377	0.12	5
肩关节灵活性（分）	I	2.38 ± 0.50	2.52 ± 0.51	0.377	0.14	6
	II	2.38 ± 0.50	2.78 ± 0.42	0.009	0.40	17
直腿上抬（分）	I	2.50 ± 0.51	2.54 ± 0.51	0.788	0.04	2
	II	2.29 ± 0.46	2.83 ± 0.38	0.00	0.54	24
控体俯卧撑（分）	I	2.42 ± 0.50	2.67 ± 0.48	0.083	0.25	10
	II	2.29 ± 0.46	2.75 ± 0.44	0.002	0.46	20

综上所述，快速伸缩复合训练和常规的训练都对 FMS 测试结果产生一定的影响作用，都可以促进测试结果的增长，但是快速伸缩复合训练在身体左右对称和稳定性上增长得更加明显。

（二）快速伸缩复合训练对学生身体影响结果与分析

1. 快速伸缩复合训练对学生身体形态影响结果与分析

表 4.37 FMS 测试实验前后组内身高体重增值情况一览表

测试指标	组别	实验前	实验后	P	增值	增值率（%）
身高	I	149.17 ± 6.25	155.01 ± 7.21	0.033	5.84	3.9
	II	149.10 ± 6.36	153.25 ± 7.62	0.047	4.15	2.8
体重	I	41.15 ± 8.61	48.56 ± 7.22	0.351	7.41	18.0
	II	41.17 ± 8.12	47.62 ± 8.41	0.583	6.45	16.0

表 4.38 FMS 测试实验后两组身高体重增值情况一览表

测试指标	试验后 I 组	实验 II 组	P	差异	差异率（%）
身高	155.01 ± 7.21	153.25 ± 7.62	0.593	−1.76	1.1
体重	48.56 ± 7.22	47.62 ± 8.41	0.952	−0.94	1.9

由表 4.37 可以看出：实验 I 组在身高、体重在实验前后增值分别为 5.84 厘米、7.41 公斤，增值率为 3.9%、18.0%。实验 II 组在身高、体重在实验前后增值分别为 4.15 厘米、6.45 公斤，增值率为 2.8%、16.0%。通过 T 检验实验 I 组在身高方面呈现出显著性差异（P=0.033<0.05）体重方面无差异。实验 II 组在身高和体重方面都不存在差异（P>0.05）。

综上所述，通过一年的不同形式训练，对学生身体状况产生了一定的影响，身高出现显著性差异，因此，快速伸缩复合练习在学生身高增长方面有一定的影响左作用。

由表 4.38 可以看出：一年训练后实验 I 组在身高方面比实验 II 组人均高 1.76 厘米，在身高方面相差 1 公斤左右。通过 T 检验两组身高、体重均无显著性差异（P>0.05），但是快速伸缩复合练习组身高的增值明显高于常规训练组。

综上所述，通过一年的不同形式训练，都对学生身体状况产生了一定的影响，但快速伸缩复合练习组产生影响更大，增长更加明显。因此，快速伸缩复合练习在学生身高增长方面有一定的影响作用。

2.快速伸缩复合训练对学生运动素质影响结果与分析

表 4.39　FMS 测试实验前后组内运动素质差异情况一览表

测试指标	组别	实验前	实验后	P	增值	增值率（%）
肺活量	I	1929.1 ± 59.2	2568.5 ± 52.8	0.012	639.4	33.0
	II	1932.6 ± 51.3	2425.6 ± 51.6	0.035	493.0	26.0
之字形跑	I	9.3 ± 1.24	8.1 ± 0.97	0.038	1.2	13.0
	II	9.3 ± 1.20	8.6 ± 1.18	0.117	0.7	7.5
50 米跑	I	11.01 ± 1.32	10.15 ± 1.35	0.021	0.86	7.8
	II	10.98 ± 1.63	10.45 ± 1.54	0.042	0.53	4.8
跳绳（1 分钟）	I	92.3 ± 6.12	102.1 ± 7.23	0.017	9.8	10.6
	II	94.2 ± 7.25	98.3 ± 5.45	0.153	4.1	4.4
仰卧起坐（1 分钟）	I	29.3 ± 3.52	37.5 ± 3.85	0.011	8.2	28.0
	II	30.0 ± 2.95	33.2 ± 3.65	0.047	3.2	10.7

表 4.40　FMS 测试实验后两组运动素质差异情况一览表

测试指标	试验后 I 组	实验 II 组	P	差异	差异率（%）
肺活量	2568.5 ± 52.8	2425.6 ± 51.6	0.026	−142.9	5.5
"之"字形跑	8.1 ± 0.97	8.6 ± 1.18	0.039	0.5	6.2
50 米跑	10.15 ± 1.35	10.45 ± 1.54	0.654	0.3	3.0
跳绳（1 分钟）	102.1 ± 7.23	98.3 ± 5.45	0.358	3.8	3.7
仰卧起坐（1 分钟）	37.5 ± 3.85	33.2 ± 3.65	0.023	4.3	11.5

由表 4.39 可以看出实验 I 组在肺活量、"之"字形跑、50 米跑、跳绳、仰卧起坐在实验前后增值分别为 639.4 毫升、1.2 秒、0.86 秒、9.8 个、8.2 个，增值率为 33%、13%、7.8%、10.6%、28%。实验 II 组在肺活量、"之"字形跑、50 米跑、跳绳、仰卧起坐在实验前后增值分别为 493.0 毫升、0.7s、0.53s、4.1 个、3.2 个，增值率为 26%、7.5%、4.8%、4.4%、10.7%。通过 T

检验实验 I 组在肺活量、"之"字形跑、50 米跑、跳绳、仰卧起坐方面呈现出显著性差异（P<0.05）。实验 II 组在肺活量、50 米跑、仰卧起坐方面出现了显著性差异（P<0.05），但是在跳绳方面都不存在差异（P>0.05）。

由表 4.40 可以看出：在通过不同训练后两组在肺活量、之字形跑、50 米跑、跳绳、仰卧起坐等方面比较，肺活量、"之"字形跑、仰卧起坐有显著性差异（P<0.05），其他两个方面不存在显著性差异（P>0.05）。在不同训练后两组在肺活量、"之"字形跑、50 米跑、跳绳、仰卧起坐都存在均值上的差异。

综上所述，快速伸缩复合练习对于学生运动素质可以产生较大的影响，对跑、跳以及仰卧起坐起到很大的促进作用，快速伸缩复合练习对学生变向加速能力、身体协调能力及平衡能力提高比常规训练效果更好。

3. 快速伸缩复合训练对学生纵跳摸高影响结果与分析

表 4.41　FMS 测试实验前后组内纵跳摸高增值情况一览表

测试指标	组别	实验前	实验后	P	增值	增值率（%）
纵跳摸高	I	233.2 ± 5.23	252.3 ± 5.12	0.042	19.1	8.2
	II	232.9 ± 6.54	227.5 ± 4.68	0.257	15.3	6.6

表 4.42　FMS 测试实验后两组运动素质差异情况一览表

测试指标	实验 I 组	实验 II 组	P	差异	差异率（%）
纵跳摸高	252.3 ± 5.12	227.5 ± 4.68	0.024	24.8	9.8

由表 4.41 可以看出，实验 I 组在纵跳摸高在实验前后增值为 19.1 厘米，增值率为 8.2%。实验 II 组在纵跳摸高在实验前后增值分别为 15.3 厘米，增值率为 6.6%。通过 T 检验实验 I 组在纵跳摸高方面呈现出显著性差异（P<0.05）。实验 II 组在纵跳摸高方面无显著性差异（P>0.05），但是在跳绳方面都不存在差异（P>0.05）。

由表 4.42 可以看出，在通过不同训练后两组在纵跳摸高方面比较，纵跳摸高有显著性差异（P<0.05）。在不同训练后两组在纵跳摸高上存在均值上的差异。

综上所述，快速伸缩复合练习对学生的纵跳摸高有较大的影响。

四、结论与建议

（一）结　论

实验组和对照组经过一年体育锻炼后，认为常规训练和快速伸缩复合训练都对促进农村小学生身高增长起到一定作用，而且对农村小学生身体形态的改善有一定积极作用，且快速伸缩复合练习效果略优于传统的锻炼方法。

实验组和对照组经过一年的体育锻炼后，在运动能力、变向能力、身体协调性上有显著的提高，快速伸缩复合练习效果明显优于常规的训练方法。快速伸缩复合练习能够提高学生学习兴趣，促进学生的学习与训练效果。

快速伸缩复合练习更加有效提高学生纵跳能力，经过一年训练实验组提高 19.1 厘米，远高于对照组增长 15.3 厘米，能很好地促进学生勇于克服困难，积极进取。

（二）建　议

快速伸缩复合练习可以促进腿部肌肉神经的快速发展，但是过度的训练或者不科学的跳跃训练可能会对身高等身体形态产生负面影响，选择训练时应该科学选择训练内容与强度。

快速伸缩复合练习可以有效提高学生的运动素质，因此在课堂教学中可以更多地引入快速伸缩复合练习，增加课程的趣味性、多样性、实用性。

快速伸缩复合练习可以有效提高学生的纵跳能力，因此在篮球、排球等需要跳跃的运动项目中加入适当的训练方法，可以更有效地提高教学效果，促进学生身体的全面发展。

参考文献：

[1] 尹军 . 身体运动功能训练 [M]. 北京：高等教育出版社，2015.

[2] 王贺 . 趣味田径运动对青少年体质健康影响的研究 [J]. 运动人体科学，2012，2（2）：10−11.

[3] 吴德亮 . 阳光体育对农村小学生体质健康影响的实验研究 [D]. 海口：海南师范大学，2011.

[4] 殷恒婵，陈雁飞等 . 运动干预对小学生身心健康影响的实验研究 [J]. 体育科学，2012，32（2）：14−27.

[5] 田麦久 . 运动训练学 [M]. 北京：人民体育出版社，2005.

[6] 李佳佳 . 运动干预对中学生体质影响的实验研究 [D]. 长春：东北师范大学，2012.

[7] 于可红，母顺碧 . 中国、美国、日本体质研究比较 [J]. 体育科学，2004（07）：51−54.

[8] 及化娟，梁月红，魏孟田，王戍楼 . 对速度素质敏感期 11 岁男生身体素质灰色关联分析 [J]. 北京体育大学学报，2006（06）：807.

[9] 刘耀荣，周里，黄海 . 11~13 岁少年儿童体质健康促进效果的研究 [J]. 广州体育学院学报，2013（1）.

附件一：实验方案

本次研究以小学五年共 300 名学生作为测试对象。将五年级学生按班随机共分成两组，每组 150 人。其中 I 组为实验组（快速伸缩复合练习），II 组为常规组（常规的训练法）。

训练的主要训练项目为：实验 I 组，①单双脚跳箱练习、②单双脚跳栏架、③绳梯；实验 II 组，①单双脚连续跳、②蛙跳、③抱膝跳。在整个一年中主要是由第一阶段基础恢复训练、第二阶段提高训练两个部分组成。

注意事项：跳箱的选择，第一在跳箱跳下能否快速稳定落地，第二跳下时能否等于或者略高于跳上时下蹲深度。

4.43 训练内容与负荷安排一览表

分组	训练内容	训练负荷量	练习组数	间歇时间（分钟）
实验 I 组	①单双脚跳箱练习（正侧向）	每组 5 个	3	1~2
	②单双脚跳栏架（正侧向）	每组 8 个	3	1~2
	③绳梯	每组 1 趟	3	1~2
实验 II 组	①单双脚连续跳	每组 15 米	3	1~2
	②蛙跳	每组 10 米	3	1~2
	③抱膝跳	每组 10 个	3	1~2

（备注：在训练过程中，随能力的增强逐步增加训练负荷）

测试要求：在每一项测试之前，所有学生对测试仪器进行了解，并且在测试之前进行充分热身；在测试过程中，选择负责的学生进行测试监督，主要监督同学的测试动作是否标准，是否是错误动作；在全部测试结束后进行充分放松。

实验过程：预实验过程，主要是设计实验方案，并按照预实验进行简单的操作，查找方案中存在的问题和存在操作困难的地方，进行修改和合理完善。正式实验过程，在预实验基础之上，控制好实验过程，在随着学生能力提高逐步调节训练负荷量和强度。

第一阶段在训练中，逐步使学生适应训练方案，熟悉训练方案，并在展开实验过程中寻找方案存在的问题。

第二阶段在训练中，根据情况完全按照训练方案进行训练，其中个别问题进行个别指导。

第三阶段在训练过程中，根据学生身体适应和发展情况逐步提高训练量和强度，达到训练强化的目的。

小学高年级篮球组合技术大单元教学的实践研究

陈　威

本研究采用实验法、数理统计法、对比法等研究方法，通过在小学高年级进行篮球组合技术大单元教学的实验，对比常规的教学方法，研究篮球组合技术大单元教学形式的效果，以期为提高篮球教学质量提供实践参考。通过实验数据的对比与分析认为：1.篮球组合技术大单元教学有利于篮球技术的巩固；2.篮球组合技术大单元教学有利于技术之间的衔接；3.篮球组合技术大单元教学有利于技术在比赛中的运用，相关的篮球意识更强。

一、研究目的

2016 年 10 月，中共中央、国务院颁布《"健康中国 2030"规划纲要》，文件提出实施青少年体育活动促进计划，基本实现青少年熟练掌握 1 项以上体育运动技能，确保学生每天活动时间不少于 1 小时。笔者认为熟练掌握一项运动技能，以篮球为例，是指学生既学习了篮球运动的技术动作，又了解了篮球运动的规则，并懂得把握运、传、投等技术运用的时机，且掌握了简单的战术配合方法，从而具备了运用所学技术的能力，达到了能打篮球比赛的标准。当前学校篮球教学注重技术动作的学、练，缺少技术衔接与运用的指导，也忽略了篮球意识的培养。

通过对传统教学的观察，发现篮球教学单元多以小单元居多，小学篮球教学单元一般是 3~5 课时。上课内容也以篮球单一技术教学为主。学生学习了篮球技术却不会衔接、不懂运用、篮球意识匮乏，以致学生上了篮球课却不能打篮球比赛。因为篮球比赛多以组合技术的形式呈现。所以，教学中应该根据篮球运动的项目特点，采用组合技术大单元的形式进行教学，真正实现"熟练掌握 1 项以上体育运动技能"的目标。本研究通过在小学高年级进行篮球组合技术大单元教学的实验，对比常规的教学方法，研究篮球组合技术大单元教学形式的效果，为其他教师开展篮球教学提供实践参考。

二、研究对象与方法

（一）研究对象

本次实验从北京市我校高年级学生中抽取 300 人作为研究对象（如下表）。研究时限为一学年。一年内学生无转学和退学的情况。

表 4.44　研究对象基本情况表

人数	实验组（150 人）				对照组（150 人）				合计
班级	五（1）	五（2）	六（1）	六（2）	五（3）	五（4）	六（3）	六（4）	
男生	20	18	19	18	17	20	18	19	149
女生	18	20	19	18	19	19	19	19	151

（二）实验方法

1. 实验研究法

为了检验运用组合篮球技术进行教学的实验效果，笔者将研究对象分为了实验组与对照组。对实验组实施篮球组合技术大单元教学，对照组采用单个篮球技术的教学。利用实验数据与结果验证在提升小学生篮球技能和培养篮球意识方面，实施篮球组合技术大单元教学是否明显优于单个篮球技术的教学。

2. 文献资料法

通过中国知网等查阅大单元教学和篮球组合技术教学的相关文献，深入了解该领域的研究现状，并结合本文的研究方向进行指标筛查，为本文的撰写提供了理论基础。

3. 数理统计法

整理一年内实验前后的测试结果，并运用 SPSS 22 软件对实验数据进行统计分析，采用 T 检验方法比较实验组和对照组的相关性和差异性。

三、结果与分析

（一）实验前调查学生现有篮球技能掌握情况

实验前对 300 名研究对象进行了篮球技能测试。根据每个水平段学生应该掌握的篮球运、传、投技术进行了测试。运球方面：直线运球。传球方面：原地双手胸前传接球。投篮方面：原地双手胸前投篮。将测试结果分成 A、B、C 三个等级。A：能够熟练完成直线运球；能够用标准动作和同伴完成原地双手胸前传接球；能够用规范的动作完成双手胸前投篮。B：能够基本完成直线运球；能够基本完成原地双手胸前传接球；能够基本完成双手胸前投篮。C：无法连贯地完成直线运球；传接球动作不标准，与同伴传接球时失误较多；双手胸前投篮动作不标准。

表 4.45　实验前学生掌握篮球技术水平的调查

情况	直线运球	原地双手胸前传接球	原地双手胸前投篮
A	275	220	190
B	17	60	80
C	8	20	30

根据数据结果，本实验将采用自然班分组实施教学。通过上表可以发现，学生的篮球运、传、投水平从高到低的顺序依次是运球、传球和投篮。三项技术能达到 A 水平的居多，少部分学生还有待提高。可以说学生基本掌握了前期所学习的内容，具备了参与本实验的能力，为实验的进行提供了保障。

（二）实施篮球组合技术大单元教学

高年级篮球教学运、传、投分别以体前变向换手运球、行进间双手胸前传接球、单手肩上投篮为例。本学年实验组的篮球大单元教学需用连续的 15 课时，组合技术教学分为三个阶段，分别是基本技术学习阶段（4 课时）、简单组合阶段（5 课时）和多种技术组合阶段（6 课时）。对照组的篮球教学以单一技术的学习、巩固和提高为主。以下是每个教学阶段相应的教学策略。由于篇幅限制，每个阶段实验组的练习方法仅提供一个。

1.阶段一：基本技术学习阶段

实验组基本技术学习阶段的实施用时 4 课时。对照组体前变向换手运球技术的学习与练习用时 4 课时。

表 4.46 实验实施过程对比一

案例	实验组（游戏案例）	对照组
体前变向换手运球	"擦肩而过"方法：两位同学在规定图形内相对站立，均右手原地运球，听到哨声后，两人同时做原地体前变向换手运球，上右脚、肩靠肩、左手运球三次，然后还原，听哨声练习。	讲解示范动作方法，组织学生练习。复习、巩固体前变向换手运球技术。提高运球能力。
行进间双手胸前传接球	"你追我赶"方法：两名学生（A、B）面对面，相距约 3 米。A 同学前后运球移动，B 同学要随着 A 同学前后移动，并始终保持最初的距离，A 同学在任意一次向前运球移动过程中将球传出，B 同学接球后掌握主动权继续游戏。	
单手肩上投篮	"投点"：多人一组比投篮，沿着三秒线上的点投篮，每人需要投进 11 个球，投进再投下一点，投不进换其他人投，第二轮要接着上一次没进的点投，比谁先投完一圈。	

2. 阶段二：简单组合阶段

实验组简单组合阶段的实施用时 5 课时，同时，培养技术衔接的意识与能力。对照组行进间双手胸前传接球技术的学习与掌握用时 5 课时。

表 4.47 实验实施过程对比二

案例	实验组（组合技术游戏案例）	对照组
体前变向换手运球	"交朋友"（左、右手交替体前变向组合）方法：将学生平均分成两组、分站练习场地两端，每人一球。游戏开始后，各组第一名同学沿一列方格右手运球到同一个图形内。此时，两人边握手、边右手原地运球两次（同时说"你好"）后，一起做体前变向换手运球，变向后两人沿对方来时的路线左手运球至对方的起点，后面同学按照以上方法继续游戏。	

续　表

案例	实验组（组合技术游戏案例）	对照组
行进间双手胸前传接球	"如影随行"（运球＋传球＋跑位组合）方法：学生4人（A、A′、B、B′）一组，A、B站在自制圆纸片上，一边两名同学面向中间站立。A同学向右运球移动，此时其余3人均随着A徒手移动，移动到另一个圆纸片上后，A同学将球传给对面的B同学，而后站到本方A′同学的后面。B同学接球后，向其右侧运球至初始点，其余3人跟随，到达指定地点后，将球传给对面的A′同学，而后站到本方B′同学的后面，如此连续进行游戏。	讲解示范动作方法，组织学生练习。复习、巩固行进间双手胸前传接球技术，提高传接球能力
单手肩上投篮	"连续擦板投篮"（投篮＋抢篮板球＋运球交替组合）方法：学生在篮下45°位置擦板投篮，然后跳起抢篮板球，再运球到篮筐另一侧的45°位置擦板投篮，连续抢篮板—运球—投篮，投进3个球，游戏结束。	

3. 阶段三：多种技术组合阶段

实验组多种技术组合阶段的实施用时6课时，同时，强化技术动作衔接的意识与能力。对照组单手肩上投篮技术的学习、巩固与提高用时6课时。

表 4.48　实验实施过程对比三

案例	实验组（组合技术游戏案例）	对照组
体前变向换手运球	曲线运球＋击地传球＋跑位＋接球投篮＋抢篮板球	
行进间双手胸前传接球	投篮＋抢篮板球＋双手胸前传球＋同伴接球投篮	
单手肩上投篮	投篮＋抢篮板球＋双手胸前传球＋跑位＋接球投篮	讲解示范动作方法，组织学生练习。复习、巩固单手肩上投篮技术，提高投篮命中率。

4. 实验组教学流程

实验组三项技术教学的顺序按照运、传、投的顺序进行。每种技术、每个阶段所需课时数以及所占比例如下表。

表 4.49 篮球组合技术大单元教学的实施流程

	体前变向换手运球（课时数及所占比例）	行进间双手胸前传接球（课时数及所占比例）	单手肩上投篮（课时数及所占比例）	统计（课时数及所占比例）
基本技术学习阶段	技术动作的学习（1.3 课时，占 8.6%）	技术动作的学习（1.3 课时，占 8.6%）	技术动作的学习（1.4 课时，占 9.3%）	4 课时，占 26%
简单组合阶段	连续体前变向运球过人（1 课时，占 6.6%） 双手胸前传接球 + 接球投篮（1 课时，占 6.6%） 曲线运球过人 + 投篮（1 课时，占 6.6%） 连续投篮（1 课时，占 6.6%） 跑位 + 接球投篮（1 课时，占 6.6%）			5 课时，占 33%
多种技术组合阶段	曲线运球 + 击地传球 + 跑位 + 接球投篮 + 抢篮板球（1 课时，占 6.6%） 接球 + 曲线运球 + 击地传球 + 跑位 + 接球投篮（1 课时，占 6.6%） 投篮 + 抢篮板球 + 双手胸前传球 + 同伴接球投篮（1 课时，占 6.6%） 直线运球 + 击地传球 + 跑位 + 接球投篮（1 课时，6.6%） 投篮 + 抢篮板球 + 双手胸前传球 + 跑位 + 接球投篮（1 课时，占 6.6%） 跑位 + 接球 + 直线运球 + 投篮（1 课时，占 6.6%）			6 课时，占 40%

（三）实验后调查学生篮球技能的掌握情况

采用组合技术大单元教学的实验组和单一技术教学的对照组，利用总量相等的课时数对高年级所要掌握的篮球技术进行教学。实验后，对两组实验对象进行技术测试。

表 4.50　实验后学生技术动作掌握情况

	优秀			良好			及格			继续努力		
	实验组 (%)	对照组 (%)	P值	实验组 (%)	对照组 (%)	P值	实验组 (%)	对照组 (%)	P值	实验组 (%)	对照组 (%)	P值
体前变向换手运球	74	54	< 0.01	16	23	< 0.01	10	20	< 0.01	0	3	< 0.01
行进间双手胸前传接球	70	50	< 0.01	18	25	< 0.01	12	18	< 0.01	0	7	< 0.01
单手肩上投篮	68	46	< 0.01	17	27	< 0.01	15	19	< 0.01	0	8	< 0.01

依据上表，从各个水平的 P 值来看，存在显著性差异。说明进行测试的三项技能实验组的成绩都优于对照组。从对照数据来看，实验组的学生对所学技术动作掌握水平全部在及格以上。而对照组部分学生还需继续努力。

表 4.51　实验后学生所学技术的运用情况

情况	练习一			练习二			练习三			练习四			练习五		
	A	B	C	A	B	C	A	B	C	A	B	C	A	B	C
实验组（组合技术）（%）	84	16	0	80	20	0	81	19	0	82	18	0	79	21	0

续　表

情况	练习一			练习二			练习三			练习四			练习五		
	A	B	C	A	B	C	A	B	C	A	B	C	A	B	C
对照组（单个技术）（%）	47	34	19	39	38	23	38	35	27	36	34	30	35	34	31
P值	<0.01	<0.01	<0.01	<0.01	<0.01	<0.01	<0.01	<0.01	<0.01	<0.01	<0.01	<0.01	<0.01	<0.01	<0.01
路线图															

（注：A：能够熟练衔接技术；B：能够做到技术的基本衔接；C：无法完成技术的衔接。练习一：运＋传组合；练习二：接传＋投组合；练习三：接传＋投组合；练习四：运＋投组合；练习五：运＋传＋投组合。）

由表 4.51，将所学技术运用到实践中的测试结果可以看出，P 值小于 0.01，存在显著性差异。实验组的学生达到 A 和 B 水平的比例明显多于对照组，同时 C 等级的比例明显低于对照组。

（四）对实验前后学生身体素质进行调查

实验前，对研究对象的身体素质进行了测试，衡量标准选取的是国家体质健康测试中的两类有代表性的项目，分别是 50 米跑（速度）和 50 米 ×8 折返跑（耐力）。并按照其标准记录学生的成绩。实验后，再次对研究对象进行身体素质的测试，并将两组成绩进行对比。

表 4.52　实验前后学生身体素质调查表

测试指标	组别	实验前	实验后	P	增值	增值率（%）
50 米跑（速度）	实验组	10.08 ± 1.98	9.89 ± 1.83	0.152	0.19	1.9
	对照组	10.09 ± 1.97	9.92 ± 1.81	0.145	0.17	1.7
50 米 ×8 折返跑（耐力）	实验组	132.62 ± 24.35	118.30 ± 21.35	0.231	14.32	10.8
	对照组	134.33 ± 25.71	124.21 ± 20.71	0.245	10.12	7.5

从表 4.52 可以看出，实验组在 50 米跑、50 米 ×8 折返跑实验前后增值分别为 0.19 秒、14.32 秒，增值率为 1.9%、10.8%。对照组在 50 米跑、50 米 ×8 折返跑实验前后增值分别为 0.17 秒、10.12 秒，增值率为 1.7%、7.5%。通过 T 检验实验组在 50 米跑、50 米 ×8 折返跑方面都不存在差异（P>0.05）。对照组在 50 米跑、50 米 ×8 折返跑方面也不存在差异（P>0.05）。由此可见，两组教学方法对学生身体素质的影响效果无差别。

（五）对篮球课练习密度进行统计

在实验期内，对每次篮球课的练习密度进行记录与统计。最后算出各组的平均值再进行比较。

表 4.53　两组篮球课平均练习密度

各部分情况	准备部分练习密度（%）	基本部分的练习密度（%）	结束部分的练习密度（%）	整节课的练习密度（%）
实验组（组合教学）	70	48	30	48
对照组（单个技术教学）	50	35	28	35
P 值	< 0.01	< 0.01	> 0.05	< 0.01

从表 4.53 可以看出，本实验将准备部分、基本部分、结束部分和整节课的练习密度都进行了比较。从 P 值可以看出，除了结束部分不存在显著性差异外，其他几个环节均存在显著性差异（P < 0.01）。由此可见，篮球组合技术大单元教学更利于体育课堂练习密度的提升。

四、结论与建议

（一）结　论

1. 篮球组合技术大单元教学有利于技术的巩固

篮球组合技术的学习难度大于单个技术的学习，因为学生不仅要掌握单个技术本身，还要学会技术的衔接手法。也就是说学生在不能熟练掌握单个技术的情况下，很难完成组合技术的运用。正因如此，组合技术教学对学生掌握技术的水平比单个技术要求更高，更有利于促进学生篮球技术的巩固与提高。

2. 篮球组合技术大单元教学有利于技术的衔接

篮球比赛中，篮球技术的出现多以组合的形式呈现。有个人运用多种篮球技术的组合，也有同伴配合运用不同篮球技、战术的组合。其目的都是为了更好地完成战术任务或得分，最终赢得比赛。因此，篮球教学中应结合篮球比赛，在学生有一定篮球基础的情况下，多以组合教学为主。

3. 篮球组合技术大单元教学有利于技术的运用

对照组以单个技术教学为主，学生学习与练习单个技术，掌握的是单个篮球技术的动作。但学生没有技术运用的情境，无法获得技术运用时机、运用方法的实践经验，从而导致学生学会了动作，却不会运用。实验组以篮球组合大单元教学为主，这是一种以新带旧的模式，是在巩固单个技术的基础上学习组合技术的方法，培养学生组合运用的意识，提高运用技术的能力。

（二）建　议

当学生积累了一定量的单个技术后，教师应采用组合技术大单元教学的方式教学，让学生在组合技术练习中巩固单个技术，同时学会运用组合技术，培养篮球意识。以便更好地为篮球比赛打好基础。

组合技术大单元教学的使用，要根据学生的实际情况去选择组合的种类与数量。对于篮球基础好的学生，可以采用三种以上的不同类别的技术进行组合练习；对于能力较差的学生可以选择两种类别技术的组合练习；对于能力弱的学生可以选择同一类别的两种技术进行组合练习，若还有困难，再回到单个技术的教学，而后再增加难度。

组合技术大单元教学的形式更适用于类似篮球运动的开放式运动项目，且更适用水平三及以上年龄段的学生。

参考文献：

[1] 郑淞 .2007—2016 年国家学校体育文件分析 [D]. 南京：南京理工大学，2018.

[2] 于海洋 . 篮球运动组合技术模式与运用研究 [D]. 成都：成都体育学院，2015.

[3] 刘杰 . 北京市小学生篮球运球组合技能教学实验的研究 [D]. 北京：北京体育大学，2017.

[4] 陈建勤，马双双 . 篮球技术有效组合与合理运用教学方法十则 [J]. 中国学校体育，2018（05）：40-41.

[5] 郭振江 . 篮球技术系统训练的方法研究 [J]. 当代体育科技，2018，8（11）：42-43.

[6] 潘建芬 . 大单元教学设计初探——以体育课程为例 [J]. 基础教育课程，2018（19）：40-44.

[7] 王政政 . 篮球组合技术教学与训练研究 [J]. 运动，2018（20）：29-30+69.

[8] 张文斌 . 青少年篮球训练中对抗训练与组合技术的研究 [J]. 青少年体育，2019（05）：89-90.

[9] 赵立军 . 论篮球组合技术训练 [J]. 当代体育科技，2019，9（08）：16+18.

[10] 陈富荣 . 刍议篮球教学组合练习法的运用 [J]. 当代体育科技，2019，9（22）：31+33.

[11] 岳国锋，张涛 . 中小学篮球大单元教学的设计与实施策略 [J]. 中华少年，2020（03）：62-63.

在体育课堂教学中运用"红旗"评价法的研究

魏　敬　张金玲

传统的体育教学评价体系过于注重对学生身体能力的评判，不利于挖掘学生的潜能及了解学生的需求。新的课程标准提出了过程评价与终结性评价结合，定性评价与定量评价相结合，以及教师评价、学生自评与学生互评相结合。重视学生个体差异与能力的发展。同时，新课程改革又倡导"立足过程，促进发展"的转变。通过本课题的研究，采用颁发大、中、小红旗的激励性评价机制，记录学生的学习过程并与学期综合评价有机结合，建立可操作性的评价体系，调动学生学习兴趣，增强自信心提高运动实践能力。

一、问题的提出

学习评价是体育课堂教学中重要的环节，《基础教育课程改革纲要（试行）》明确指出，要"建立促进学生全面发展的评价体系"。当前，基础教育改革正在全国深入地展开，而传统的体育课程与新课程的理念有着较大的差距。

（一）传统体育课堂教学评价存在的问题

体育教学评价内容单一局限于对体能和运动技能的评定，忽视学生的态度、习惯、情感、合作等方面的评定。

过分强调终结性评价，而对过程性评价重视不够，过多的是定量评价缺少定性评价；过多是强调教师评价缺乏学生自评和互评，忽视学生的个体差异。

（二）新课程价值的趋向

新课程改革倡导"立足过程、促进发展"的课程评价，这不仅是评价体系的变革，更重要的是评价理念、评价方法的研究与手段以及评价实施过程的转变。

课程标准十分重视对学生体育学习的综合评价，强调在评价体能和运动技能的同时，更重视评价学生的学习态度、情意和能力等方面的发展。

二、研究对象、方法及时间

（一）研究对象

以本校五、六年级 1、2 班为研究对象，对实验班对象进行分析调整，确认实验样本的随机性。其中五 1、六 1 班为实验班，总人数 62 人；五 2、六 2 班为对照班，总人数为 64 人。

（二）研究方法

文献资料法，查阅有关心理学方面书籍及大量学校体育教学改革文章等；对比实验法，实验班采用"红旗"评价法，对照班采用语言评价与期末一次性评价法；问卷调查法。

（三）研究时间

研究时间为一学年。

三、"红旗"评价法的操作方法

（一）价值比和评价等级

三种红旗的价值比：1 面大红旗＝2 面中红旗＝10 面小红旗。

图 4.4　"红旗"的价值等级

在教学过程中，教师、小组长在评价时宣布什么原因、奖励谁几面什么红旗，课后小组长记录，记录表张贴在教室里，学生随时知道自己获红旗情况，以利相互学习，互相监督，不断进步。期末在评价学习态度、情意表现、合作精神以及综合评价时，做自评、组评和师评等级参考。开学前教师应首先给学生讲清"红旗"评价法的使用方法，以便今后在教学中操作。

表 4.54　《红旗照我心》过程评价记录表

学校：　　　　　　班级：　　　　　　小组：　　　　　　年　　月　　日

项目姓名	获奖时间	大红旗	中红旗	小红旗	获奖原因	期末总评
	……					自评等级
	……					组评等级
	……					师评等级

说明：自评表的名称可自定，表中获奖情况可用画红旗、记符号、计数来表示。

（二）评价形式

采用师评和组评相结合的形式。学生互评在整个小学阶段都比较适用，因为小学生自我评价能力落后于评价别人的能力，表现为评价别人清楚，评价自己就比较模糊。因此，充分利用互评，能使学生时刻提醒自己有很多双眼睛在注视着自己，从而培养学生的自律能力。师评是教师在教学过程中发现和肯定学生的闪光点与进步，及时进行奖励评价（有时根据学生的表现也可进行批评式评价，扣发红旗），激发学生积极向上，勤奋进取的精神。

（三）评价（颁奖）时机

可在课的开始、课中、课结束之前及课后等任何时间，根据教学的实际需要进行红旗评价。评价的对象可以是个人，也可以是一个小团体或一个小组，甚至全班。在教学实践中，为了让学生达成教学目标，在教学设计过程中用"红旗"评价来帮助确定具体的目标努力方向，因为它对调动全班学生的积极性起着非同小可的激励作用。在教学和组织学生游戏或比赛时，由教师评价；在分组练习时，为了发挥学生干部的作用，提高学生的自我管理能力，由小组长与组员共同评价。总之，只要对学生的发展有利，只要对调动学生的积极性有利，只要对学生的创造性学习有利，随时随地都可以发红旗进行奖励性评价。

四、结果与分析

通过一年的对比实验，学生的身体素质、运动能力、学习态度、情意表现以及合作精神有较大提高，学生自我认识，自我教育能力增强；学生在体验进步与成功的过程中增强了自信，学习和锻炼的兴趣更浓，自觉参与锻炼的人更多。

表 4.55　实验后两班学生的身体素质、期末评价、健康标准评价效果比较

标准	N	立定跳远（x）	50 米 ×8（x）	座位体前屈（x）	期末过程评价优生率（%）	期末综合评价优生率（%）	健康标准优生率（%）
实验班	62	185	1.42	15.8	70.2	73.3	70.7
对照班	64	170	1.47	13.8	59.4	62.2	62.4
效果比		+15	−5″	+20	+10.8	+11.1	+7.9

从表 4.55 中可以看出，实验班采用"红旗"评价法评价学生的学习过

程，学生在身体素质和运动能力方面的实际效果明显好于对照班。实验班学生过程评价的优生率不仅比对照班好，而且对期末综合评价的影响也较大；两个班期末综合评价优生率，实验班比对照班高 11.1%；《学生体质健康标准》的优生率，实验班也比对照班高 7.9%。这说明，对学生的学习过程采用"红旗"评价法，激发了学生参与体育学习的动机，调动了学生主动参加体育锻炼的积极性，学习效果大大提高。如采用期末一次性评价法评价学生的学习过程，学生将靠回忆过去来评价自己或同伴，他们看不到老师和同学对自己平时努力的肯定与鼓励，学生的学习目标不明确，学习兴趣不高，锻炼热情低，投入锻炼时间少，学习效果差。因此，对学生的过程评价，"红旗"评价法明显优于期末一次性评价法。

表 4.56　对实验后两班学生的问卷调查结果

（发卷 128 份，回收 128 份，回收率 100%）

问题	是		不是		说不清		
	人数	%	人数	%	人数	%	
1. 喜欢上体育课，在课上感到快乐与满足	58	94	2	3	2	2	实验班
	40	62.5	6	9.4	18	28.1	对照班
2. 素质能力、学习态度、情意表现、交往合作都有进步	55	88.7	5	8	2	3.3	实验班
	38	59.4	10	15.6	16	25	对照班
3. 师生间、同学间的关系融洽，班上的纪律、团队精神都比以前好	55	88.7	1	1.7	6	9.6	实验班
	43	67.2	11	17.2	10	15.6	对照班
4. 在学练中，感到成功与自信，探究、创新能力得到了提高	53	85.5	3	4.8	6	9.7	实验班
	40	62.5	14	21.9	10	15.6	对照班
5. 参与体育活动的动力来自老师、同学的肯定与鼓励，课余喜欢锻炼	57	91.9	4	6.5	1	1.6	实验班
	46	72	12	18.6	6	9.4	对照班
6. 每天坚持锻炼的时间是	平均 1 小时左右		内容		丰富		实验班
	平均半小时左右				较少		对照班

从问卷（表 4.56）统计中可以看出，通过对实验班学生的过程评价

施加奖励性刺激，使学生更喜欢体育课，在学练中感到快乐与满足的占94%，而对照班不加任何奖励，只是有时候用语言鼓励，在学练中感到快乐与满足的只占 62.5%，有 9.4% 的学生回答不喜欢和不满足。这说明学生在学练过程中希望得到老师和同学的肯定与表扬，以满足自己的心理需要。评价后做好记录，学生感到了快乐与满足（看得见，摸得着的奖励），对学生的学习动机有积极的刺激作用，问卷中第 5 条说明了这一点。通过激励评价学生在素质能力、学习态度、情意表现、交往与合作精神等方面肯定自己有进步的，实验班学生占 88.7%，对照班只占 59.4%；通过过程评价，认为师生间、同学间的关系融洽，班上的纪律以及团队精神都比以前好，试验班占 88.7%；对照班占 67.2%，还有 17.2% 的学生认为在这些方面并不好。在学练中，有 85.5% 的实验班学生常感到成功与自信，探究、创新能力得到了实践与提高；对照班学生只有 62.5% 认为成功与自信。

学生对成功的体验，是培植自信的最好方法，是成功后所产生的巨大动力源泉。以上这些都充分反映了在过程评价中，对学生进行奖励性评价，激发了学生的学习兴趣；学生通过记录典型事例，再次确认获得成功的原因，从而提高了学生自觉学习、锻炼的积极性，从问卷第 6 条中不难看出，课余喜欢锻炼的学生，实验班明显比对照班多。实验班学生每天锻炼的时间长，而且内容丰富，如这样继续下去，学生终身锻炼的习惯将逐渐形成，体质将不断得到增强。

五、结论与建议

（一）结　论

利用"红旗"评价法，让更多学生陶醉在成功的喜悦中，使他们拥有健康的心态，健全的人格和自信的人生，使每个学生都得到发展。

采用"红旗"评价法，关注学生的个体差异，重视学生的过程评价，有效地满足学生的成功体验和被肯定的心理需要，使学生在体验进步与成功的过程中增强自信。评价中及时发现和肯定学生身上蕴藏的潜能，激发其探究、创新和实践能力。

采用"红旗"评价法，完善了现用的评价体系，大大地激发了学生的学习动机与兴趣，提高了教学效果；有效地实现《课标》的总体目标要求。

善用"红旗"评价法，有效地提高学生的团队精神，改善了生生间、师生间的人际关系，提高学生自我管理能力。

（二）建 议

使用"红旗"评价法要贯穿整个教学的各个环节、各个方面，不能"三天打鱼，两天晒网"。评价应与语言评价、手势评价相结合；评价要面向全体、公正合理。教师要舍得发红旗，获奖面越大越好，千万不要很多节课下来，很多学生一面红旗也得不到。

在教学实践中，为了使学生达成教学目标，更好地完成教学任务，可用"红旗"评价来确定具体的努力目标，学生有了明确的努力方向变得更加努力了。

参考文献：

[1] 陈玉琨 . 体育与健康课程标准 [M]. 北京：北京师范大学出版社，2002.

[2] 新课程实施过程中培训问题研究课题组 . 新课程与评价改革 [M]. 北京：教育科学出版社，2001.

[3] 马启伟 . 体育运动心理学 [M]. 杭州：浙江教育出版社，1998.

[4] 季浏，汪晓赞 . 小学体育新课程教学法 [M]. 北京：高等教育出版社，2003.

[5] 罗希尧，王伯英 . 学校体育理论 [M]. 北京：高等教育出版社，1998.

思维的碰撞 智慧的课堂

——2018 核心素养下京浙小学体育名师教学研讨交流活动感悟

魏 敬

一、活动背景

新年初始，万象更新。核心素养下京浙两地小学体育名师教学研讨交流活动于 2018 年元月在北京市城市副中心通州区拉开帷幕，此次教学研讨时间之长、交流形式之多、活动范围之广，前所未有。京浙两地名师齐聚一堂，共同奏响两地核心素养下小学体育教学研讨的乐章。浙江省体育教研室以余立峰特级教师和朱无忧教授为首的浙江体育名师团队共计三十余人和北京教育学院体育与艺术学院陈雁飞院长、张庆新博士所带的北京体育名师团队，共同开展了为期 3 天的小学体育教学现场交流研讨活动。于 2018 年 1 月 4 日、5 日、8 日，先后在北京市通州区、海淀区、朝阳区等地进行现场课的交流与研讨。本次活动以核心素养下小学体育教学名师教学研讨为主题，以推动京浙两地小学体育教学质量为基础，以展示京浙两地体育名师风采为出发点。三天的教研活动分别围绕三个单元内容既同课异构、智慧课堂、名师课堂等形式进行现场教学，涉及小学体操、篮球、足球、田径、武术、民族传统等项目内容共计展示 16 节课。

二、回顾与思考

（一）专家把脉 更新理念

北京市教育学院体育与艺术学院陈雁飞院长以"新时代的体育教育新时代的核心素养"主题的讲座明确了当前体育教学的热点和焦点话题，浙江省教研员余立峰特级教师提出了以技术、体能、运用三个维度构建单元的策略，朱无忧教授围绕新时期体育教师队伍建设等内容重点讲解。专家们从课程理念到教法运用，从技术技能学习到运用全面细致剖析体育课程的精髓，让与会体育教师们获益匪浅。教学理念的转变，价值取向就会发生变化，思维方式也就会发生变化，很多没有关注过的问题就会引起关注，很多解决问题的具体办法就会呈现。理念的转变使体育教师在教学中不会在紧紧关注动作技术一定要掌握如何，不会在紧紧盯住学生跑得多快、跳得多远，而是更会关注学生在学习知识、掌握技能、提高运动能力的过程中，人的整体得到了哪些方面的发展。课堂教学目的不仅是让学生技能化、体能化，更重要的是让学生健康化、发展化。以学生发展的角度来处理教材，把握好教学的起点，准确了解学生的运动基础。

（二）团队配方 名师展示

本次京浙两地的交流，双方团队以各省市特级教师为组长各成立两支代表队，发挥特级教师的核心作用带动全组教师一起构建异地教学设计，最后再挑选名师进行主讲。由于教学环境发生了变化，陌生的场地与学生、不熟悉的授课内容、紧迫的备课时间、有限的场地器材等给授课教师以及策划团队带来众多的考验，但这更加使团队的凝聚力、创新能力进一步增强，每一次展示课都凝聚了双方团队的智慧。

1.同课异构，精雕细刻

体育课堂教学是体育教师的主阵地。"同课异构"本身属性决定了授课教师风采形式的多样化。让人感受到了不同的授课风格，在鉴赏中寻找差异，在比较中学习特性。同课异构的对于授课教师来讲，是同一内容不同教学思路的呈现、不同教学方法的呈现，更是不同教学风格的呈现。同课异构，对于听课教师来说，通过就同一内容开课，所以更有可比性，对教材的理解也更加深刻。在教学反思的过程中，大家有着共同的话题，对问题的探讨也更加深入，通过同课异构活动，可以具体探讨某一类教材的教学方法，相互学习不同的教学理念和教学风格；在互相的听课中，可以参照别的老师的长处，更好地改正自身的不足。

首先由来自北京名师与浙江名师进行了四年级"跪跳起"一课的展示。

表 4.57 四年级"跪跳起"一课教学设计表

授课教师	组织教学	教法运用	场地器材	教学特点
北京名师	二对二队形设计	环环相扣 层层深入	辅助器械，巧用 小旗子	语言幽默 辅助器械运用 教学严谨
浙江名师	双层半圆形设计	环环相扣 分层教学	小垫子多种练习	语言亲和 构思巧妙 分层教学

北京名师突出运用了辅助器械帮助学习。巧妙利用小红旗辅助器械帮助学生体会摆压练习，利用旗子的软、薄等特点平铺于膝下，当练习者膝关节离垫后迅速抽出旗子，效果明显。并运用了闯关游戏层层深入。主教

材设计巧如弹簧、更上一层楼、低空跳伞等游戏，内容有趣，附有挑战性符合水平二阶段学生年龄特征。浙江名师则运用了问题引导巧妙有趣。教师在解决摆臂练习中，采用问题引导的方式进行。回答教师提问正确则手臂向上摆，回答错误则向下摆臂。另外浙江名师课上给予学生更多的空间，教学中让学生大胆去尝试，去体验。让不同能力的学生按自己的能力完成教学任务。苏霍姆林斯基曾说"任何一个教师都不可能是一切优点的全面的体现者，每一位教师都有自己的优点，有别人所不具备的长处，能够在精神生活的某一个领域里比别人更突出、更完善地表现自己。"二位授课教师能有效抓住跪跳起教材的重难点，通过各种方式解决学生在学习中遇到的难题，注重学生摆压协调配合及大脚似弹簧的动力源泉。

第一阶段展示课结束后基于前两节跪跳起课问题的诊断，授课团队群策群力积极制定新的教法策略，为再次构建全新的"跪跳起"一课注入大家的智慧。第三节跪跳起，是在前两节跪跳起课的基础上产生的，汲取前两节之所长进行设计，由北京名师再次进行现场教学。

表 4.58 四年级"跪跳起"一课教学设计表

授课教师	组织教学	教法运用	场地器材	教学特点
北京名师	二对二队形设计	环环相扣 层层深入	辅助器械，巧用 小旗子	语言幽默 辅助器械运用 教学严谨
浙江名师	双层半圆形设计	环环相扣 分层教学	小垫子多种练习	语言亲和 构思巧妙 分层教学
北京名师	双层直角 U 字形设计	环环相扣 层层递进	小垫子多种组合 式运用	设计新颖 构思巧妙 注重能力

2. 智慧课堂，凝聚团队

京浙两地名师在经历了同课异构后在教学思想上有了初步的"碰撞"，第一次碰撞让双方都有新的收获与感想，接下来更大的挑战即将拉开帷幕。京浙两地名师要现场抽取授课内容，依托各自名师团队现场备课30分钟，并选出授课教师现场进行展示课。智慧课堂中双方抽取的授课内容都是对方所提供的内容，体育馆内一下子就热闹起来，京浙名师们在紧张忙碌中开始筹划自己的授课内容，每一个团队成员都紧绷神经自觉投入到备课环节中，有的设计器材、有的策划教学过程、有的扮演学生进行演示……

智慧课堂环节全天共计展示 4 节课，武术、足球、田径等教学内容逐一登场。武术课、足球课、立定跳远课中巧用小体操垫来解决教学重难点，让小垫子在教学过程中扮演标志靶、足球墙、障碍物等角色帮助学生进行学习。从抽题到备课，从策划到修改，从个人到团队四节课中教师们都很好地处理了技术、技能学习与运用的关系。名师团队在短短 30 分钟内要设计一节完整的展示课，而授课教师要尽快熟悉掌握课的设计思路可想而知挑战难度有多大，有效地提升了教师的专业素养，四节课的展示凝聚了京浙名师团队的教学智慧；凝聚了京浙两地名师团队的创新能力；凝聚了京浙名师团队的合作精神。

3. 名师课堂，精彩纷呈

京浙体育名师交流第三场内容以各自团队的名师为主进行主题式教学展示，两地名师围绕自身多年体育教学研究进行特色教学展示为本届教学交流增光添彩。来自京浙两地的六位名师相继展示了篮球、足球、跳跃、民族传统等教学内容，从巧妙的投球比赛到多种方式的原地运球，再到夹沙包甩远、单双圈的巧妙利用等，京浙两地名师一一展示各自的教学绝招，在交流展示中，两地名师课堂呈现了各自地域的特点、亮点。在体育教学过程中，体育教师为完成各种体育教学任务和达成各种体育教学目标，要做到不断提高体育教学质量，关键是教学方法，而选择与运用体育教学方法是体育教师指导学生体育学习效果好坏的根本抉择及其能力的表现。体育教学方法运用依据是因人而异、因材施教，讲究实用性、针对性、灵活性、科学性、系统性等，才能收到良好的体育教学效果。可见体育教师在面对不同的学生，面对体育教学内容繁多且复杂的情况，要将各种体育知识、技术和技能很好地传授给学生，并将其转化为促进学生身心健康，发展学生个性健全人格等。

（三）京浙两地 携手共进

在核心素养背景下，两地体育教学交流与研讨围绕运动技能属性与特性、单个技术与组合技术、学生能力与个体差异、课时设计与单元教学、课堂教学文化与项目文化、体育教师核心教学能力等课堂生成性问题进行了交流与碰撞，在教学理念上、在教学方法上、在教学风格上等多个方面达到了融合的目的。老师们从最初激烈的争论，到热情的研究探讨。交流只是一种平台，理念的提升才是关键；展示只是个人的呈现，而两地共同提升才是终极目标。室外寒风瑟瑟，百花凋零；室内气氛热烈，温暖如春。"梅须逊雪三分白，雪却输梅一段香"，每朵花都有属于自己的季节，一群追求教育真谛的体育人，在学科核心素养指引下，不惧严寒追逐梦想，展露芳华。

用器"彩"创建趣、活、实、美的小学体育课堂

——以跑、跳、投教学器材创新设计为例

魏　敬

教学资源是指学校教育中，围绕教学活动的开展，为实现教学目标，优化教学活动，提升教学品质而参与其中且能被优化的所有教学要素总和。教学资源的运行机制实质上是指各种教学资源如何在教学系统的整体架构下各自发挥作用和价值，形成教学合力、实现教学目标并优化教学过程的结果。

体育器材作为体育教育的教学资源，它在一定程度上能提高学生的运动兴趣，适宜学生身体和生理发育特点的体育器材更能激发学生参与体育锻炼的积极性、自觉性和主动性，养成良好的体育锻炼习惯，但常规的体育器材和它的常规用法学生都非常熟悉，有时会影响学生练习的积极性，甚至对上体育课的兴趣大打折扣。为了提高学生对体育课的兴趣和练习积极性，有效锻炼身体，田径作为小学体育教学的"主打"内容，贯穿学校体育教学的始终，是实施素质教育最重要的一环。在体育教学过程中，发现学生不是很喜欢田径，特别是高年级学生对田径课程有一定的抵触情绪，

田径课程枯燥乏味，学生怕苦怕累。因此，在小学田径课中开发创新适合学生身心发展特点的体育教学器材是十分必要的。新时期除了继续把常规的体育器材做功能拓展以外，作为体育教师还要想方设法开发一些适合学生练习的新体育教学器材，设计一些适合学生身心发展的练习方法来激发学生的练习兴趣.

一、隐藏的器"彩"

接力是小学生非常喜爱的运动项目，不论是迎面接力还是往返接力，学生们只要一听到"接力"就乐此不疲！接力棒近几年配备的也是种类繁多、大小不一，在课上使用时，由于大多是金属材质的，尤其在冬季比较寒冷时期使用不方便。这类器材一般是金属或木棒制作的，除了接力之外，其他用途几乎很少，本案例中的接力棒则结合日常教学实践进一步丰富拓展接力棒的功能（图 4.5 ）。

a　　　　　　　　　b

c　　　　　　　　　d

图 4.5　新型接力棒在教学中的应用

新型的接力棒采用棒绳结合的方式，两段短管连接成一根整长管，里面安装好弹力绳。这种接力棒和传统的接力棒在外观上无区别，除了完成接力教学之外还可以进行跳绳、跳跃、素质练习、游戏等教学内容，如表 4.59。这样的接力棒设计取材比较方便，采用生活中常见的 PVC 管材和弹力皮筋进行组合，在设计中充分考虑到外观及季节等因素，所以增加了保温材料。

表 4.59　传统接力棒和新型接力棒对比分析

	外观	功能	特点
传统接力棒	二者基本一致	接力	轻便、简洁
新型接力棒	二者基本一致	接力、跳跃、素质练习、跳绳、游戏等。	除了具备传统接力棒特点之外，力求实现一棒多用、通过创新拓展器材的多种功能。除了单个接力棒可以进行其他素质类练习以外，还可以多个接力棒弹力绳进行组合成十字形，形成跨越式跳高练习场地。

二、变形的器"彩"

立定跳远是小学体育课中一项常见内容，主要是发展学生的下肢爆发力增强学生的弹跳能力。以往教学中，教师会设置各种情境，如小青蛙、小兔子、大袋鼠，用情境的方式渲染课堂，用模仿动物跳的方式练习动作，用比赛的方式激发学生的动力。本节课中，教师结合立跳教材特点结合学情特点设计了一个可以变形的尺子（图 4.6），即"变形尺"。以"变形"为契机，融入全课；以"变形"为引导，突出能力；以"变形"为亮点，层层深入。让学生在动态的教学中感受学习的乐趣。

图 4.6　变形尺　　　　图 4.7　教学展示

　　本案例中教师自制了一个可以变形的尺子，以此拉开全课的序幕，从热身操到专项准备活动，变形尺一直陪伴学生再做各种活动。变形尺为四段式四种颜色，其中蓝色为起跳线。如图4.7所示，教师在准备环节以游戏的形式展开热身活动，融入快速反应的练习让学生充分体会两臂上举提脚跟及双臂后摆腿弯曲的动作要点，为主教材进一步学习立定动作做了铺垫。另外教师也结合尺子的特点让学生做出不同方式的双脚跳跃练习体会蹬、摆的动作技术。一把尺子，一段距离，教师有效地利用尺子的优势最大限度地发挥它的作用与价值。教师始终以游戏的形式推动教学的进程让学生有一种意犹未尽的感觉，享受课堂的乐趣。

　　变形尺从两节到三节，从颜色评价到刻度评价，带给孩子们一次次新的挑战，激发出孩子们的学习热情。课堂教学以变形尺的变化为契机设计多个练习，结合距离的变化，同时还融入评价的环节，利用标志贴进行准确的评价，使学生对自己立定跳远能力有了一个准确的认识。回顾课堂，评价的环节有学生自评和同伴的互评两种形式，教师给予学生更多的学习交流空间，通过相互评价，大家对自己对同伴的运动能力有了新的认识。教学是动态的，课堂中以评价为重点让学生相互进行比赛，在比赛中接受各种挑战，培养了学生积极拼搏的精神。

　　除此之外，在立定跳远教学中运用了变形尺，在课课练环节还在继续使用。变形尺围成了一个"粮仓"，如图4.8所示，让学生做蚂蚁爬行的动作来"保护"自己的粮仓。

4.8　在课课练环节运用变形尺

三、动静结合的器"彩"

以往的器材设计往往受课堂教学组织的影响，为了便于管理和组织，教师往往设计的场地器材比较紧凑，学生多数在一定的小范围内活动，这样的设计对于组织管理有一定的优势，但对于学生来讲限制了活动的范围。如沙包掷准。

案例　　　　　　　　传统课堂

学生分为人数均等的几个小组，每个小组面前各有一个投掷靶，每组学生在教师统一组织下逐一进行沙包掷准练习。

案例　　　　　　　　新型教学器材

学生每人左手持一把粘贴靶（图 4.9），右手拿一个粘贴沙包。

游戏 1：你投我接

学生先是二人一组相聚三米左右，一投一接地练习。

游戏 2：沙包传递

学生四人一组，做投包传递游戏，即一号持包投二号靶，二号接包投三号靶……

游戏 3：

学生四人一组，其中一号站在场地中间等距面向其他三位，游戏开始后有一号突发口令，任意喊出 2、3、4 号数字，喊到谁，谁就快速向一号投掷沙包，以此类推直到收集完全部沙包，然后交换位置依次进行。

游戏 4：我是收集员、我是发放员

各组一号到其他组去收集沙包（用正向掷准的方式投掷），看谁收集得快又多，收集后交给各组二号，快速发给其他各组（方式同上）。

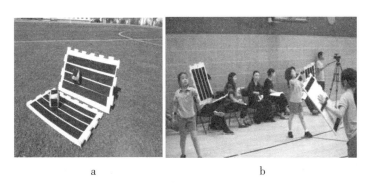

a　　　　　　　　　　　b

图 4.9　学生使用新型投掷靶进行沙包掷准练习

表 4.60　传统沙包掷准与新型投掷靶掷准教学对比分析

组织形式	器材创新	学生兴趣	课堂氛围	器材功能	运动负荷
固定分组，统一口令下练习	投掷靶创新	较浓厚，随着练习次数增加逐渐降低	课堂组织规范，学习氛围较沉闷	比较单一	适中，相对较低
固定分组，学生自由练习	沙包和投掷靶均进行创新	一直保持浓厚的兴趣，每次练习都有挑战	教学组织灵活，学生始终保持高昂的情绪	除了做投掷靶之外，还可以拓展使用（图 4.10）	负荷较大

a　　　　　　　　　　　b

图 4.10　学生用新型投掷靶自由练习

通过表 4.60，课堂对两种沙包掷准教学进行对比分析，可以清晰地看到两种器材在低年级沙包掷准教学中的作用和价值。传统的器材限制住了学生的脚步，只注重于掷准环节，而新型投掷器材则在掷准的基础上还让学生动起来，以"动—静"结合的方式凸显学生运动能力的提升，并在教学以灵活多变的教学组织形式丰富练习内容，巩固学生的投掷技能。

四、教学思考

（一）对比分析跑、跳、投三种创新型体育教学器材的设计情况

表 4.61　三种器材设计情况对比分析

	操作性	功能性	课前准备、课后整理	材料、外观
组合接力棒	拆开比较简单，弹力绳一拉即出	接力、跳跃、素质训练等	轻巧，便于携带，课前课后容易收放	PVC 管、弹力皮筋，保温管，外观轻巧精美
变形尺	操作简单，四种颜色，可以进行多种变形	准备热身、立定跳远、素质训练、放松活动等	质量轻，可折叠可展开，课前课后容易收放	KT 版，材质轻盈。颜色鲜明，外观时尚
移动粘贴靶	操作容易，粘贴效果显著，沙包和靶魔术勾的面积很大，利于粘贴	可以手掷沙包，也可以双脚夹包前甩粘贴，还可以用靶做追逐游戏等	重量轻，便于携带，课前课后容易收放	软性泡沫板，颜色鲜艳，体积较大

通过实践总结出以上三种创新型体育教学器材具有以下显著特征：首先，在课堂上便于学生操作，简单易行，不耽误学生练习的时间，相反缩短了不必要的时间，如投掷粘贴靶减少了捡包的环节。其次，在器材功能性上三者均做到了一物多用、一物巧用，物尽其用的原则，尤其是变形尺从开始热身活动一直到最后放松环节，都可以使用。第三，三种器材不论在课前还是课后，摆放器材和整理器材都比较容易，大大减少了体育老师的工作量。第四,三种器材选材为日常常见的且经久耐用的材料，不容易损坏，确保教学活动的有效进行。

（二）对比分析跑、跳、投三种创新型体育教学器材的运用情况

表 4.62　三种器材在教学中运用情况对比分析

	学生兴趣	教学组织	教学效果
组合接力棒	学生兴趣较浓厚	组织形式和以前课堂一样	学习效果较好，能熟练掌握接力方法
变形尺	学生兴趣非常浓厚	形式多样，学生练习方式多样化、趣味化	变形尺操作简单易行，学生挑战欲望强，教学层次清晰
移动粘贴靶	学生兴趣非常浓厚	练习形式多样化、趣味化、有较强的挑战性	学生在各种组织形式下体验静止、移动的掷准活动，提升了学生投掷的技能

通过表 4.62 分析，三种器材在体育教学中首先都抓住了学生的兴趣。孔子曾说："知之者不如好之者，好之者不如乐之者。"可见兴趣在学习中的重要性。其次，在教学组织上三种器材突出了灵活性、根据教学目标、教学任务的设计可以展开多层次的练习、依据自身可变形的特点充分满足教学的需求。第三,三种器材通过教学实践检验均取得较好效果，能较好地提升学生运动技能。

体育教学器材的研发最终目的是有效开展教学活动，尤其是在小学田径教学中，教学方法、形式相对较少造成学生练习兴趣降低。通过创新体育教学器材使课堂再次焕发新春，彰显创新器材带给课堂的趣、活、实、美。

跪跳起，"跪"在得法

魏　敬

著名的教育家叶圣陶说过："教学有法，教无定法，贵在得法。"跪跳起是小学生非常喜爱的一项教学内容，在教学中，老师们有的利用体操垫设计各种练习，如从高处跳下、垫上弹性摆压等，让学生们去体验、尝试，学生们也乐此不疲。也有的借助各种情境，如身体似"弹簧"、运用模仿

的形式进行体验。可是往往随着教学进程的深入，学生完成跪跳起情况并不像事先预想的那样乐观，有的能独立完成、有的身体还没有腾起、有的摆臂还不会制动……

针对这些情况，笔者结合日常教学研究与实践，梳理跪跳起的教学方法，总结提炼。

一、分析教材 明确重点

跪跳起是一项小学技巧内容，通过练习可以更好地发展学生腰腹、下肢力量，以及身体的协调能力。跪跳起不仅可以作为教学内容，还可以作为身体素质锻炼内容，进一步丰富学生体育活动内容。

跪跳起教材选自人教版体育第四册，是在学生学会滚翻技巧基础之上展开的，完成动作时，学生需要克服自身体重，需要一定的腰腹和下肢力量，以及上肢的协调配合。摆、压、提、收是完成动作的关键点。做到摆压协调配合，是身体腾起的初动力；做到快速有力压垫，是身体腾起的关键动力。摆，在跪跳起教学中看似简单，其实很重要。随着双臂有节奏的摆臂，从前向后，再快速向前上摆起并制动，这个过程需要学生反复练习才能体验到、感觉到有节奏的摆动带给身体的动力。压，是身体腾起的动力源泉，通过下肢快速有力的压垫，使身体迅速向上腾起，并随之完成收腿。提和收是建立在摆压的基础上完成的，可见，摆，是基础。压，是重点。摆、压是关键。

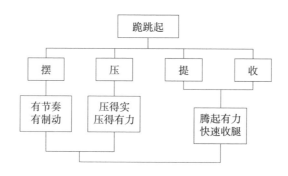

图 4.11 跪跳起动作要领

　　教材对跪跳起场地器材要求不高，便于日常教学开展。全班同学每人一垫，可以充分满足日常教学需求。练习中学生可能会出现摆、压脱节，压垫不离垫，腰腹力量不足、收腿不及时等问题，可以借助保护帮助、辅助性手段进行教学，帮助学生完成动作。以往教学中都会采用四横排的场地设计，这样的队形不利学生观察与教师组织教学，可以设计成"U"形场地，开口朝着教师，学生前后二人一组，这样便于师生间相互观察与指导。

二、分步实施　制定策略

（一）形成好技巧

阶段目标：

　　让学生在各种有趣味的诱导性练习中，体验摆、压的方法，当多次练习以后，学生能初步掌握摆压协调配合，能初步实现摆压时双膝离垫，身体略微升起。

实施策略：

1.摆、压的技巧

摆压的技巧，在于摆得有节奏，有制动。压得实，压得有力量。

（1）原地垫上摆压练习

教学意图：熟悉有节奏摆、压的方法，让学生体会摆臂制动的含义。

（2）跪撑，垫上行进

方法：在纵向排列的两块小垫上，学生从跪撑开始，完成跪撑行进动作。

教学意图：通过此项练习进一步体验压的感觉，让身体建立压的概念。

2."大脚"的形成

　　这里的"大脚"指学生小腿及脚面形成的压垫部位。以往学生在练习中会出现，勾脚尖的现象，不利于完成压垫。形成大脚以后，大腿和大脚就构成了"人体弹簧"，为身体腾起提供了坚实的动力。

（1）跪撑，大脚拍垫

方法：学生跪垫双臂支撑，双脚连续拍打垫子，要绷脚面。

教学意图：进一步明确绷脚面的意识，强化"大脚"，让学生明确压垫部位。

（2）原地跪跳转体

方法：学生跪在垫上，体验跪跳状态下向左右转体。

教学意图：让学生体验在双臂带动下完成身体摆、压协调配合的能力，进一步提升跪跳的能力。

教学思考：在此阶段，重点关注学生摆、压技巧的形成，这也是为以后学生摆压协调配合打下坚实的基础，在此阶段不急于强调让学生跪跳起，而是重点抓跪跳。只有在摆压技巧掌握之后，学生才能真正完成好跪跳。接下来借助多种辅助性练习，让学生建立摆臂制动、大脚的概念，同时提示学生体操的意识，并建立良好的练习习惯。在课前还要提示学生不要穿过硬的鞋，以免不能完成大脚压垫动作。

（二）把握好时机

阶段目标：进一步巩固，提升学生摆压协调配合的技能，让学生在多种练习中理解"时机"的重要性，通过练习进一步强化学生压垫的技能，使学生能做到身体快速有力地向上腾起。

实施策略：

1.摆压协调配合的时机

方法：学生在垫上，做连续摆压跪跳行进。

教学意图：进一步强化摆压的技巧，提升摆压协调配合能力，能使身体向前跪跳行进。

2.摆臂制动的时机

方法：学生二人一组，一人跪立垫上做原地的摆臂制动，提膝练习。另外一人，手持纸片，从练习者双膝下划过。

教学意图：通过练习，巩固学生在摆臂带动下双膝离垫的动作，进一步巩固"大脚"压垫的技能。

3.压垫提膝腾起的时机

方法：学生跪垫开始，连续做两次跪垫行进，然后接跪跳起。

教学意图：通过练习，让学生借助身体向前的惯性，借"力"快速完成跪跳起。

教学思考：抓住协调配合的时机，为身体腾起提供原动力。这个时机很重要，往往就在这里很多学生出现摆、压脱节的现象，造成身体发力不连贯，影响了跪跳的动作。

抓住摆臂制动的时机，是为身体腾起提供助力。学生往往会忽视这个"力"，认为摆臂的作用微乎其微，其实则不然。在有节奏的、有制动的摆臂下会给身体一个向上的助力。

抓住提膝腾起的时机，为身体腾起提供主动力。构建身体的"人体弹簧"以小腿和脚面形成的大脚，和大腿形成有力的弹簧，利用力与反作用力的原理将身体快速弹起。教学中要发反复强化"人体弹簧"的原理。

（三）运用好方法

阶段目标：较好地运用摆压的技巧，掌握好摆压协调配合的时机，较好地独立完成或者在同伴帮助下，或借助其他辅助措施，完成跪跳起动作。

实施策略：

1.组合跪跳

方法：如图所示，借助体操垫，四人四垫，摆放成上下梯形的结构，然后学生跪垫从"低处"跪跳跳上"高处"，跪撑行进，然后在从高处做跪跳下，完成跪跳起。

a　　　　　　　　　　　b

图 4.12　组合跪跳

教学意图：此练习在于借助器材的组合优势，创造跪跳自低向高，跪跳自高向低的过程，让学生充分体验跪跳的过程，为跪跳起奠定基础。

2.保护帮助

方法：学生二人一组，一人跪垫，一人扶其腰侧，帮助完成跪跳起。

教学意图：通过练习，帮助一些身体协调性能力弱或者腰腹力量弱的同学，完成动作，体验完整动作的感觉，培养学生合作的能力。

教学思考：在日常教学中，借助高处小垫跳下，是大家常用的方法，但是应该注意小垫子相对较"硬"一些，这样摆放时所谓的高垫不至于"泄力"，主要是因为垫子过软，当学生跪在高垫上向下发力压垫时，无法顺利腾起。

基于核心素养视角体育课堂教学中应关注学生什么

魏　敬

以学生发展为中心的课程理念明确了教师的教是为学生的学而服务的，学生是教学的主体。在日常体育教学中应从多个方面对学生进行关注，依此为教师有效的指导教学提供依据，调动学生学习兴趣。

体育与健康课程根据"以人为本"的思想，牢牢树立"以学生发展为中心"的课程理念，明确了教师的"教"是为学生的"学"而服务的。因此，无论课程目标设置、教学内容的选择、教学方法和评价方式的使用，都要求体育教师的教学以促进学生更好地学习和发展为目的。同时更要充分考虑学生的特点，努力调动学生学习的积极性，使他们积极主动参与教学，在日常体育课中是否体现了学生的主体性，应从多个方面来关注，除了在课前检查学生服装、询问学生身体状况、出勤状况等，在进行体育教学时应从以下几个方面关注学生。

一、关注学生课前的基础是上好体育课的"起点"

《义务教育体育课程标准（2011年版）》指出："体育教学活动必须建立在学生的认知发展水平和已有的知识经验基础之上"。在上课前只有准确了解了学生的学习现状，才能找准学习起点。关注学生课前的基础要做到三个"全面"。既全面分析教材的纵向和横向排列情况；全面分析学生身体运动能力与学习内容的关系；全面了解学生的身心发展特点。

首先，教师在课前要针对本课的教学内容全面了解授课学生的学前基础情况，了解学生对本课教学内容在前一水平阶段的内容是否掌握。如：学习人教版第四册跳上成跪撑跪跳下时，首先要看学生是否能在原地独立完成跪跳起动作；学习武术拳术组合动作时，学生是否掌握了摆掌、撩掌、穿掌、架掌等基本动作等。其次，教师还要关注学生的运动能力基础。例如，人教版第六册单杠教材一足蹬地翻身上，这项教材是一个以力量和身体协调配合为主的单杠上法练习，要求有一定的上肢肩带和腹背力量。学习时，先要全面了解学生的上肢肩带和腹背力量情况，是否能满足本节体育课的学习需求，尤其是高年级男女生力量差异较大，对此项教材应具体分析。再次，不同学段的学生有着不同的身心发展特点，总体来看小学生注意力不稳定常与兴趣密切相关；好奇、求趣、喜新对单一枯燥的教学方式产生厌烦情绪，因此应依据学生的身心特点应进一步优化教材，改变教学模式，注重学生的个体差异，激发学生的学习兴趣。全面地了解学生的课前基础，有利于教师有效地制定教学策略和指导学生学习，有利于教师区别对待每一位学生并有针对性的安排练习，因此关注学生学前基础对学生在体育课中的学习具有重要的指导意义，是上好体育课的前提。

二、关注学生课堂学习效果是上好体育课的"重点"

在日常教学中，我们更多地关注了教师的教，而忽视学生的学。学生在一堂体育课中如何有效地学习会直接影响到他的学习效果。在体育课中关注学生学得怎样应做到四个"观察"。

观察一，模仿练习要明确。当教师在体育课中进行教学内容的示范时要全面地观察学生的模仿学习情况。教师的示范应根据体育课教材的内容特点从正面、侧面、背面、镜面有针对性地进行多角度的示范，从而便于学生对学习内容的观察与模仿。例如教师讲解上步投掷轻物动作时，应从背向和侧面多个角度让学生观察模仿教师的动作。当学生模仿时，教师要及时观察学生迈右脚的同时右臂是否经前经下向后"引臂"；当学生做蹬地转体动作时，教师及时观察学生投掷臂是否做出"肩上屈肘、背后过肩"的动作；当学生进行投掷轻物动作时，教师及时观察投掷臂是否"快速挥臂"。

观察二，分组练习有重点。学生经过教师示范后对学习内容有了一定的了解，并开始分组练习，此时应重点观察学生对动作要点的掌握情况。例如，学生学习原地双手胸前传接球时，学生往往会用自然站立的姿势把球接在胸前，在传给同伴时会用小臂的力量直接把球传给对方，没有充分做出伸、翻、拨的动作。在学习正面双手垫球时，学生看似能把球垫起来，但排球在接触学生双臂时两臂并未紧紧靠在一起而且肘关节还弯曲着；学习前滚翻时学生身体各个部位着垫的顺序是不是枕、肩、背、臀依次着垫等。

观察三，兴趣需求有方法。随着练习难度的增加，教法手段的实施，学生的练习需求也随着发生不同变化。在《跑动中单脚起跳》这一课中，开发制作了"会发声的踏板"，利用两块木板在顶端用合页进行连接，在另一端放置两个能发生的气囊（圆形轮胎状）粘在木板上，当学生助跑起跳踏在上面时会发出响亮的声音，从而达到提示学生快速起跳的动作。学习肩肘倒立时做压垫、翻臀动作，可让学生双脚夹住沙包后再向后压垫、翻臀并把沙包放入头后的圈中，此时学生觉得练习具有挑战性，完成动作标准高，练习兴趣盎然。

观察四，负荷密度要合理。在学习中有的教师为了追求教学的整齐划一听教师统一口令进行练习，而忽视了学生练习的有效时间。例如，投掷轻物时，教师统一发令，学生统一练习，四个组轮换进行，这样做大大损失了学生练习的时间忽视了课的练习密度与运动负荷。其实这是不必要的，往往会浪费学生宝贵的练习时间，应调整队形增加投掷位置开展多种形式的练习方式，增加学生的练习的有效时间。

可见在体育课中及时观察学生学习的各种情况是十分必要的。通过前面的分析，为了更好地观察学生的学习情况，在教学中还应做到五个必须：必须多个方向或面进行示范；必须查看学生的完成动作的细节；必须做到精讲解、巧示范、多练习；必须有效合理地安排运动负荷；必须有针对性地组织教学激发学生兴趣。

三、关注学生的易犯错误是上好体育课的"难点"

学生在体育课中出现易犯错误是体育课所特有的内容。无论什么体育教材内容，学生学习一定阶段以后都会出现易犯错误，出现易犯错误是体育课的正常现象，在教学中应正确对待学生的易犯错误，不要忽视而不管，那就是错误了。

学生出现易犯错误有很多种类，有的是自身能力不足造成的；有的是对动作掌握不熟练，对动作的不理解出现的。教师要有针对性地指导学生解决各种易犯错误。

指导一，技术性。学生在学习某一项运动技术后会出现不同情况的易犯错误。例如，在学习跨越式跳高教学时，学生进行中等高度过杆练习时，部分学生能跳过、部分学生摆动腿碰杆、部分学生摆动腿摆过横杆后起跳，腿碰落杆。出现这些情况是学生的身体运动能力随着练习难度的增加出现了不同的差异。能跳过的学生可以适当增加高度；摆动腿碰杆的学生可以让学生多做助跑踏跳摆动腿触悬挂物练习；起跳腿碰杆的学生，教师让学生利用宽 10 厘米的皮筋进行跳过宽皮筋时体会内旋下压的技术动作。

指导二，概念性。学习行进间运球时出现手拍打球的现象，学生对手触球的方法并未建立正确的概念，应进一步明确用手指及指跟部位按拍球的方法多次练习巩固提高。学习跪跳起时，学生并未用脚面和小腿压垫，而是勾脚尖随着手臂摆动身体也能起来，应让学生多做跪跳行进练习重点体会脚面与小腿压垫的技术。

对体育课而言，从课前基础、身心发展特点、课上学习状况、学生的兴趣需求、运动负荷等诸多方面对学生进行关注，在体育教学中是十分必要的。为了更好地关注学生在体育课中的学习情况，体育教师在日常体育教学中还应做到"四勤"，既"勤思考"，备课前认真考虑学生情况、场地器材安排、天气情况，教学中思考学生学习的需求、兴趣、个体差异；"勤学习"，认真学习《课程标准》，全面系统的掌握教材内容达到融会贯通；"勤观察"，课上既要观察整体又要兼顾个体，及时观察学生的学习方法、情感态度、与同伴合作等；"勤反思"，反思教学中教法的运用、学生对学习内容的感受、场地器材的布置、练习方式、运动负荷的安排等。

因此，只有全面系统掌握学生的情况教师才能在教学中发挥教师的主导作用，依据学生的身心发展特点、个性差异设置不同的目标，充分满足学生的个体需求，注重体育课精讲多练的原则，给学生更多的学习练习的空间，充分体现学生的主体性。

因此，把握学生的生活经验，教师有必要走近学生，和学生一起生活、学习、游戏、实践，关注学生的所思所想，了解童心童趣。要充分了解不同水平段学生的认知基础，要明确哪些内容学生可以自己学会，哪些内容需要相互讨论，哪些内容需要老师的点拨和引导，只有这样才能有的放矢地进行教学。